Unkrautbekämpfung
im Integrierten Pflanzenschutz

Ackerbau, Feldgemüse, Grünland

D1728093

Unkrautbekämpfung im Integrierten Pflanzenschutz

Ackerbau, Feldgemüse, Grünland

Hans Kees, München
Eckard Beer, Oldenburg
Horst Bötger, Hannover
Werner Garburg, Braunschweig
Georg Meinert, Stuttgart
Ehler Meyer, Münster

5., erweiterte und verbesserte Auflage

VERLAGSUNION AGRAR

DLG-Verlag Frankfurt/Main
BLV Verlagsgesellschaft München
Landwirtschaftsverlag Münster-Hiltrup
Österreichischer Agrarverlag Wien
BUGRA SUISSE Wabern-Bern

Die Deutsche Bibliothek – CIP-Einheitsaufnahme

Unkrautbekämpfung im Integrierten Pflanzenschutz: Ackerbau,
Feldgemüse, Gründland / Hans Kees . . . – 5., erw. und verb. Aufl. –
Frankfurt/Main: DLG-Verl.; München: BLV-Verl.-Ges.;
Münster-Hiltrup: Landwirtschaftsverl.; Wien: Österr. Agrarverl.;
Wabern-Bern: BUGRA SUISSE, 1993
   ISBN 3-7690-0507-4
NE: Kees, Hans

Titelbild (Bildnachweis):
links: BASF
rechts: Dr. Hans Kees

© 1993, DLG-Verlags-GmbH, Eschborner Landstraße 122, 60489 Frankfurt a. M.
Gesamtherstellung:
Schauenburg Graphische Betriebe GmbH, 77963 Schwanau-Allmannsweier
Printed in Germany: ISBN 3-7690-0507-4

Inhaltsverzeichnis

Vorwort

Die Methoden und Verfahren der Unkrautbekämpfung waren in den letzten 30 Jahren durch eine stürmische Entwicklung auf dem Herbizidsektor gekennzeichnet. Die Bereitstellung hoch wirksamer, selektiver und kostengünstiger Herbizide trug entscheidend zur Ausschöpfung der Rationalisierungsmöglichkeiten der modernen Pflanzenproduktion bei. Indirekte Regulierungsmechanismen durch Fruchtfolgemaßnahmen, Wahl des Saattermins, der Kulturart und der Sorte traten in den Hintergrund, da fast ausschließlich markt- und arbeitswirtschaftliche Gesichtspunkte dominierten. Im Vordergrund stand die Frage, wie sich die Probleme aus einer konsequent marktwirtschaftlich ausgerichteten Fruchtfolge am kostengünstigsten lösen lassen. In der Zwischenzeit hat unter dem Zwang veränderter Rahmenbedingungen, die durch überfüllte Märkte und durch ständig wachsende Kritik an den modernen Produktionsmethoden gekennzeichnet sind, ein Umdenken eingesetzt. Die durchaus bestehenden Risiken des chemischen Pflanzenschutzes für Anwender, Verbraucher und für die belebte (Flora, Fauna) und unbelebte Umwelt (Boden, Wasser, Luft) verlangen eine selbstverantwortliche Beschränkung der »Chemie« auf ein wirtschaftlich unvermeidbares Mindestmaß.

Der Integrierte Pflanzenschutz, bei dem alle direkten und indirekten Maßnahmen zur Regulierung von Schadorganismen unter möglichst weitgehender Schonung der natürlichen Abwehrkräfte des Standorts aufeinander abzustimmen sind, stellt auch die Leitlinie für die moderne Unkrautbekämpfung dar. Kernstück der integrierten Unkrautbekämpfung ist die wirtschaftliche Schadensschwelle, zu deren Berechnung unkrautbedingte Ertrags- und Qualitätsverluste durch Nährstoff-, Licht- und Wasserkonkurrenz sowie Ernteerschwernisse quantifiziert und in Relation zu den Bekämpfungskosten gesetzt werden.

Die vorliegende Broschüre stellt die 5. Auflage dar und versucht, wie schon aus dem geänderten Titel hervorgeht, der neuen Entwicklung Rechnung zu tragen. Sie will über den aktuellen Stand der Unkrautregulierungsmöglichkeiten in den wichtigsten landwirtschaftlichen Kulturen informieren und Entscheidungshilfen für gezielte Bekämpfungsmaßnahmen unter Berücksichtigung wirtschaftlicher Schadensschwellen anbieten. Die derzeit zur Verfügung stehenden Entscheidungsmodelle für die Herbizidanwendung wurden dabei berücksichtigt. In speziellen Kapiteln wurden die aktuellen Unkrautprobleme und ihre Entstehung, aber auch die Beeinflussung durch indirekte kulturtechnische und direkte Bekämpfungsmaßnahmen aufgezeigt. Auch mechanische und thermische Verfahren, die im Zuge des Vertragsanbaues und im ökologischen Landbau verstärkt Bedeutung erhalten haben, wurden dort, wo sich zweckmäßige Ansätze ergeben, in das Gesamtkonzept eingebaut.

Auf die Darstellung von Bildmaterial zur Unkrauterkennung und -bestimmung wurde bewußt verzichtet. Es wird auf die im Anhang aufgeführte einschlägige Bestimmungs-Literatur verwiesen.

Der Leser wird feststellen, daß die Art der Darstellung der verschiedenen Kapitel nicht ganz einheitlich ist. Das mag ein Nachteil sein, der sich aber bei der Aufteilung des Stoffes auf mehrere Verfasser nicht ganz vermeiden läßt. Wir haben diesen Weg beschritten, weil ein einzelner diese Broschüre nur unter großem Zeit- und Arbeitsaufwand hätte schreiben können. Jeder der beteiligten Autoren ist überdies mit dem von ihm bearbeiteten Teilgebiet besonders gut vertraut. Durch die Streuung der Verfasser über den größten Teil der Bundesrepublik Deutschland ist außerdem die überregionale Verwendbarkeit der Broschüre gewährleistet.

Bei der schnellen Entwicklung auf dem Gebiet der Unkrautbekämpfung und Unkrautforschung ist der Informationswert dieser Broschüre zeitlich begrenzt. Im Turnus von einigen Jahren sind daher Neuauflagen vorgesehen. Die Verfasser nehmen dabei Verbesserungsvorschläge gerne entgegen.

Nach einer mehrjährigen Phase der Unsicherheit und Unberechenbarkeit auf dem Zulassungssektor mit sich rasch ändernden, zeitlich eng begrenzten Zulassungen, hat sich nunmehr wieder eine gewisse Konsolidierung eingestellt. Dennoch weisen wir darauf hin, daß sich weiterhin kurzfristig Änderungen hinsichtlich Zulassungssituation und Auflagen durch die Biologische Bundesanstalt ergeben können. Stichtag für den aktuellen Zulassungsstand ist der 1. 8. 1992. Eine laufende Information über den Pflanzenschutzdienst der Länder und ein sorgfältiges Studium der aktuellen Gebrauchsanleitungen ist daher unverzichtbar.

1 Unkräuter und ihre Bedeutung

1.1 Der Begriff Unkraut

Der Begriff Unkraut ist in letzter Zeit von verschiedenen Seiten kritisch diskutiert und in Frage gestellt worden. Es finden sich Bezeichnungen wie Ackerwildpflanzen, Ackerwildkräuter, Beikräuter und entsprechend dazu Beikrautregulierung statt Unkrautbekämpfung. Dies hat teilweise selbst in Fachkreisen zu einer Verunsicherung, ja sogar zu Berührungsängsten mit diesem Problem geführt. Im Grunde genommen wollten die Kritiker besonders den Nutzen des Unkrauts entsprechend herausheben.

Bei richtiger Interpretation besteht für den Landwirt und den Fachmann indes kein Grund, vom Begriff »Unkraut« abzurücken, da letztlich eine ökonomische Bewertung dieser Schadpflanzen im Vordergrund steht. Während das Unkraut für den Landwirt traditionell ein »Feindbild« darstellt, beinhaltet Unkrautbekämpfung für den Fachmann im Integrierten Pflanzenschutz nicht die Vernichtung des letzten Unkrauts um jeden Preis. Es kommt vielmehr darauf an, nur insoweit regulierend einzugreifen, als der Nutzen einer Bekämpfung den durch die Verunkrautung zu erwartenden Schaden übersteigt. Es ist daher zutreffender, anstatt von Unkrautbekämpfung von Unkrautregulierung zu sprechen.

Unkräuter sind wildwachsende und unerwünschte Pflanzen, die in einem Kulturpflanzenbestand mehr schaden als nutzen. Zu ihnen gehören deshalb Klettenlabkraut und Disteln, aber auch Weizen in einem Gerstenbestand.

Neben den verschiedenen Schadwirkungen (siehe Seite 16) sind auch die positiven Aspekte der Unkräuter zu berücksichtigen:

- Unkräuter als Nahrungsquelle und Lebensraum für zahlreiche Organismen, einschließlich Nützlingen,
- gewisse Verminderung von Bodenerosion und Verschlämmung durch Bodenbedeckung und Durchwurzelung,
- Nährstoffaufschluß und vorübergehender Schutz vor Auswaschung,
- Erhaltung einer vielgestaltigen Flora,
- im Grünland Förderung der Schmackhaftigkeit des Futters und Sicherung der Mineralstoffversorgung.

1.2 Zuordnung der Unkräuter

Der größte Teil der Unkräuter ist den Blütenpflanzen zuzuordnen, wobei zwischen den

– zweikeimblättrigen = dikotylen Unkräutern und den

– einkeimblättrigen = monokotylen Unkräutern (Ungräsern)

zu unterscheiden ist. Für schädliche einkeimblättrige Unkräuter hat sich der Begriff »Ungräser« eingeführt, weshalb man von Ungras-, im Gegensatz zur Unkrautbekämpfung spricht.

Zum Unkraut zählen aber auch einige Arten aus der Gruppe der Sporenpflanzen, nämlich verschiedene Schachtelhalmarten und Farne, die vor allem auf dem Grünland und in der Forstwirtschaft eine Rolle spielen.

Zu unterscheiden ist darüber hinaus zwischen Samenunkräutern und »Wurzelunkräutern«, wobei es sich bei letzteren um mehrjährige, ausdauernde Arten mit unterirdischen Speicherorganen handelt, deren Bekämpfung spezielle Verfahren mit systemischer bzw. translokaler Wirkung erforderlich macht.

Auch Kulturpflanzen können zum Unkraut werden, wenn sie unerwünschtermaßen in anderen Kulturen wachsen und dort Schadwirkung entfalten. Große Probleme bereitet beispielsweise Ausfallgetreide in der nachfolgenden Getreidehauptfrucht.

1.3 Schadwirkung der Unkräuter

In der Pflanzenproduktion kann es durch Unkräuter zu unmittelbaren kurzfristigen und zu längerfristig schädlichen Auswirkungen kommen. Unmittelbare Schadwirkungen sind z. B. Ertragsminderungen durch:

– Verdrängung (Standortkonkurrenz),
– Entzug von Nährstoffen (Nährstoffkonkurrenz),
– Entzug von Wasser (Wasserkonkurrenz),
– Entzug von Licht (Lichtkonkurrenz).

Von entscheidender Bedeutung sind dabei die Unkrautdichte, der zeitliche Verlauf des Auflaufens der Unkräuter im Verhältnis zur Kultur und die »Konkurrenzkraft« der Kultur selbst.

Die einzelnen Kulturarten weisen dabei ein unterschiedliches Verhalten auf. Nach HURLE (1988) ist aufgrund von Versuchsergebnissen in Südwestdeutschland bei den wichtigsten landwirtschaftlichen Kulturen mit folgenden durchschnittlichen Verlusten (in %) durch Verunkrautung zu rechnen:

Ackerbohnen	0 bis 10
Winterraps	5 bis 15
Wintergetreide	10 bis 25
Sommergetreide	0 bis 10
Kartoffeln	10 bis 20
Mais	30 bis 50
Zuckerrüben	60 bis 80

Auch die Unkrautarten beeinflussen den Ertrag bei den verschiedenen Kulturen unterschiedlich stark. Dies läßt sich durch »Schadfaktoren« bzw. »Konkurrenz-Indices« erfassen. Sie zeigen den prozentualen Ertragsverlust an, der durch 1 Pflanze/m² einer Unkrautart verursacht wird. Schadfaktoren sind Grundlagen aller bisher vorliegenden Entscheidungsmodelle zur Unkrautbekämpfung nach wirtschaftlichen Schadensschwellen (siehe Kapitel 3). Sie gelten nur für eine betimmte Kultur und werden darüber hinaus durch Standortfaktoren (Bodenart, Niederschlagsverhältnisse) beeinflußt. Allgemein gilt, daß sich der Konkurrenzeffekt der Unkräuter mit Verschlechterung der Wachstumsbedingungen für die Kultur erhöht. So verursachte der Windhalm auf Diluvialstandorten nach RODER (1990) eine dreimal so hohe Schadwirkung bei Winterweizen wie auf Lößstandorten.

1.4 Spezielle Standortgegebenheiten

Bei bestimmten Unkräutern sind die speziellen Standortvoraussetzungen hinsichtlich einer von der Norm abweichenden Schadwirkung zu berücksichtigen. Als Beispiel sei die Vitalität des Ackerfuchsschwanzes auf den Marschstandorten Norddeutschlands genannt, wo sich der je Einzelpflanze in Septembersaaten des Winterweizens verusachte Verlust gegenüber vergleichbaren Lehmbodenstandorten nach Untersuchungen von KÖTTER (1991) um mehr als das Doppelte erhöht. Ursache ist die deutlich erhöhte Bestockungsrate, die vermutlich auf die begünstigte Wasser- und Nährstoff-

versorgung zurückzuführen ist. Daraus errechnet sich eine deutlich niedrigere »Wirtschaftliche Schadensschwelle« (siehe Kapitel 3).

1.5 Qualitätsminderungen des Erntegutes

Diese können vielfältiger Natur sein:
– Verunreinigung durch Unkrautsamen (Fremdbesatz),
– Erhöhung der Kornfeuchte,
– Verminderung des Saatgutwertes,
– Verminderung der Fruchtgröße (TKG, Kartoffelknollen, Blumenkohl) durch starke Spätverunkrautung,
– Giftwirkung.
Fremdbesatz und erhöhte Kornfeuchte (bis 2 % keine Seltenheit) verteuern die Reinigung und Trocknung und vermindern die Wirtschaftlichkeit.
Im Konservengemüsebau gelten strenge Vorschriften hinsichtlich des Freiseins von frischen Unkräutern im Spinat sowie Blütenknospen von Kamille und Distel bzw. Beeren des Schwarzen Nachtschattens in Speiseerbsen.
Ein besonderes Problem mit erheblichen betriebswirtschaftlichen Folgen

Tabelle 1: Bestockungsrate und wirtschaftliche Schadensschwelle bei Ackerfuchsschwanz in Frühsaaten von Winterweizen in Abhängigkeit vom Standort (nach KÖTTER, 1991)

Bodenart	Bestockungsrate	wirtschaftliche Schadensschwelle für Ackerfuchsschwanz in Frühsaaten von Winterweizen
Marsch	14,2	6–10 Pfl./m²
Lehmboden	6,6	15–20 Pfl./m²

können einige Unkrautarten in Saatgutvermehrungsbetrieben darstellen. Unkräuter, deren Samen durch moderne Saatgutreinigungsanlagen nicht oder nur schwer entfernt werden können, dürfen nach der »Saatgutverordnung Landwirtschaft« nicht oder nur in sehr geringer Zahl im Feldbestand vorhanden sein. Anderenfalls darf eine »Feldanerkennung« nicht ausgesprochen werden. Das gilt z. B. für den Flughafer, den Ackerfuchsschwanz (bei bestimmten Grasarten) sowie den Ackersenf und den Hederich in Raps. So mancher Betrieb mußte die Saatgutvermehrung aufgeben, weil er den strengen Bestimmungen der Saatgutverordnung nicht genügen konnte.

Starke Spätverunkrautung kann zu einer Absenkung des Tausendkorngewichtes führen, so daß Nachteile bei der Vermarktung entstehen. Bei der Erzeugung von Speisekartoffeln und im Vertragsanbau ergeben sich durch eine schlechtere Sortierung wirtschaftliche Einbußen. Im spezialisierten Feldgemüsebau sind Untergrößen oftmals unverkäuflich.

Giftpflanzen auf dem Grünland können auch heute noch die futterbauliche Nutzung beeinträchtigen. Zu ihnen zählen die Herbstzeitlose *(Colchicum autumnale),* der Sumpfschachtelhalm oder Duwock *(Equisetum palustre),* der Scharfe Hahnenfuß und im alpinen Bereich das Alpenkreuzkraut *(Senecio alpinus)* bei Heu- oder Silagenutzung und der Adlerfarn *(Pteridium aquilinum).*

1.6 Erschwernis der Ernte- und Pflegearbeiten

Starke Verqueckung kann die Bodenbearbeitung und Pflege der Bestände erheblich erschweren und verteuern.

Im Zuckerrübenanbau ist für das Vereinzeln verunkrauteter Bestände ein erhöhter Zeitaufwand erforderlich. Blühende Unkräuter wie die Rote Taubnessel im Winterraps können Insektizidmaßnahmen wegen der Bienengefährdung erheblich erschweren. Neuzeitliche Erntetechniken, die in fast allen Kulturen ihren Einzug gehalten haben, stellen hohe Anforderungen an die »Sauberkeit« der Bestände. Am stärksten wirkt sich die durch Unkräuter verursachte Ernteerschwernis im Hackfruchtbau und bei einigen Feldgemüsearten aus.

Ernteerschwernisse werden vor allem durch kletternde, spät reifende Getreideunkräuter wie Klettenlabkraut und Windenknöterich verursacht. Verunkrautetes Getreide lagert manchmal früher und stärker als unkrautfreies und verursacht dadurch erhöhte Auswuchsgefahr. Ferner wird der Körnerverlust und der Zeitbedarf für die Ernte erhöht. Verholzte Unkrautpflanzen (Weißer Gänsefuß, Schwarzer Nachtschatten) führen zu erhöhtem Verschleiß der Messer bei Köpfgeräten im Zuckerrübenbau und verursachen im vollmechanisierten Kartoffelbau oft ernste Störungen.

1.7 Längerfristige Schadwirkungen

Das Aussamen langlebiger Unkräuter und Ungräser kann in den Nachfolgekulturen erhöhte Aufwendungen verursachen. Häufig wird das Problem aber überschätzt. Bei Anrechnung der wirtschaftlichen Schadensschwelle ergeben sich bei den meisten Arten keine erhöhten Folgeprobleme. Im Einzelfall sind allerdings Ausnahmen gegeben, wie z. B. beim Flughafer in Saatguterzeugungsbetrieben.

1.8 Übertragung von Pflanzenkrankheiten und Schädlingen

Zahlreiche Pflanzenkrankheiten und Schädlinge können durch Unkräuter, die als Wirte oder Zwischenwirte dienen, übertragen werden. Der Flughafer ist Überträger des Getreidenematoden *(Heterodera avenae)*. Quecke und andere Ungräser begünstigen durch Veränderung des Mikroklimas im Bestand den parasitären Halmbruchbefall, die Schwarzbeinigkeit, die Typhulafäule und die Helminthosporium-Blattdürre. Welcher Stellenwert diesen Nachteilen zuzumessen ist, hängt von einzelbetrieblichen Faktoren ab, ist meist schwer zu bestimmen und führt in der Regel nicht zu einem zusätzlichen Einsatz von Pflanzenschutzmitteln.

1.9 Kulturpflanzen als Unkräuter

Im modernen Ackerbau haben sich eine Reihe von Problemen mit dem Durchwuchs von Kulturpflanzen in anderen Kulturen eingestellt. Seit der Ausdehnung des Rapsanbaues sind Durchwuchsprobleme in Getreide, Zuckerrüben und Mais weit verbreitet. Folge bei stärkerem Besatz sind Erntestörungen und erhebliche Wuchsbeeinträchtigungen der Kulturpflanzen. Ebenso bedeutsam ist das Problem des Ausfallgetreides in Blattfrüchten, aber auch in anderen Getreidearten. Während in Blattfrüchten dank selektiver Herbizide eine problemlose Bekämpfung möglich ist, kann das Problem bei der Saatgetreidevermehrung in der Regel nur durch Maßnahmen der Fruchtfolgegestaltung gelöst werden. Ausfallgetreidedurchwuchs ist auch im Zuge des Mulchsaatverfahrens bei Mais und Zuckerrüben ein beachtenswertes Problem, wobei eine gezielte mechanische oder chemische Regulierung erforderlich ist. Neuerdings treten auch nach Anbau von Sonnenblumen verstärkt Durchwuchsprobleme in nachfolgenden Blattfrüchten (Zuckerrüben, Kartoffeln, Mais), aber auch im Getreide auf, die vor allem auf hohe Ernteverluste zurückzuführen sind.

Ein schwieriges Problem ist in verschiedenen Regionen Deutschlands, vor allem auf humosen Standorten, immer noch der »ewige Kartoffelbau«, der dadurch zustande kommt, daß nach milden Wintern die im Boden verbliebenen Kartoffelknollen nicht erfrieren und dann in den Folgekulturen oft in großer Zahl auflaufen. Die Kartoffelpflanzen sind hier Nährstoff-, Wasser- und Lichtkonkurrenten, die weder durch Bearbeitungsmaßnahmen noch durch selektive Herbizide trotz Teilerfolgen durchschlagend unterdrückt werden können. In Kartoffelvermehrungsbeständen führen sie zu Sortenvermischungen und damit zur Aberkennung der Bestände. Außerdem fördern sie die Kartoffelnematoden-Verseuchung und heben bis zu einem gewissen Grade die Wirkung kostspieliger, zur Einschränkung des Nematodenbefalls durchgeführter Maßnahmen auf.

1.10 Pfluglose Bestellung und Unkrautprobleme

Pfluglose Bestellungsverfahren haben in letzter Zeit vorrangig auf schwierig zu bearbeitenden Böden an Bedeutung gewonnen und dürften aus Rationalisierungsgründen zukünftig auch auf anderen Standorten entweder im gesamten Betrieb oder in Teilbereichen nach Vorfrüchten wie Raps, die einen garen Boden hinterlassen, im Rahmen der Grundbodenbearbeitung eine wichtige Rolle spielen. Versuchs- und Praxiserfahrungen haben gezeigt,

daß dadurch Wurzelunkräuter wie die Quecke, aber auch annuelle Ungräser wie Ackerfuchsschwanz, Windhalm, Rispenarten und vor allem die gefürchtete Taube Trespe deutlich gefördert werden. Letztere verursacht aufgrund ihres Verdrängungsvermögens großen wirtschaftlichen Schaden in Getreide und Winterraps. Eine wirksame selektive Bekämpfung im Getreide ist derzeit nicht möglich. Abhilfe schafft nur die vollständige Bekämpfung des Ungrases im Winterraps mit Spezialgrrásermitteln. Im übrigen ist für pfluglose Verfahren mit einem erhöhten Aufwand für die Queckenbekämpfung zu rechnen. Bei Beibehaltung wintergetreidebetonter Fruchtfolgen ist dem Ungrasbesatz ein hoher Stellenwert zuzumessen.

Wie eine Hohenheimer Studie (Tab. 2) ausweist, hat der Ackerfuchsschwanzbesatz nach vierjähriger Anwendung der nichtwendenden Bodenbearbeitung (Schichtengrubber) zu Winterweizen trotz Bekämpfung mit Herbiziden um mehr als das Dreifache zugenommen, während durch Pflügen eine deutliche Abnahme erfolgte.

Tabelle 2: Einfluß vierjähriger wendender und nichtwendender Bodenbearbeitung auf den Besatz mit Ackerfuchsschwanz im Winterweizen und dessen Samengehalt im Boden (WAHL und HURLE, 1986, modifiziert)

Boden-bearbeitung	Pflanzen/m²			Samengehalt/m² nach 3 Jahren
	1983	1986		
		ohne Bekämpfung	mit Bekämpfung	
Pflug	10	29	4	580
Schichtengrubber	10	127	33	2070

Im gleichen Zeitraum ist der Samengehalt des Unkrauts im Boden gegenüber der Pflugvariante um das Vierfache gewachsen.

Andererseits können Fruchtfolgeumstellungen auf Sommergetreide den erhöhten Ungräserdruck ausgleichen, so daß mit keinem erhöhten Aufwand zu rechnen ist.

1.11 Mulchsaaten und Unkraut

Zur Verminderung der Bodenerosion hat sich in den letzten Jahren das Mulchsaatverfahren bei Mais und Zuckerrüben, insbesondere auf Standorten mit schluffreichen Böden in Hanglagen eingeführt. Dabei kommt der Unkrautregulierung durch kulturtechnische Maßnahmen im Zuge der Zwischenfruchtbestellung (Senf, Phacelia) im Spätsommer eine ebenso wichtige Bedeutung zu wie einer standortangepaßten mechanischen oder chemischen Beseitigung der Altverunkrautung im Frühjahr. Bei den Frühjahrskeimern ist in der Regel mit einer verminderten Dichte von Unkrauthirsen zu rechnen. Nähere Hinweise zur Verfahrenstechnik bei Mais und Zuckkerrüben ist den einschlägigen Kapiteln zu entnehmen.

Eine wirksame, arbeitssparende Unkrautbekämpfung ist weiterhin eine unerläßliche Voraussetzung für eine erfolgreiche, wirtschaftliche Pflanzenproduktion, indem sie der Ertragssicherung und Qualitätsverbesserung dient. Die neue agrarpolitische Situation mit drastisch reduzierten Produktpreisen und Flächenbeihilfen führt einerseits im Zuge einer extensiveren Bewirtschaftung zu mehr indirekten Unkrautregulierungsmaßnahmen, andererseits ist aber weiterhin Bedarf an selektiven, spezifisch wirksamen und kostengünstigen Herbiziden gegeben, um spontan auf Marktchancen reagieren zu können und die Kosten für die Arbeit zu minimieren.

2 Maßnahmen und Verfahren der Unkrautbekämpfung

2.1 Integrierter Pflanzenschutz

Für die Unkrautbekämpfung stehen in der Landwirtschaft verschiedene Maßnahmen und Verfahren zur Verfügung (Tab. 3). Dabei dürfen nach dem Pflanzenschutzgesetz von 1986 Pflanzenschutzmittel, hier Herbizide, nur »nach guter fachlicher Praxis«, d. h. insbesondere unter Berücksichtigung »der Grundsätze des Integrierten Pflanzenschutzes« angewendet werden. In diesem Gesetz ist der »Integrierte Pflanzenschutz« definiert als »eine Kombination von Verfahren, bei denen unter vorrangiger Berücksichtigung biologischer, biotechnischer, pflanzenzüchterischer sowie anbau- und kulturtechnischer Maßnahmen die Anwendung chemischer Pflanzenschutzmittel auf das notwendige Maß beschränkt wird«. Ziel ist es, Unkräuter und Ungräser so weit zurückzudrängen und unter Kontrolle zu halten, daß durch sie kein wirtschaftlicher Schaden entstehen kann. Es kommt also darauf an, daß alle verfügbaren Maßnahmen und Verfahren sinnvoll aufeinander abgestimmt zur Unkrautbekämpfung eingesetzt werden.

Überlegungen über neue Ansätze der Unkrautbekämpfung erfordern eine Rückbesinnung auf Maßnahmen des Acker- und Pflanzenbaues zur vorbeugenden Minderung der Schadenswahrscheinlichkeit (Tab. 3). Im Rahmen integrierter Systeme sind die Möglichkeiten, vor allem aber die Grenzen für die verschiedenen Maßnahmen (acker- und pflanzenbauliche, biologische, physikalische, chemische) durch die jeweils vorliegenden wirtschaftlichen Rahmenbedingungen vorgegeben. Im Einzelfall entscheidet eine Wirtschaftlichkeitsberechnung über die relative Vorzüglichkeit der Anwendung der Verfahren in der landwirtschaftlichen Praxis; ausgewählte Beispiele verdeutlichen dies.

2.1.1 Acker- und pflanzenbauliche Maßnahmen

2.1.1.1 Standort

Der Standort sollte in erster Linie so gewählt werden, daß dieser den Ansprüchen der Fruchtarten an Bodengüte und Klima genügt. Sofern Problemunkräuter auftreten, die mit anderen Verfahren nicht immer wirtschaftlich bekämpft werden können, ist dies ebenfalls ein wichtiger Aspekt bei der Standortwahl. So sollten etwa Ackerbohnen nicht auf Feldern mit hohem Klettenlabkrautbesatz angebaut werden, weil eine wirksame und kulturpflanzenverträgliche Bekämpfung mit physikalischen und/oder chemischen Maßnahmen in der Regel nicht möglich ist. An einen Anbau ist erst wieder zu denken, wenn die Populationsdichte dieses Unkrauts durch effektive Gegenmaßnahmen in anderen Kulturen (z. B. Getreide) auf ein für diese Fruchtart tolerierbares Maß reduziert worden ist.

Von den Gemüsearten sollte Schnittlauch nicht auf Flächen angebaut werden, die mit Quecke, Einjähriger Rispe und/oder Echter Kamille verseucht sind; andere Beispiele sind Quecke in Spargel und Buschbohnen, Schwarzer Nachtschatten in Spinat.

2.1.1.2 Fruchtfolge

Der Forderung nach Vielseitigkeit in der Fruchtfolge sind deutliche wirtschaftliche Grenzen gesetzt, auch wenn es gilt, dadurch einseitige Belastungen des Bodens aus der unbelebten Umwelt zu vermeiden und die Gefährdung der Kultur aus der belebten Umwelt zu vermindern. Regional unterschiedlich hat der einseitige Anbau von Winterweizen und Mais in den Betrieben auf Kosten anderer Fruchtarten stark zugenommen, weil diese Steigerung des Flächenanteils den höchsten Gewinnanteil verspricht. Klar ist aber auch, daß damit, je nach Standort und Kultur, eine Verseuchung vieler Felder mit Ungräsern (Quecke, Ackerfuchsschwanz, Windhalm, Flug-

Tabelle 3: Maßnahmen und Verfahren zur Unkrautbekämpfung im Integrierten Pflanzenschutz

Integrierte . . .	
Maßnahmen	Verfahren
acker- und pflanzenbaulich	Standortwahl, Wahl der Fruchtfolge, Bodenbearbeitung und -pflege; Saat- und Pflanzgutqualität, Sortenwahl, Aussaat und Auspflanzen, bedarfsgerechte Nährstoffversorgung sowie Nutzung der Nebenwirkungen organischer (z. B. Gülle) und mineralischer Düngemittel (z. B. AHL, Kalkstickstoff), Betriebs- und Feldhygiene
biologisch	Antagonisten (Mikro- und Makroorganismen)
physikalisch	mechanisch, thermisch, elektrisch
chemisch	vor der Saat (VS), vor dem Pflanzen (VP), mit der Saat (MS), mit dem Pflanzen (MP), nach der Saat (NS), nach dem Pflanzen (NP), nach dem Auflaufen (NA) – Herbst (NA/H) – Winter (NA/W) – Frühjahr (NA/F)

hafer, Hirsearten) einhergeht. Kurz- bis mittelfristig kann hier im Einzelfall nicht nur die Anwendung von Herbiziden, sondern ebenfalls eine Auflockerung der Fruchtfolge in Kombination mit dem Anbau von Zwischenfrüchten sowie mechanischen Bodenbearbeitungs-, Pflege- und Bekämpfungsverfahren Abhilfe schaffen.

2.1.1.3 Bodenbearbeitung und -pflege

Ziel der Bodenbearbeitung und -pflege ist, für die verschiedenen Kulturen einen optimalen Bodenzustand zu schaffen. Dabei erstrecken sich die Verfahren der Grundbodenbearbeitung von der konventionellen Pflugfurche bis zur Minimalbodenbearbeitung. Diese letztere kann allerdings die Entwicklung und Ausbreitung mehrjähriger Unkräuter und Ungräser fördern. Früher lag allein aus technischen und arbeitswirtschaftlichen Gründen zwischen der Grundbodenbearbeitung und der Saatbettbereitung ein Zeitraum von mehreren Tagen, ja sogar Wochen. Seit Ende der 60er Jahre können beide Verfahren einschließlich der Aussaat dank des technischen Fortschritts vielfach in einem Arbeitsgang erledigt werden. Durch den damit verlorengegangenen Zeitabstand ist es nicht mehr möglich, z. B. nach dem Pflügen gekeimte Unkräuter mit der Saatbettbereitung zu bekämpfen. Sofern ökonomisch vertretbar, ist die Rückkehr zu zeitlich voneinander getrennten Bodenbearbeitungsverfahren ein wesentliches Element der Unkrautbekämpfung im Integrierten Pflanzen-schutz. Dies gilt auch für die Stoppelbearbeitung, die zwischen Ernte und Neubestellung als Pflegemaßnahme eingeschaltet wird. Mit Schälpflug, Scheibenegge und Grubber können insbesondere mehrjährige Unkräuter (Ackerwinde, Ackerkratzdistel) und die Quecke vermindert werden. Sofern im Anschluß daran einjährige Arten, dazu zählt auch Ausfallgetreide als Ungras und unter Umständen als Wirtspflanze für verschiedene Krankheiten, gekeimt oder aufgelaufen sind, ist eine Bekämpfung in einem weiteren Arbeitsgang möglich.

2.1.1.4 Saat- und Pflanzgut

Qualitativ hochwertiges Saat- und Pflanzgut ist eine der wichtigsten Voraussetzungen für die Entwicklung weitgehend gesunder und gegenüber Unkräutern konkurrenzkräftiger Feldbestände. Die Verwendung von anerkannter und zertifizierter Ware bietet den Vorteil, daß der Fremdbesatz den durch verschiedene gesetzliche Verordnungen vorgegebenen maximalen Besatz nicht überschreitet.

2.1.1.5 Sorten

Es gibt bisher keine konkreten Angaben über eine unterschiedliche Konkurrenzkraft verschiedener Sorten gegenüber Ungräsern und Unkräutern. Jedoch wurde bereits nachgewiesen, daß Getreidesorten mit einer eher waagerechten Blattstellung niedrigwachsende Unkrautarten besser überdecken und damit unterdrücken als

Sorten mit mehr aufrechtstehenden Blättern. Durch Beschattung der Unkräuter sind Sorten mit einer auf die Pflanze bzw. den Standraum bezogenen größeren Blattfläche in dieser Hinsicht generell von Vorteil.

2.1.1.6 Saat- und Pflanztermin

Der optimale Saat- und Pflanztermin wird primär durch den Zustand des Bodens und die Ansprüche der Kulturpflanzen an die Vegetationsdauer bestimmt. Extrem frühe Aussaattermine haben in Wintergetreide zu einer Zunahme einjähriger Ungräser geführt und sollten deshalb vermieden werden. Winterweizen und Winterroggen werden oftmals nach spät räumenden Vorfrüchten (Zuckerrüben, Kartoffeln, Mais) gedrillt, womit in beiden Getreidearten eine wesentliche Verminderung der Unkrautbesatzdichte einhergeht. Nach Spätsaat von Winterroggen können die Werte für Windhalm und zweikeimblättrige Unkräuter deutlich unterhalb der wirtschaftlichen Scha-

densschwelle liegen (Tab. 4). Nenneswerte Ertragsverluste sind durch diese Verschiebung des Saattermins nicht zu erwarten. Bei ähnlichen Untersuchungen auf 73 Winterweizenfeldern in der ostfriesischen Ackermarsch wurde bei Aussaatterminen um den 14. September eine Dichte von durchschnittlich 136 Ackerfuchsschwanzpflanzen/m² ermittelt. Im Vergleich dazu wurde die Besatzdichte durch Aussaat um den 2. Oktober auf 7 Pflanzen/m² reduziert.

2.1.1.7 Nährstoffversorgung

Die Nährstoffversorgung soll sich nach dem Bedarf der Kulturpflanzen richten. Durch hohe Stickstoffgaben werden nicht nur stickstoffliebende Unkrautarten wie Vogelmiere gefördert. Deshalb sollte dieser Nährstoff so sparsam wie möglich verabreicht werden. Neben der Menge ist aber auch die Form des Düngers von großer wirtschaftlicher Bedeutung für die Entwicklung bzw. Bekämpfung der Unkräuter. Die gute Nebenwirkung von Kalkstickstoff ge-

Tabelle 4: Einfluß des Saattermins auf die Verunkrautungsstärke von Winterroggen (nach KÖNIG-HOLLRAH, 1985)

Saattermin (etwa)	Anzahl Felder	% Kulturdeckungsgrad	Pflanzen/m²	
			Windhalm	zweikeimbl. Unkräuter
13. 10.	52	21	25*	32*
28. 10.	41	17	34*	17*
22. 11.	18	9	15*	9*
wirtschaftliche Schadensschwelle			30	50
* Signifikanz p $\leq$ 5 % (SCHEFFÉ-Test)				

gen einjährige Arten ist bekannt und kann in vielen Fruchtarten genutzt werden. Unter Berücksichtigung besonderer Anforderungen sind Tankmischungen von Ammon-Nitrat-Harnstofflösung (AHL) mit Herbiziden gegen Windhalm und zweikeimblättrige Unkräuter in Wintergerste (Tab. 5) und Winterroggen bei Ausbringung vor oder zu Vegetationsbeginn im Frühjahr besonders zu empfehlen. Umfangreiche Untersuchungen aus Baden-Württemberg belegen, daß auch in Winterweizen eine Reihe breitwirksamer Herbizide mit um 30 % verminderter Sollaufwandmenge in Tankmischung mit AHL erfolgreich gegen Ackerfuchsschwanz und teilweise schwer bekämpfbare Unkräuter (Klettenlabkraut, Windenknöterich, Taubnessel) einsetzbar ist.

In Gebieten mit starker Viehhaltung wird seit einiger Zeit die Kopfdüngung des Getreides mit Gülle praktiziert. Bei breitflächiger Ausbringung mit dem Prallteller werden dadurch die Unkräuter mit Gülle benetzt bzw. bedeckt. Vor allem noch kleine Pflanzen einjähriger Arten werden soweit in ihrer Entwicklung beeinträchtigt bzw. bekämpft, daß

Tabelle 5: Nebenwirkung von Ammonnitrat-Harnstoff-Lösung (AHL) gegen Unkräuter in Wintergerste nach separatem und gemeinsamem Ausbringen mit Herbiziden zum Bekämpfungstermin im Frühjahr im Vergleich zu Kalkammonsalpeter (KAS), $\emptyset$ 1981 bis 1983

Herbizid Aufwandmenge/ha	N-Form 80–100 kg N/ha	zweikeimblättrige Unkräuter Wirkung %	Windhalm Rispen/m²	Schädigung/ Ausdünnung der Gerste %	Kornertrag dt/ha	Bekämpfungskosten DM/ha[2]
Kontrolle	KAS	6,5[1]	88	0/0	59,8	–
	AHL	40	63	7/0	+ 0,4	–
IPU (2 l) plus Breitbandherbizid (2 l)	KAS	98	1	6/0	+ 1,9	182
	AHL	99	1	25/0	+ 3,2	162
IPU (2 l)	AHL	89	1	7/0	+ 3,9	98
IPU (1 l)	AHL	88	3	7/0	+ 4,3	49

[1] Unkrautdeckungsgrad (in %) bei Ackerstiefmütterchen *(Viola arvensis Murr.)*, Vogelmiere *(Stellaria media L.)* und Kamillearten *(Matricaria spp. L.)* zum Bekämpfungstermin

[2] Präparate- plus Ausbringungskosten

die Besatzdichte im Einzelfall unter der wirtschaftlichen Schadensschwelle gehalten werden kann (Tab. 6). Durch Kombination von Gülle- und Mineraldüngung sind somit wesentliche Einsparungen bei der chemischen Unkrautbekämpfung möglich.

2.1.1.8 Betriebs- und Feldhygiene

Verfahren der Betriebs- und Feldhygiene dienen dazu, die Überdauerung und Ausbreitung von Unkräutern zu unterbinden. Im Betrieb ist darauf zu achten, daß noch keimfähige Unkrautsamen mit wirtschaftseigenen Düngemitteln (Kompost, Stallmist, Gülle) nicht wieder auf genutzte Flächen ausgebracht werden. Bei der Getreideernte können durch »Samenfänger« am Mähdrescher bzw. durch eine selektive Strohbergung stark verseuchter Felder bzw. Teilstücke wirksame Gegenmaßnahmen eingeleitet werden. Hygienemaßnahmen sind insbesondere dann wichtig und effektiv, wenn ein schwer bekämpfbares Unkraut nach Einschleppung in eine Region erstmals gefunden wird, wie das Erdmandelgras *(Cyperus esculentus)* Mitte der 80er Jahre im Weser-Ems-Gebiet. Auf eng begrenzten Flächen wird durch Verzicht des Anbaues von Wurzel- und Knollenfrüchten (wegen der Verschleppungsgefahr durch Erntegut und -maschinen), Nutzung als Dauergrünland, Anbau von Mais mit mechanischer und chemischer Unkrautbekämpfung, Reinigung von Maschinen und Geräten usw. angestrebt, eine Ausbreitung zu verhindern und eine Befallstilgung zu erreichen. Die wirtschaftliche Bedeutung dieser Art und damit auch der Hygieneverfahren wird

Tabelle 6: Auswirkung einer Gülle-Kopfdüngung auf die Verunkrautung zum erntenahen Termin (nach WEINMANN, 1989)

Düngung		Wintergerste		Winterweizen	
		% Unkraut-[1] deckungs-grad	Windhalm Rispen/m²	% Unkraut-[1] deckungs-grad	Windhalm Rispen/m²
Gülle + Ausbringung	Prallteller	5,7	3,1	1,6	6,0
	Schleppschlauch	18,9	3,8	2,6	11,3
mineralisch		15,3	4,8	2,8	8,7

[1] u. a. Klettenlabkraut, Vogelmiere, Kamille, Stiefmütterchen, Ehrenpreis, Hirtentäschelkraut, Windenknöterich

u. a. dadurch verdeutlicht, daß in den Niederlanden seit 1985 ein Anbauverbot für Wurzel- und Knollenfrüchte auf Feldern gilt, die mit Erdmandelgras verseucht sind.

2.1.1.9 Kulturtechnische sowie acker- und pflanzenbauliche Maßnahmen

Im Gegensatz zum Ackerland sind auf dem Dauergrünland kulturtechnische sowie acker- und pflanzenbauliche Maßnahmen von größerer Bedeutung als die chemische Unkrautbekämpfung. Trotz der Entwicklung neuer selektiv wirkender Mittel werden Herbizide nach wie vor nur in geringem Umfang eingesetzt. Im Vergleich zu Ackerstandorten haben vor allem kulturtechnische Maßnahmen ein größeres Gewicht, da es sich bei Dauergrünland oft um Flächen handelt, die im Grenzbereich für eine landwirtschaftliche Nutzung liegen. Um so mehr kommt es gerade auf diesen Wiesen und Weiden darauf an, durch eine standortgemäße Düngung, Nutzung und Weidepflege eine Verseuchung mit teilweise schwer bekämpfbaren Unkräutern zu verhindern bzw. diese Verfahren für eine wirksame Bekämpfung zu nutzen.

Daß es aber auch auf besseren Grünlandstandorten durch Unkräuter verursachte Schwierigkeiten geben kann, die nicht allein durch vorbeugende Maßnahmen, sondern nur in Kombination mit der Anwendung von Herbiziden zu lösen sind, wird in Kapitel 3.5 erläutert.

2.1.2 Biologische Maßnahmen

Auf der Suche nach Alternativen zur chemischen Unkrautbekämpfung wird in einzelnen Ländern (z. B. Niederlande) intensiv nach Organismen, die für biologische Maßnahmen in der Landwirtschaft geeignet sind, geforscht. Bisher ist man mit den Bemühungen, mit Pilzen die Hühnerhirse, den Weißen Gänsefuß, die Ackerwinde und das Erdmandelgras zu bekämpfen, über das Versuchsstadium noch nicht hinausgekommen.

2.1.3 Physikalische Maßnahmen

2.1.3.1 Mechanische Verfahren

Durch mechanische Verfahren werden Unkräuter je nach Arbeitsweise der Werkzeuge vergraben, zugeschüttet, abgeschnitten sowie ab- und herausgerissen. Die Geräte werden nach dem Funktionsprinzip in Egge, Striegel, Hacke und Bürste, nach dem Antrieb in gezogen, gezogen/abrollend und zapfwellengetrieben sowie nach dem Einsatzbereich im Ackerbau für Getreide in Eng- und Weitreihenfrüchte unterteilt (Abb. 1).

Derzeit steht ein verhältnismäßig breites Angebot zur Verfügung, jedoch sind die verschiedenen Maschinen und Geräte für die einzelnen Fruchtarten und Unkräuter nicht in gleichem Maße geeignet (Tab. 7). Die Vorteile der mechanischen Verfahren liegen gegenüber der chemischen Unkrautbekämpfung insbesondere in einer besseren Umweltverträglichkeit. Der erfolgreiche

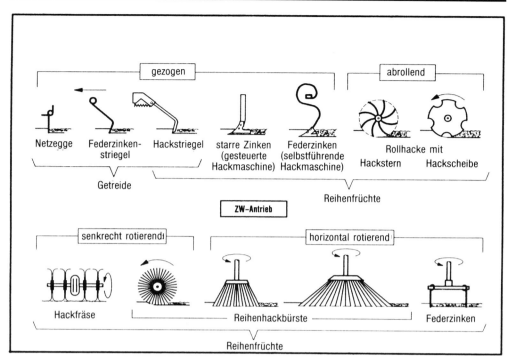

Abbildung 1: Schematische Darstellung der Geräte für die mechanische Unkrautbekämpfung (nach ESTLER).

Einsatz der Geräte hängt aber von wichtigen Voraussetzungen ab. In Reihenkulturen müssen, damit unnötige Schäden und Verluste an den Kulturpflanzen vermieden werden, die Anzahl und der Abstand der Reihen bei den zur Aussaat und zur mechanischen Unkrautbekämpfung verwendeten Geräten genau aufeinander abgestimmt sein. Je nach Art und Entwicklungsstadium gilt es, mit den Werkzeugen einen ausreichenden Sicherheitsabstand zu den Reihen der Kulturpflanzen einzuhalten. Für einen guten Bekämpfungserfolg sollte der Boden möglichst trocken und die Witterung danach 1 bis 2 Tage am besten sonnig und niederschlagsfrei sein. Daß eine sachgerechte, chemische Unkrautbekämpfung ebenso an bestimmte Witterungsbedingungen gebunden ist, wird von Kritikern mechanischer Maßnahmen gelegentlich vernachlässigt.
Der Gesetzgeber schreibt nicht vor, daß das Personal, welches Geräte zur mechanischen Unkrautbekämpfung einsetzt, sachkundig sein muß. Diese Maßnahmen können jedoch nur von Erfolg begleitet sein, wenn die Personen aufgrund durch Übung erlangter Routine die Einstellung der Geräte und die Durchführung der verschiedenen

Verfahren sicher beherrschen. Auch sollen die wesentlichen Grenzen der mechanischen Unkrautbekämpfung nicht verschwiegen werden. Wegen der Abhängigkeit von verschiedenen Faktoren ist die Wirkung der Geräte manchmal schwer einzuschätzen und zu planen. Oft wird nur die Entwicklung der Unkräuter beeinträchtigt, eine vollständige Bekämpfung (auch nicht immer erwünscht und erforderlich) ist selten möglich. Da bei der Durchführung zwangsläufig der Boden mehr oder weniger intensiv bearbeitet wird, können Unkrautsamen zur Keimung angeregt werden, was aber nicht stets ein Nachteil sein muß. Auf leichteren Böden und im Flachland auch auf besseren Böden ist die mechanische Unkrautbekämpfung ausdrücklich zu

Tabelle 7: Eignung[1] verschiedener Geräte zur mechanischen Unkrautbekämpfung (nach ESTLER, 1989)

Gerätetechnik	Fruchtart							
	bis Pfl.-höhe	Ge-treide	Raps/Acker-boh-nen	Rüben	Mais	Kar-tof-feln	Wirkung gegen Sa-men-Un-kräu-ter	Wur-zel-Un-kräu-ter
	cm	10–12[2]	25–37	45–50	75	75		
Starreggen	10	+	0	–	–	–	+	–
Netzegge	10	+	+	+	+	+	+	–
Hackstriegel	50	0	+	+	+	+	+	0 bis +
Reihenstriegel	30	–	–	0	0	+	+	0
Hackmaschine gesteuert	20	0	+	+	+	+	+	+
selbstführend	50–70	–	–	0 bis +	+	0	+	+
Rollhacke	50	–	–	0	+	0	+	0
Hackfräse	50	–	0	+	+	+	+	+
abgewandelte Zapfwellenegge	0	+	+	+	+	+	+	+
Hackbürste – vertikal	50	+	+	+	+	+	+	–
– horizontal	50	+	–	--	+	–	+	0

[1] + = gut geeignet, 0 = bedingt geeignet, – = nicht geeignet
[2] üblicher Reihenabstand (cm)

empfehlen. Auf schwerem, hängigem Gelände kann jedoch die Erosionsgefahr durch die Reihenhacke erheblich verstärkt werden, wenn die Aussaat nicht parallel zum Hang durchgeführt wird. Steinige Böden erschweren den Einsatz unter Umständen sehr wesentlich.

Bei Getreide sind die Chancen einer wirksamen mechanischen Bekämpfung einjähriger Unkräuter gut, wenn dabei berücksichtigt wird, daß der flach gesäte Winterroggen äußerst empfindlich reagieren kann.

Auch in den übrigen Getreidearten lassen sich Schädigungen an den Pflanzen durch den Einsatz von Starreggen, Netzegge und Striegel nicht ganz vermeiden. Sie fallen aber ökonomisch nicht ins Gewicht, solange die begrenzte Zeitspanne, die für die Anwendung zur Verfügung steht, eingehalten wird.

Dazu zählt auch das Blindeggen oder -striegeln des Hafers bis zum Spitzen. Ab 17 cm Reihenabstand ist auch ein Einsatz der Getreidehacke möglich. Die Kombination aus Hacke und Striegel ist sehr erfolgreich anwendbar, aber auch sehr aufwendig. Ein möglichst früher Einsatz im Nachauflaufverfahren kommt dem Bekämpfungserfolg bei einjährigen Ungräsern und Unkräutern zugute. Denn wenn beispielsweise das Klettenlabkraut wesentlich mehr als die ersten Laubblätter gebildet hat, nimmt die Wirksamkeit der oben genannten Geräte deutlich ab. Mit guter bis befriedigender Wirkung kann dieses Unkraut erst wieder während der späten Schoßphase des Getreides aus dem Bestand »herausgekämmt« werden.

2.1.3.1.1 Engreihenkulturen

In Engreihenkulturen wie Raps und Ackerbohnen können außer Starreggen zusätzlich der Hackstriegel, die gesteuerte Hackmaschine und die Hackbürste eingesetzt werden. Bei Ackerbohnen liegen mit der Kombination aus Striegel und Hacke sehr gute Versuchsergebnisse und Erfahrungen vor. Die Geräte schneiden in Wirksamkeit, Verträglichkeit und ökonomischer Bewertung im Vergleich mit der Anwendung von Herbiziden mindestens gleich gut, oftmals jedoch besser ab. Durch die tiefe und meistens frühe Aussaat werden alle gekeimten und bereits aufgelaufenen Samenunkräuter bis kurz vor dem Auflaufen dieser Kultur (Keimlinge ca. 4 cm unterhalb der Bodenoberfläche) durch Blindstriegeln sicher erfaßt. Nach dem Auflaufen der Ackerbohnen kann der Hackstriegel mit über den Reihen hochgeklappten Aggregaten im Bedarfsfall noch über einen langen Zeitraum gezielt eingesetzt werden. Dies gilt ebenfalls für die hinsichtlich der Bodenfreiheit eingeschränkte, gesteuerte Hackmaschine auch in Raps.

2.1.3.1.2 Weitreihenkulturen

Seit jeher sind Weitreihenkulturen (Mais, Rüben, Kartoffeln) für die mechanische Unkrautbekämpfung besonders geeignet. Je nach Fruchtart kommen hier die Rollhacke, die Dammfräse und die Zapfwellenegge hinzu (Tab. 7). Durch den breiten Raum zwischen den Reihen ergibt sich die Möglichkeit, die Unkräuter wirksam und gleichzeitig kulturpflanzenverträglich zu bekämpfen. Darüber hinaus wirkt sich bei erhöhtem Risiko von Bodenverschlämmungen und -verkrustungen die lockernde Wirkung der mechanischen Geräte besonders positiv aus. Mit hoher Flächenleistung hat sich in Mais vor allem auf leichten Böden die Rollhacke bzw. die Roll-Scharhacke bereits durchgesetzt. Bei der späten Anwendung ist die zu den Reihen hin häufelnde Wirkung der Werkzeuge aus pflanzenbaulicher Sicht zusätzlich von Vorteil. Während der Keimung, aber noch vor dem Auflaufen der Unkräuter, wird in Weser-Ems, insbesondere auf leichten Böden, der Einsatz der Netzegge oder eines leichten Striegels praktiziert. Gegebenenfalls kann diese Maßnahme im 2-Blattstadium der Maispflanzen (10 bis 15 cm Pflanzenhöhe) auch einmal wiederholt ganzflächig durchgeführt werden. In Ergänzung zur späteren Anwendung der Roll-Scharhacke steigen damit die Chancen erheblich, gegen einjährige Unkräuter ohne Herbizide auszukommen.

2.1.3.2 Thermische Verfahren

Zu den physikalischen Maßnahmen zählen weiterhin thermische und elektrische Verfahren. Für die thermische Unkrautbekämpfung (Wärmestrahlung) werden bereits praxiserprobte Lösungen angeboten. Durch Einwirkung von Temperaturen ab 40 °C werden die Eiweißstoffe in den Zellen der getroffenen Pflanzen denaturiert, was zu Organschäden und schließlich zum Wärmetod führt. Wird dafür Propangas als Energiequelle bei Abflammgeräten benutzt, sind wegen der Explosionsgefahr im Gemisch mit Luft und Sauerstoff Sicherheitsvorschriften genau einzuhalten. In landwirtschaftlichen Reihenkulturen bestehen Möglichkeiten der Anwendung im Nachauflaufverfahren.

So ist der Mais bis zum Zündholzstadium (ca. 5 cm Pflanzenhöhe) gegen das Abflammen weitgehend unempfindlich, so daß eine Bandbehandlung gegen aufgelaufene Unkräuter nötig ist. Grasartige Pflanzen sind unempfindlicher und werden nur mangelhaft erfaßt. Die zweite Unkrautwelle läßt sich ab 40 cm Wuchshöhe des Maises durch Schrägstellung der Brenner in Richtung des Maisfußes niederhalten. Zwischen den Reihen wird in der Regel gehackt.

Der Bekämpfungserfolg des frühen Einsatzes ist oft dadurch in Frage gestellt, daß der Mais früher aufläuft als die Unkräuter. Für den konventionellen Maisanbau ist dieses Verfahren jedoch kaum vertretbar, weil die Bekämpfungskosten bei nur geringer Schlagkraft sehr hoch sind. Bessere Möglichkeiten sind beim Anbau von Möhren oder anderen Gemüsearten (siehe Kapitel 14) gegeben. Ohne praktische Bedeutung in der Landwirtschaft ist als thermisches Verfahren noch die Verwendung von Infrarotstrahlgeräten zu nennen.

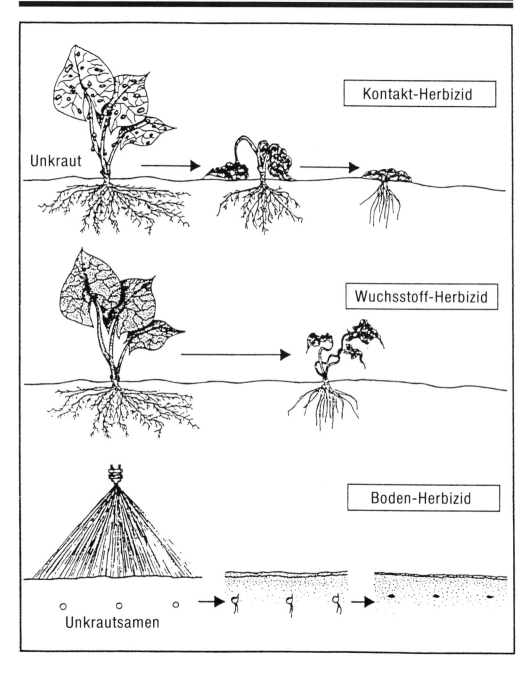

Abbildung 2: Wirkungsweise von Herbiziden (nach KÖNIG et al., 1988).

2.1.3.3 Elektrische bzw. elektromagnetische Verfahren

Unter elektrische bzw. elektromagnetische Verfahren fällt die Anwendung von Gamma-, UHF- und Laser-Strahlung. Die verschiedenen Methoden erfordern z. T. sehr große Sicherheitsvorkehrungen, sind sehr energie-, kosten- und zeitaufwendig und noch nicht praxisreif.

2.1.4 Chemische Maßnahmen

Nach wie vor hat die chemische Unkrautbekämpfung im Vergleich zu den anderen Maßnahmen die größte wirtschaftliche Bedeutung. Unter Berücksichtigung des Einsatztermins der Herbizide werden verschiedene Anwendungsverfahren unterteilt (Tab. 3, S.23). Nach der Wirkungsweise der Mittel wird unterschieden: Kontaktmittel, Wuchsstoffmittel sowie Bodenherbizide mit und ohne Wirkung über das Blatt (Abb. 2). Die verschiedenen Möglichkeiten der chemischen Unkrautbekämpfung werden in den nachfolgenden Kapiteln ausführlich beschrieben.

2.1.5 Kombination der Maßnahmen

Beim Konzept des Integrierten Pflanzenschutzes kommt es darauf an, daß die verschiedenen Maßnahmen sinnvoll aufeinander abgestimmt, geplant und schrittweise nacheinander durchgeführt werden (Tab. 8). Die vorbeugenden Maßnahmen des Acker- und Pflanzenbaues vorangestellt, wird eine direkte Unkrautbekämpfung im Nachauflaufverfahren erst notwendig, wenn die wirtschaftliche Schadensschwelle überschritten ist.

Zum Beispiel wird der Mais auf gefährdeten Standorten zum wirksamen Schutz gegen Bodenerosion mittels Mulchsaat angebaut (Tab. 9). Als weitere Vorteile kommen ein vorbeugender Grundwasserschutz durch Nutzung des Stickstoffs durch die Zwischenfrucht, eine günstigere Struktur und höhere biologische Aktivität des Bodens (u. a. Beschleunigung des Abbaus von Pflanzenschutzmittelrückständen möglich) hinzu. Gegenüber der konventionellen Maisaussaat werden als acker- und pflanzenbauliche

Tabelle 8: Schema einer Strategie zur Unkrautbekämpfung im Integrierten Pflanzenschutz (nach ESTLER, 1991)

Vorbeugende Maßnahmen	Schadensschwellen Konzept	Direkte Maßnahmen
z. B. – Grundboden- bearbeitung – Fruchtfolge – Aussaat	Beurteilung der Notwendigkeit direkter Maßnahmen	z. B. – mechanisch – chemisch – kombiniert

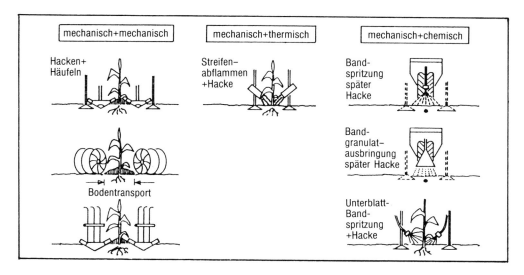

Abbildung 3: Kombinationen verschiedener direkter Maßnahmen und Verfahren in Reihenkulturen (nach ESTLER, 1990).

Teilmaßnahmen der Anbau einer Zwischenfrucht und veränderte Bodenbearbeitungs- und Säverfahren eingeführt. Vor allem in gut gelungenen Zwischenfrüchten trägt dieses System dazu bei, den Unkrautbesatz zu vermindern und die Anwendung von Herbiziden auf das notwendige Maß zu begrenzen. Dies wird auch durch verschiedene Kombinationen direkter Bekämpfungsmaßnahmen erreicht (Abb. 3).

Durch die Verbindung hackender und häufelnder Werkzeuge können Herbizide in Kartoffeln und Mais in Einzelfällen ersetzt werden. Wenn auch wegen der hohen Kosten nur stark eingeschränkt, ist dies durch die Kombination mechanischer und thermischer Verfahren in Mais möglich. Wird die mechanische mit der chemischen Unkrautbekämpfung kombiniert, erfolgt die Anwendung eines Herbizids bandförmig im Bereich der Pflanzenreihen. Durch die mechanische Bekämpfung der Unkräuter zwischen den Reihen werden die Aufwandmenge für Herbizide und die Mittelkosten um ca. 2/3 gesenkt. Bei Nutzung der Wechselbeziehungen aus verschiedenen vorbeugenden Maßnahmen des Acker- und Pflanzenbaus sowie direkten mechanischen Verfahren kann das Auftreten und die Ausbreitung von Unkräutern vermindert werden. Erst dadurch wird es möglich, den Anforderungen des Integrierten Pflanzenschutzes gerecht zu werden.

Tabelle 9: Unkrautbekämpfung bei Zwischenfruchtmulchsaat in Mais (nach KEES, 1990)

Zwischen-frucht	Bestell-verfahren	Herbstkeimer vor der Maissaat	Frühjahrskeimer nach der Maissaat
ab-frierend	Ganzflächige Bodenbearbeitung (Kreiselegge) und konventionelle Maissaat	mechanische Bekämpfung	chemische Bekämpfung je nach Unkrautflora
	Schlitz- und Streifensäver-fahren mit Spezialgeräten	In gut gelungenen Zwischenfrüchten keine speziellen Herbizide erforderlich	chemische Unkraut-bekämpfung differenziert nach (z. B.): – Ausfallgetreide und Unkräuter, – Herbst- und Frühjahrs-keimer, – Hirsearten
		Bei starkem Besatz weit entwickelten Ausfallgetreides (EC 25 bis 29) Spezialherbizid (z. B. Roundup) einsetzen	chemische Unkraut-bekämpfung je nach Unkrautflora
über-winternd	Schlitz- und Streifensä-verfahren	Je nach Zwischen-frucht (Winter-roggen, Weidel-gräser, Winter-raps und -rüben) Spezialherbizide (z. B. Roundup oder Basta) einsetzen	chemische Unkrautbekämpfung je nach Unkraut-flora

3 Wirtschaftliche Schadensschwellen

3.1 Begriffsbestimmung

Das im Pflanzenschutzgesetz für die Anwendung von chemischen Pflanzenschutzmitteln bezeichnete »notwendige Maß« ist in einem allgemein anerkannten Vorschlag der FAO aus der Mitte der 60er Jahre als »Wirtschaftliche Schadensschwelle« mit zentraler Bedeutung im »Integrierten Pflanzenschutz« beschrieben. Für die Unkrautbekämpfung kennzeichnet die wirtschaftliche Schadensschwelle »das Ausmaß der Verunkrautung (Pflanzen/m², % Deckungsgrad), das bei Nichtbekämpfung einen Schaden in gleicher Höhe verursachen würde, wie an Kosten für die Bekämpfung entstehen«. Diese Werte beziehen sich also auf die Besatzdichte je Flächeneinheit und sind für Getreide, Winterraps, Kartoffeln und Grünland ermittelt worden. Versuchsergebnissen und Erfahrungen aus der Schweiz folgend, wird für die Verunkrautung in Mais eine »zeitbezogene Schadensschwelle« genannt. In Anlehnung an eine Terminprognose bezeichnet dieser Begriff die exakte Bestimmung einer »Zeitspanne, in der eine wirksame Unkrautbekämpfung erforderlich ist«. Auf der Grundlage von Versuchsergebnissen aus England und Südniedersachsen sind solche »kritischen Perioden« auch für Zuckerrüben bekannt.

Sowohl die wirtschaftliche Schadensschwelle als auch die zeitbezogene Schadensschwelle trägt Erkenntnissen aus jahrzehntelanger Forschungsarbeit Rechnung, wonach Pflanzen erst dann als Unkräuter bezeichnet werden, wenn sie mehr schaden als nutzen. Die in ökonomischem Sinne schädigende Wirkung der Unkräuter für einen bestimmten Zeitraum ist dichteabhängig. Bei schwachem bis mäßigem Auftreten verhalten sie sich neutral oder können sich sogar positiv auf Boden (Erosionshemmung, Beschattung, Nahrungspflanze), Biozönose und Kulturpflanzen auswirken. Erst beim Überschreiten bestimmter Grenzwerte werden sie zum Unkraut und sind dann zu bekämpfen. Der verursachte Schaden kann vielfältiger Art sein:

Schaden	Unkraut
Ertrags- und Qualitätsverlust	Ungräser, Vogelmiere, Kamille
Erhöhung der Kornfeuchte	Klettenlabkraut, Kamille, Windenknöterich
Beeinträchtigung der Mähdruschernte	Klettenlabkraut, Windenknöterich, Wicken

Schaden	Unkraut
Schwarzbesatz im Erntegut	Klettenlabkraut, Windenknöterich, Wicken, Flughafer
Folge-verunkrautung in nachfolgenden Fruchtarten	Klettenlabkraut, Windenknöterich, Efeublättriger Ehrenpreis, Flughafer

Aus den letzten 20 Jahren liegen insbesondere für Getreide und Winterraps viele Ergebnisse aus umfangreichen praxisnahen Feldversuchen und Untersuchungen vor, die belegen, daß eine vorbeugende und dichteunabhängige chemische Unkrautbekämpfung unwirtschaftlich ist. Unterläßt man die Bekämpfung bei Besatzdichten unterhalb der Schwellenwerte, kommt es weder zu Ertrags- bzw. Qualitätsverlusten, noch werden die Kornfeuchtigkeit und der Schwarzbesatz im Erntegut erhöht. Die Mähdruscherernte wird nicht beeinträchtigt, und es treten auch keine Probleme durch Verunkrautung in nachfolgenden Furchtarten auf.

3.2 Durchführung der Erhebungen

Voraussetzung für die Durchführung der gezielten Unkrautbekämpfung im Nachauflaufverfahren ist die sorgfältige Beobachtung des jeweiligen Kulturbestandes und der verschiedenen Unkräuter. Die Erhebung wird mit einem kostengünstig zu erwerbenden Zähl- und Schätzrahmen[1] (0,1 m²) durchgeführt. Hinreichend genau ist die Erfassung eines bis zu 5 ha großen Schlages mit 30 zufällig über das Feld verteilten Stellen (Stichproben). Bei jedem Einstich werden alle innerhalb des Rahmens stehenden Ungräser und Unkräuter, teilweise nach Arten unterschieden (siehe Tab. 10, 11, Abb. 4 bis 6), gezählt. Anschließend wird der Unkraut- und Kulturdeckungsgrad geschätzt. Die ermittelten Zahlen werden notiert und abschließend die jeweiligen Durchschnittswerte der Stichproben errechnet:

$$\text{Anzahl Pflanzen/m}^2 = \frac{\text{Summe aller Pflanzen der Stichproben x 10}}{\text{Anzahl der Stichproben}}$$

$$\%\ \text{Deckungsgrad} = \frac{\text{Summe aller Deckungsgrade der Stichproben}}{\text{Anzahl der Stichproben}}$$

Bei der Feldbegehung im Frühjahr ist zusätzlich auf nesterweises Auftreten von Klettenlabkraut zu achten, da dieses Unkraut bei der Bekämpfungsentscheidung eine besondere Rolle spielt und unter Umständen mit 30 Stichproben noch nicht genau erfaßt wird. Liegen die Werte deutlich über den wirtschaftlichen Schadensschwellen, genügt auch eine geringe Anzahl von Stichproben. Die Verunkrautung der Feldränder und Vorgewende weicht immer mehr oder weniger stark von der des übrigen Schlages ab. Deshalb ist hier z. T. eine gesonderte Beurteilung sinnvoll. Werden nur hier die Schwellenwerte überschritten, genügt eine Randbehandlung.

---

[1] Vertrieb mit ausführlicher Gebrauchsanweisung: W. Neudorff GmbH KG
Postfach 1209
31860 Emmerthal

Tabelle 10: Wirtschaftliche Schadensschwellen in Getreide (verschiedene Autoren bis 1991)

Ungras bzw. Unkraut	Gültigkeitsbereich	Pflanzen/ m²	Deckungs- grad %
Windhalm	Winterweizen (Frühsaaten)	10	–
	Wintergerste, Winterweizen (Spätsaaten) und Sommergetreide	20	–
	Winterroggen	30	–
Ackerfuchs- schwanz	Winterweizen, Wintergerste (Ackermarsch)	5	–
	Winterweizen (sonstige Frühsaaten)	15	–
	Wintergerste, Winterweizen (Spätsaaten)	20	–
	Winterroggen und Sommergetreide	30	–
Ungräser zusammen	entsprechend den o. g. Einzelfällen	5–30	–
Klettenlabkraut	generell	0,1	–
Windenknöterich	generell	2	–
Wicke	generell	2	–
Vogelmiere	generell	25	–
zweikeimblättrige Unkräuter insges.	während der Bestockung	50	5
	zum letztmöglichen Bekämpfungstermin	50	10

Tabelle 11: Schema zur Erfassung und Beurteilung der Verunkrautung im Winterraps zur Ableitung einer Bekämpfungsentscheidung (nach MUNZEL, 1992)

Unkrautart	Stichprobennummer 1 2 3 bis 30	mittlere Dichte	X-Schadfaktor[1]	X-Faktor A	B	C	D	E	progn. Verluste DM/ha
Klettenlabkraut			4						
Ackerfuchsschwanz/Windhalm			0,08						
Ausfallgetreide			0,15						
Vogelmiere			0,12						
Geruchlose Kamille			0,05						
Echte Kamille			0,03						
Taubnesselarten			0,03						
Acherstiefmütterchen			0,03						
Sonstige (konkurrenzschwach)			0,03						
Sonstige (konkurrenzstark)			0,05						

progn. Gesamtverlust DM/ha

[1] Schadfaktor zur Prognose der Ertragsverluste, bei Klettenlabkraut zur Prognose der Feuchtigkeitserhöhung

Faktor A: Kulturzustand

sehr gut	0,5
gut	1,0
mittel	1,2
schlecht	2,0

Faktor B: Auflaufzeitpunkt der Unkräuter im Vergleich zur Kultur

gleichzeitig	1,0
10 Tage später	0,6
20 Tage später	0,3

Faktor C: Ertragserwartung

——— dt/ha : 100 = [0,]

Faktor D: Produktpreis

[ ] DM/dt

Faktor E: Trocknungskosten je % Überfeuchte

[ ] ——— DM/dt x 100 =

3.3 Getreide und Winterraps

Wirtschaftliche Schadensschwellen sind keine feststehenden Größen, sondern in Abhängigkeit von wirtschaftlichen (Bekämpfungskosten, Risiken durch direkte Bekämpfungsmaßnahmen, Preis für Ernteprodukt usw.) und biologisch-technischen Faktoren (Unkraut- und Getreideart, Anbautechnik, Standort, Fruchtfolge, Gesundheitszustand usw.) variabel. Teilweise unter Berücksichtigung dieser Einflußgrößen sind die für Getreide angegebenen Daten als Anhaltswerte zu sehen (Tab. 10). Sie sind jedoch mit einem hohen Sicherheitsspielraum kalkuliert. Bei sachgemäßer Anwendung entsteht kein wirtschaftlicher Schaden für den Landwirt, wenn auf eine Bekämpfung verzichtet wird und sich anschließend Unkraut ungewöhnlich stark entwickelt. Mehrjährige Wurzelunkräuter (Quecke, Ackerkratzdistel) und Flughafer werden nicht berücksichtigt, da bei ihnen andere Kriterien für die Bekämpfung herangezogen werden.

Für Wintergetreide sind in Abbildung 4 und 5 Flußdiagramme dargestellt, die als Hilfen bei den anstehenden Entscheidungen über Maßnahmen zur gezielten Unkrautbekämpfung dienen. Teilabschnitte davon können unmittelbar für das Sommergetreide benutzt werden.

Bei Winterraps stehen für eine Anwendung im Nachauflaufverfahren weit weniger Herbizide zur Verfügung als in Getreide. Deshalb ist in dieser Fruchtart die Durchführung gezielter Maßnahmen im Nachauflaufverfahren schwieriger und bedarf der Berücksichtigung wichtiger Kriterien (Abb. 6). Von Vorteil ist bei Winterraps jedoch, daß die Bekämpfungsentscheidung auf sehr differenzierten Grundlagen (Schadfaktor der Unkräuter, Kulturzustand, Auflaufzeitpunkt usw.) beruht (Tab. 11).

Die erste Erhebung kann bereits durchgeführt werden, wenn sich die Unkräuter im Keimblattstadium befinden, zweckmäßiger jedoch dann, wenn der Raps das 4- bis 6-Blattstadium (EC 21 bis 23) erreicht hat. Durch Multiplikation der mittleren Unkrautdichte mit den in Tabelle 11 dargestellten artspezifischen Schadfaktoren und den Faktoren A bis E wird der durch die Unkräuter verursachte Verlust prognostiziert. Durch Addition der einzelnen Werte ergibt sich dann der Gesamtverlust. Die Unkräuter sind zu bekämpfen, wenn auf einem Standort

- entweder mehr als 2 Klettenlabkrautpflanzen/m² stehen oder
- bei geringer Dichte dieser Art eine Feuchtigkeitserhöhung (4 % x Klettenlabkrautpflanzen/m² x Kulturzustand) von mehr als 4 % oder
- durch verschiedene Unkräuter verursacht, ein Ertragsverlust von mehr als das 1,5fache der möglichen Bekämpfungskosten vorausberechnet wurde (z. B. Bekämpfungskosten: 160 DM/ha, geschätzter Schaden: mehr als 240 DM/ha).

Sofern zu diesem frühen Termin noch keine Bekämpfung erforderlich ist, wird die nächste Erhebung im Spätherbst durchgeführt. Dann ist lediglich der Kulturdeckungsgrad (KDG) und

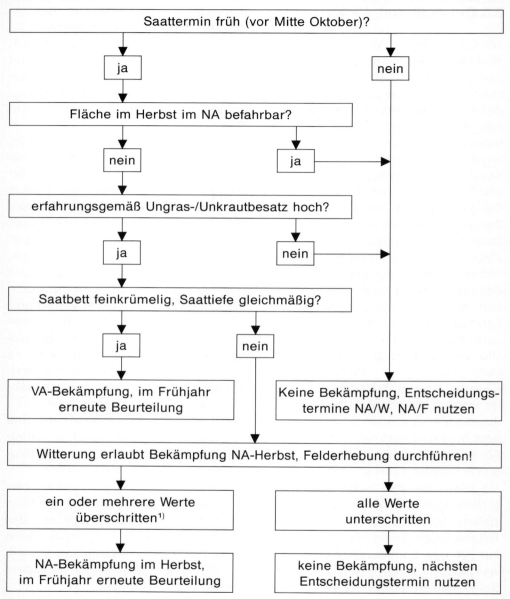

¹) > 30 bis 50 Ungraspflanzen/m² (niedriger Wert bei großen, bestockten Pflanzen)
   > 40 Pflanzen Vogelmiere/m², > 50 Pflanzen Taubnessel und/oder Ehrenpreis/m²
   > 90 Pflanzen zweikeimblättrige Unkräuter insgesamt bzw. > 5 % Deckungsgrad.

Abbildung 4: Schadensschwellen in Getreide – Entscheidungsdiagramm für Wintergetreide im Herbst (nach GEROWITT, HEITEFUSS und BECKER, 1988).

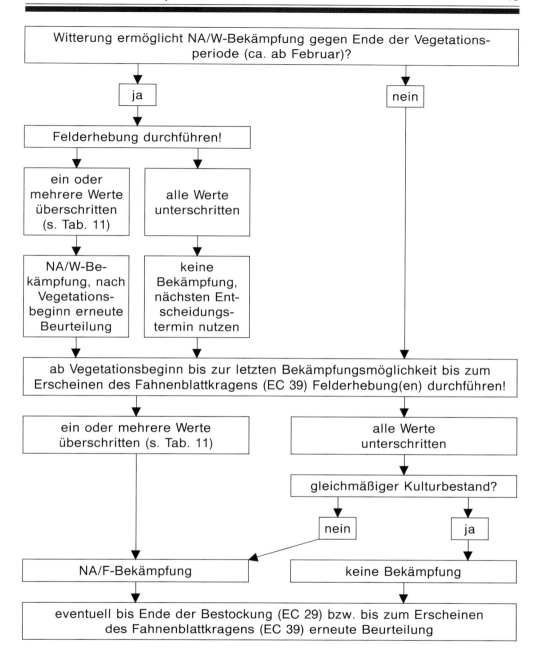

Abbildung 5: Schadensschwellen in Getreide – Entwicklungsdiagramm für Wintergetreide im Winter und Frühjahr (nach GEROWITT, HEITEFUSS und BECKER, 1988).

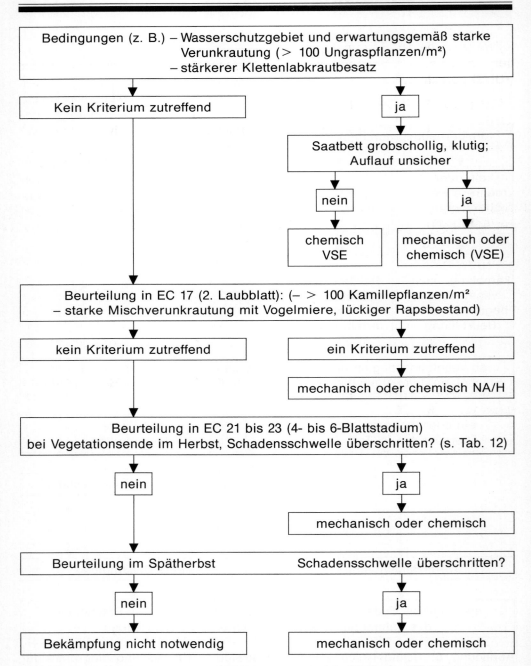

Abbildung 6: Kriterien für die gezielte Unkrautbekämpfung im Winterraps (nach KÜST, WAHMHOFF und HEITEFUSS, 1989).

Unkrautdeckungsgrad (UDG) zu beurteilen. Aus beiden Parametern wird der relative Unkrautdeckungsgrad (rUDG) berechnet:

$$rUDG = (UDG / [UDG + KDG]) \times 100$$

Wenn der Kulturpflanzendeckungsgrad zu diesem Zeitpunkt über 50 % liegt und gleichzeitig der relative Unkrautdeckungsgrad die Schadensschwelle nicht überschreitet (Tab. 12), ist eine Unkrautbekämpfung überflüssig. Eine frühe Ausschaltung der durch Unkräuter verursachten Konkurrenz ist in der Regel nicht erforderlich. Sie kann aber bei starker Unkrautkonkurrenz (z. B. in Spätsaaten) von Vorteil sein, wenn mit dem Schadensschwellenmodell ein Ertragsverlust von mehr als 25 % vorausgeschätzt wurde.

3.4 Kartoffeln

Wirtschaftliche Schadensschwellen für Unkräuter in Kartoffeln wurden Anfang der 70er Jahre ermittelt und haben bis heute Gültigkeit. Bei einem durchschnittlichen Ertragsniveau von 350 dt/ha, unterschiedlichen Bekämpfungskosten (85 bis 200 DM/ha) und Produktpreisen (9 bis 24 DM/ha) liegen die Werte zwischen 2 und 10 Unkrautpflanzen/m² bzw. 1 und 9 % Unkrautdeckungsgrad zum Zeitpunkt der vollen Bestandsentwicklung. Demnach beträgt die mittlere Schadensschwelle etwa 4 Unkräuter/m² bzw. 5 % Unkrautdeckungsgrad. Für eine Bekämpfungsentscheidung liegt dieser Termin meistens jedoch zu spät. Eine befriedigende Wirkung der Herbizide ist u. a.

Tabelle 12: Schadensschwelle für den relativen Unkrautdeckungsgrad (rUDG %) bei unterschiedlichen Rapspreisen und Kosten für die Unkrautbekämpfung (nach MUNZEL, 1992)

Bekämpfungs-kosten DM/ha	rUDG (in %)					
	Rapspreis DM/dt					
	30	40	50	60	70	80
60	15	12	11	10	9	9
80	18	15	13	12	11	10
100	21	17	15	13	12	11
120	24	19	17	15	13	12
140	27	21	18	16	15	13
160	30	24	20	18	16	15
180	33	26	22	19	17	16
200	36	28	24	21	19	17

dadurch in Frage gestellt, daß zu viele Unkrautpflanzen von den Stauden abgeschirmt werden. Mechanische Maßnahmen (Häufeln, Fräsen), die zu diesem Entwicklungsabschnitt einmalig durchgeführt werden, beinhalten ferner das Risiko, daß die Wirkung nicht ausreicht und/oder das Laub der Pflanzen zu stark verletzt wird. Am besten kann die Bekämpfungsentscheidung in der Zeitspanne getroffen werden, in der die Wuchshöhe der Kartoffeln zwischen 5 und 10 cm Wuchshöhe beträgt. Nach einer Bekämpfung in diesem Zeitraum laufen wegen des relativ kurzen Abstands bis zum Reihenschluß kaum erneut Unkräuter auf. Für eine Bestandeshöhe von 5 bis 10 cm liegen jedoch keine wirtschaftlichen Schadensschwellen vor. Deshalb können für diesen Entwicklungsabschnitt die kurz vor dem Auflaufen der Kartoffeln ermittelten mittleren Grenzwerte von ca. 3 Unkrautpflanzen/m² bzw. 1 % Unkrautdeckungsgrad nur als grobe Anhaltspunkte dienen. Wie Untersuchungen in Nordniedersachsen gezeigt haben, sind danach direkte Unkrautbekämpfungsmaßnahmen in den meisten Fällen sinnvoll.

bestimmung, Seite 37), sondern um kritische Werte. Sie stellen das einfachste Hilfsmittel für eine gezielte Durchführung direkter Bekämpfungsmaßnahmen dar, ohne daß der Aufwand für Bekämpfungskosten und der durch die Unkräuter hervorgerufene Ertrags- und Qualitätsverlust des Bestandes exakt berücksichtigt wird. Die aufgeführten Werte stellen lediglich sicher, daß die Unkräuter bei der Bekämpfung tatsächlich getroffen und möglicherweise auch erst bei höheren Besatzdichten verursachte wirtschaftliche Schäden jedenfalls verhindert werden. Die Grenzwerte berücksichtigen die Erkenntnis, wonach leistungsfähige Grünlandbestände in Süddeutschland sich aus 60 bis 70 % Gras-, 15 bis 20 % Kräuter- und 15 bis 20 % Leguminosenanteil zusammensetzen sollten. Für die naturbedingt kräuterärmeren Grünlandflächen des norddeutschen Tieflandes wird ein Verhältnis von entsprechend 80 zu 10 zu 10 % genannt. Jedenfalls sollte der gesamte Anteil der Kräuter nicht aus Arten bestehen, die nach ihrem Futterwert als minderwertig einzustufen sind.

3.5 Grünland

Bei den in Kapitel 15 für die verschiedenen Unkräuter aufgeführten Anteilen am Erntegut bei unterschiedlicher Nutzung handelt es sich nicht um wirtschaftliche Schadensschwellen im Sinne der Definition und die damit verbundenen Anforderungen (siehe Begriffs-

3.6 Mais- und Zuckerrüben

Da Mais und Zuckerrüben als Weitreihenkulturen nur eine schwache bzw. zeitweise gar keine Konkurrenzkraft besitzen, ist eine wirksame Unkrautbekämpfung in der Regel erforderlich. Jedoch müssen die Bestände nicht von Anfang bis Ende der Vegetationsperio-

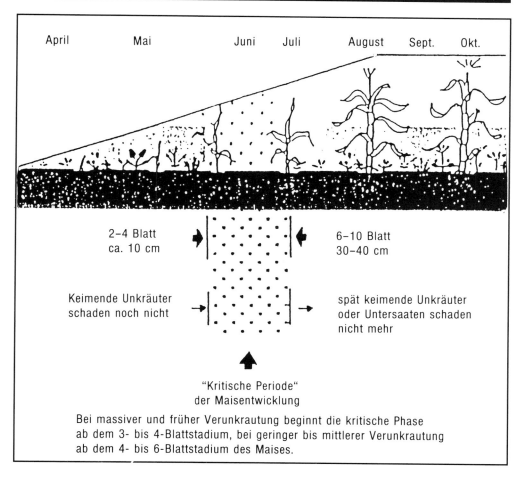

April Mai Juni Juli August Sept. Okt.

2–4 Blatt
ca. 10 cm

6–10 Blatt
30–40 cm

Keimende Unkräuter
schaden noch nicht

spät keimende Unkräuter
oder Untersaaten schaden
nicht mehr

"Kritische Periode"
der Maisentwicklung

Bei massiver und früher Verunkrautung beginnt die kritische Phase
ab dem 3- bis 4-Blattstadium, bei geringer bis mittlerer Verunkrautung
ab dem 4- bis 6-Blattstadium des Maises.

Abbildung 7: Zeitbezogene Schadensschwelle für die Unkrautbekämpfung in Mais (nach AMMON, 1987, modifiziert).

de völlig unkrautfrei sein. Diese Erkenntnis wird bei der zeitbezogenen Schadensschwelle berücksichtigt.

Nach Untersuchungen der Universität Hohenheim und Erfahrungen aus der Schweiz liegt die kritische Periode, je nach Auflaufzeitpunkt und Dichte der Unkräuter, bei Mais zwischen dem 2- bis 4-Blattstadium und dem 6- bis 10-Blattstadium (Abb. 7). Über den Zeitraum von 20 bis 30 Tagen sollten die Bestände weitgehend unkrautfrei sein. Der Maisertrag wird durch Unkräuter, die davor oder danach auflaufen, nicht negativ beeinflußt. Ein Vorteil der Berücksichtigung dieser Periode ist, daß sie besonders günstig für die Durchführung mechanischer Unkrautbe-

kämpfungsverfahren liegt und nicht unbedingt Herbizide mit extrem langer Wirkungsdauer erforderlich sind.
Ebenfalls aufgrund regional eng begrenzter Untersuchungen in England und Niedersachsen ist bekannt, daß Unkräuter in den ersten 4 Wochen nach dem Auflaufen den Ertrag von Zuckerrüben weder quantitativ noch qualitativ verändern. Ertragseinbußen wurden erst durch die Konkurrenz der Unkräuter danach gemessen. Demnach ist es ausreichend, wenn Bekämpfungsmaßnahmen bis kurz vor dem Ende dieser Periode eingeleitet werden. Insbesondere bei Bandbehandlung zur Aussaat der Rüben bietet sich später eine mechanische Unkrautbekämpfung zwischen den Reihen an. Die zeitbezogenen Schadensschwellen sind bisher lediglich in Versuchen ermittelt und erprobt worden. Deshalb ist die Empfehlung für eine breite Anwendung in der Praxis derzeit noch nicht möglich. Weitere Untersuchungen unter praxisnahen Bedingungen und besonderer Beachtung der standortspezifischen Verhältnisse werden über die Tauglichkeit dieser Schwellenwerte Auskunft geben.

3.7 Computergestützte Entscheidungshilfen

Mit Computern können Daten gespeichert und verrechnet werden. Dabei helfen Programme, die auf dem Wissen von Experten basieren, dem Benutzer Entscheidungen zu erleichtern. Sie können ihm das Denken jedoch nicht abnehmen. Ein Computerprogramm kann keine bessere Entscheidung fällen als eine sachkundige Person ohne dieses Hilfsmittel. Die Genauigkeit der elektronischen Datenverarbeitung kann die »Ungenauigkeiten« des biologischen Systems auch nicht ausgleichen. Die EDV erledigt lediglich die Rechenarbeit, die dafür u. a. erforderlichen Daten (z. B. über Standort, Kulturpflanze, Unkräuter) muß der Benutzer jedoch selbst erheben.
Als Hilfestellung für eine gezielte Anwendung von Herbiziden in Getreide sind einige Programme entwickelt worden. Es ist kritisch zu untersuchen, inwieweit die darin verankerten Entscheidungskriterien wichtige Grundsätze für chemische Maßnahmen bei der »Unkrautbekämpfung im Integrierten Pflanzenschutz« berücksichtigen. Die hier kurz dargestellte Auswahl erhebt keinen Anspruch auf Vollständigkeit.
Dem derzeitigen Idealzustand für einen gezielten Einsatz von Herbiziden kommt ein PC-Programm **Unkrautbekämpfung nach Schadensschwellen im Wintergetreide**[1], das erst einigen Pflanzenschutzämtern als Pilot-Version zur Verfügung steht, sehr nahe (siehe Seite 41). Unter Berücksichtigung verschiedener Daten zur Identifikation (Standort usw.) von Getreide (Art und Entwicklungszustand usw.) und von Unkraut (Art und Besatzdichte usw.) sowie von ökonomischen Grö-

---

[1] Institut für Pflanzenpathologie und Pflanzenschutz der Universität Göttingen, Grisebachstraße 6, 3400 Göttingen.

ßen (Getreidepreis, Bekämpfungskosten usw.) wird zunächst ein Bekämpfungstermin ausgewählt (s. Abb. 4). Sofern ein Herbizideinsatz im Nachauflaufverfahren sinnvoll ist, wird im weiteren Verlauf der Ertragsverlust geschätzt und eine Bekämpfungsempfehlung ausgegeben (s. Abb. 5). Eine anwendungsbezogene Überprüfung des Programms anhand einer Serie von 148 Versuchen ergab eine wesentliche Steigerung der Effizienz der Unkrautbekämpfung im Vergleich zu einem routinemäßigen Herbizideinsatz. In 30 % der Fälle hätte auf eine chemische Unkrautbekämpfung verzichtet werden können.

Das PC-Programm **HERB-OPT**[2] beinhaltet wesentliche Elemente des oben genannten Schadensschwellenkonzeptes. Darüber hinaus kann durch Analyse der Grenzkosten das für den jeweiligen Zweck billigste Herbizid ausgewählt werden. Testeinsätze bei Beratung, Landhandel und Landwirten haben gezeigt, daß Übersicht und Auswahl des für den jeweiligen Fall verfügbaren Herbizids durch diese Entscheidungshilfe wesentlich verbessert wird. Als generelles Problem wird die Pflege der eingehenden Herbiziddaten angesehen. Aus Haftungsgründen werden reduzierte Aufwandmengen und Präparatemischungen nicht berücksichtigt.

Die Programme **HERBY** und **SEP**[3] wurden zur Entscheidungsvorbereitung der Unkrautbekämpfung in Winterweizen und Wintergerste entwickelt und stehen als PC-Version auf Diskette zur Verfügung. Sofern modellintern eine

Bekämpfung als möglich erkannt wurde, erstellt **HERBY** für jeden durchlaufenden Termin eine Liste in Frage kommender Herbizide. Anschließend wird für diese Mittel der zu erwartende Bekämpfungsnutzen prognostiziert. Eine Anwendung wird empfohlen, wenn mindestens ein Herbizid einen positiven Nutzen verspricht. Außerdem erhält der Benutzer auf einzelne Pflanzenschutzmittel bezogene Informationen sowie Aussagen über die technische Einsatzfähigkeit von Flüssigdüngern in Kombination mit den vom Programm vorgeschlagenen Herbiziden. Wie bei **HERBY** kann der Benutzer auch bei **SEP** den vorgesehenen Unkrautbekämpfungstermin mitteilen. Für die Beurteilung der Notwendigkeit einer Bekämpfung im Frühjahr benutzt **SEP** feststehende Schadensschwellen. Wenn eine Herbizidanwendung sinnvoll ist, werden u. a. unter Berücksichtigung der Bekämpfungsleistungen die drei kostengünstigsten Mittel oder Mittelkombinationen genannt. Außerdem werden bei vorzeitigem Umbruch Nachbaumöglichkeiten aufgezeigt, und teilweise wird eine Entscheidung über mechanische Bekämpfungsmaßnahmen einbezogen. Beide Programm-Versionen tragen im Vergleich zu einer routinemäßigen Herbizidanwendung sicher zu einer Reduzierung der che-

---

[2] TU München-Weihenstephan, Ackerbau- und Versuchswesen, Lange Point 51, 8050 Freising, Vertrieb: Agrolab-Oberhummel, Schulstraße 1, 8051 Langenbach-Oberhummel.

[3] Institut für Landwirtschaftliche Betriebslehre der Universität Gießen, Senckenbergstraße 3, 6300 Gießen.

Tabelle 13: Auszug aus Herbexpert (HOECHST, 1992)

Beurteilung einzelner Ungräser und Unkräuter
(Alle Angaben zum Zeitpunkt der vorgesehenen Behandlung)

Einsatzbedingungen für Herbizide
(Alle Angaben zum Zeitpunkt der vorgesehenen Behandlung)

Zustand des Getreides:	normal bis gut entwickelt	X
	lückiger Bestand	2
	stark geschädigt (Frost, Nässe, Schaderreger)	3
Bodenart :	leicht (z. B. Sand)	1
	mittel bis schwer (z. B. Lehme)	X
	schwerer Ton- oder Marschboden	3
	Humusboden (über 4 % Humus)	4
Nachtfrostgefahr :	unwahrscheinlich	X
	leichter Frost möglich	2
	stärkere Fröste; bzw. z. Zt. Vegetationsruhe	3

Empfehlung: Zum Einsatztermin, **nach Auflauf Frühjahr,** wird folgender Herbizid-einsatz empfohlen: **Concert 90 g je ha.**

Zusatzinformationen zum Herbizideinsatz:

Bodenfeuchte	wirkt weitgehend unabhängig von der Bodenfeuchte
Tagestemperaturen	für eine gute Klettenlabkrautwirkung sind warme und wüchsige Bedingungen wichtig. Kein Einsatz in der Vegetationsruhe.
Nachtfrost	Nicht einsetzen, wenn unmittelbar Nachtfröste zu erwarten sind.
Bienengefahr	nein
Fischgiftigkeit	nein
Spezielle Hinweise	Aufwandsminderungen nur auf eigenes Risiko! Hinweise zur Spritzenreinigung für Concert genau einhalten!
Allgemeine Hinweise	Gebrauchsanweisungen beachten! Mengenangaben in l bzw. kg je ha, soweit nicht anders angegeben.

mischen Maßnahmen bei. Dringend erwünscht sind jedoch Ergebnisse aus Untersuchungen über einen breit angelegten Einsatz in der Praxis. Eine Verbesserung der Modelle könnte durch Verwendung der standort- und aussaatspezifischen Schadensschwellenwerte (Tab. 10) erreicht werden.

HERBEXPERT[4] wird von einer Pflanzenschutzmittel-Herstellerfirma zur Computer-gestützten Herbizidberatung für Winter- und Sommergetreide angeboten. Neben den Daten zu den Einsatzbedingungen (Standort, Boden, Getreide, Witterung usw.) teilt der Landwirt einem der zuständigen Landwirtschaftskontore telefonisch kostenlos die Ergebnisse einer detaillierten Erhebung über Art, Dichte und Entwicklung der Verunkrautung mit (siehe Auszug in Tab. 13). Die Daten werden dort sofort in einen Computer eingegeben und ausgewertet. Unmittelbar danach erhält der Gesprächspartner, wiederum telefonisch, eine auf die Verhältnisse des einzelnen Feldes abgestimmte Empfehlung. Dabei werden nicht nur oder nicht bevorzugt firmeneigene Herbizide genannt. Die Entscheidung über die Intensität der Unkrautbekämpfung erfolgt nach den Kriterien »möglichst wirtschaftlich« (nach Schadensschwelle) oder »betont sicher« (verminderte Schadensschwel-

le) nicht unabhängig von der Unkrautbesatzdichte. Dennoch wäre auch bei diesem Programm die Einbeziehung der differenzierteren Werte der wirtschaftlichen Schadensschwelle zu begrüßen.

Es ist zu betonen, daß mit der Entwicklung und Herausgabe von Expertensystemen auch ein erhebliches Maß an Verantwortung verbunden ist. Beim Einsatz von Herbiziden hat sie der Anwender unter Beachtung der gesetzlichen Grundlagen zu tragen. Deshalb muß er sich in dieser Hinsicht voll auf die Entscheidungshilfe durch den Computer verlassen können. Wünschenswert ist, daß im wesentlichen nicht nur aktuelle betriebswirtschaftliche Abläufe, sondern mindestens mit gleichem Gewicht wesentliche Elemente des Integrierten Pflanzenschutzes in die Programme mit eingehen. Dies erfordert neben einer ständigen Pflege der ökonomischen Daten und Aktualisierung der sich ständig ändernden Zulassungssituation bei den Herbiziden ebenso die Berücksichtigung neuer Erkenntnisse aus dem biologisch-technischen und ökologischen Bereich.

---

[4] Hoechst AG, Landwirtschaft Deutschland, Hessendamm 1–3, 6234 Hattersheim.

4 Vorschriften zur Herbizidanwendung

4.1 Allgemeines

Alle Pflanzenschutzmaßnahmen müssen sich im Rahmen der jeweils gültigen Fassung des Pflanzenschutzgesetzes und der entsprechenden Verordnungen bewegen. In § 6 ist festgeschrieben, daß Pflanzenschutzmittel, und somit auch Herbizide, nur nach guter fachlicher Praxis und unter Berücksichtigung der Grundsätze des Integrierten Pflanzenschutzes angewandt werden dürfen. Eine Anwendung ist ausgeschlossen, wenn mit schädlichen Auswirkungen auf die Gesundheit von Mensch und Tier oder auf das Grundwasser oder mit sonstigen erheblichen schädlichen Auswirkungen, insbesondere auf den Naturhaushalt, zu rechnen ist.

Diese Vorschriften sind sehr weitgehend und verlangen von jedem Landwirt oder sonstigem Anwender von Pflanzenschutzmitteln, daß er sich mit den wichtigsten gesetzlichen Bestimmungen vertraut macht, um Schaden von sich und der Umwelt abzuwenden (Abb. 8).

Die Verordnung über Anwendungsverbote für Pflanzenschutzmittel, auch Pflanzenschutz-Anwendungsverordnung genannt, enthält für bestimmte Wirkstoffe Anwendungsverbote, An-

wendungsbeschränkungen und eingeschränkte Anwendungsverbote. So ist u. a. für die herbiziden Wirkstoffe Atrazin, Nitrofen und 2,4,5 – T ein vollständiges Anwendungsverbot enthalten. Eingeschränkte Anwendungsverbote betreffen z. B. die Wirkstoffe Deiquat (Handelspräparat Reglone) und Clopyralid (Lontrel 100).

4.2 Grundwasser

Zum Schutz des Grundwassers vor möglichen Verunreinigungen mit Pflanzenschutzmitteln sind in Anlage 3 der vorstehend genannten Verordnung nahezu 70 Wirkstoffe aufgeführt, deren Anwendung in ausgewiesenen Wasserschutz- und Heilquellenschutzgebieten verboten ist. Sie sind durch die sogenannte Wasserschutzgebietsauflage (W-Auflage) gekennzeichnet.

In begründeten Fällen kann die Biologische Bundesanstalt im Rahmen der Zulassung nach § 15 des Pflanzenschutzgesetzes folgendes Anwendungsverbot für bestimmte Herbizide festsetzen: »In Wasserschutzgebieten und Heilquellenschutzgebieten sowie in sonstigen von den zuständigen Behörden zum Schutz des Grundwassers

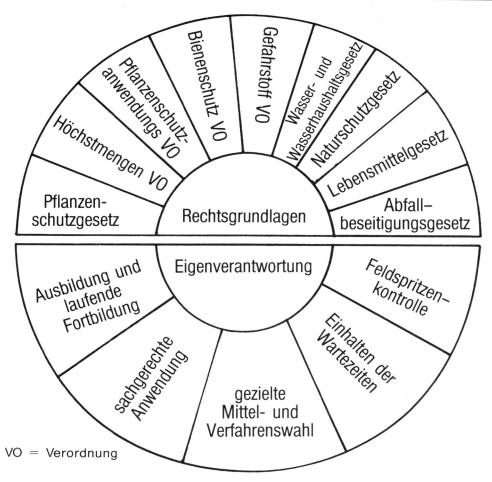

VO = Verordnung

Abbildung 8: Rechtsgrundlagen – Eigenverantwortung

abgegrenzten Gebieten ist die Anwendung verboten.« Ein solches Anwendungsverbot ist in der Gebrauchsanleitung deutlich gekennzeichnet.

Die Nichtbefolgung der vorstehend genannten Verbote ist eine Ordnungswidrigkeit und kann mit Bußgeld geahndet werden.

Für erhöhte Kosten und wirtschaftliche Nachteile, die durch die Anwendungsbeschränkungen entstehen, können unter Berücksichtigung des Wasserhaushaltsgesetzes und entsprechender Wassergesetze der Länder Ausgleichszahlungen in Anspruch genommen werden. Die Voraussetzungen, unter denen ein finanzieller Ausgleich gewährt wird, sind in den einzelnen Bundesländern jedoch sehr verschieden.

4.3 Oberflächenwasser

Neben dem Grundwasser ist auch das Oberflächenwasser vor Belastungen durch Herbizide zu schützen. Falls ein Einfluß auf Gewässerorganismen, z. B. Algen, Fischnährtiere, Fische möglich ist, wird dieses durch die BBA-Auflagen 261 bis 264 gekennzeichnet. Zur Vermeidung möglicher Kontaminationen des Wassers mit entsprechend in der Gebrauchsanleitung beschriebenen Herbiziden werden z. B. über die Auflage 630 bestimmte Abstandsregelungen zu Oberflächengewässern vorgeschrieben, die da lauten: »Keine Anwendung auf Flächen, von denen die Gefahr der Abschwemmung in Gewässer – insbesondere durch Regen oder Bewässerung – gegeben ist. In jedem Fall ist ein Mindestabstand von 10 m zu Gewässern einzuhalten.« Die Mehrzahl der Herbizide ist von dieser Auflage betroffen, so daß ein 10 m breiter, von der Böschungsoberkante eines wasserführenden Gewässers aus gemessener Sicherheitsstreifen unbehandelt bleiben muß. Im Einzelfall kann von der Zulassungsbehörde (BBA) auch ein größerer Mindestabstand vorgeschrieben werden.

4.4 Bienenschutzverordnung

Besondere Aufmerksamkeit verdient die Beachtung der Bienenschutzverordnung. Auf der Packung sowie in der Gebrauchsanleitung sind Hinweise auf die entsprechende Einstufung des Präparates enthalten. Im einzelnen bedeuten:

B 1 = Bienengefährlich
Diese Mittel dürfen nicht an blühenden Pflanzen sowie anderen Pflanzen, wenn sie von Bienen beflogen werden, ausgebracht werden, das heißt, hiervon sind auch nichtblühende Pflanzen betroffen, sofern Honigtau vorhanden ist. Zu »blühenden Pflanzen« gehören auch blühende Unkräuter.

B 2 = Bienengefährlich, ausgenommen bei Anwendung nach dem täglichen Bienenflug bis 23.00 Uhr. Diese Mittel sind bei Ausbringung in blühende Pflanzen während des Bienenfluges bienengefährlich.

B 3 = Bienen werden aufgrund der durch die Zulassung festgelegten Anwendung des Mittels nicht gefährdet.

B 4 = Nicht bienengefährlich.

4.5 Pflanzenschutzmittel-Höchstmengenverordnung

Bei Einhaltung der zulässigen Aufwandmenge und der vorgeschriebenen Wartezeit für das eingesetzte Herbizid kann davon ausgegangen werden, daß die Vorgaben der Verordnung über Höchstmengen an Pflanzenschutzmitteln in oder auf Lebensmitteln und Tabakerzeugnissen, auch Pflanzenschutzmittel-Höchstmengenverordnung genannt, eingehalten werden.

4.6 Anwenderschutz

Eine besondere Bedeutung nimmt auch der Anwenderschutz ein. Die in der Gebrauchsanleitung aufgeführten Schutzvorschriften für den Umgang mit dem unverdünnten Herbizid sowie für die Behandlungsflüssigkeit und den gesamten Spritzvorgang sind genauestens zu beachten. Laut Gefahrstoffverordnung sind gefährliche Pflanzenschutzmittel, etwa 20 % aller zugelassenen Produkte, mit den in Abbildung 9 dargestellten Gefahrensymbolen und -bezeichnungen besonders zu kennzeichnen.

Unter Beachtung der Hinweise auf besondere Gefahren (R – Sätze) und der Sicherheitsratschläge (S – Sätze) sollte für jeden Anwender das Tragen geeigneter Handschuhe und einer Schutzbrille zur Minimalvorsorge gehören.

Mit dem Befüllen des Feldspritzgerätes beginnt der eigentliche sachgerechte Anwendungsvorgang. Es ist zu beachten, daß dabei kein Risiko für Anwender und Naturhaushalt entsteht. Eine anwenderfreundliche Mittelzugabe ist über eine seitlich neben dem Spritzbehälter in Bodennähe angebrachte Einfüllschleuse möglich. Bei gleichzeitig vorhandener Kanisterspülvorrichtung können die leeren Mittelbehälter sorgfältig gespült werden. Das Spülwasser läuft dabei über die Einfüllschleuse in den Gerätebehälter und kann unmittelbar auf der zu behandelnden Fläche ausgebracht werden. Bei sachgerecht erfolgter Spülung ist ein entscheidender Beitrag des u. a. über die Verpackungsordnung angestrebten Entsorgungskonzeptes für Behältnisse von Pflanzenschutzmitteln geleistet.

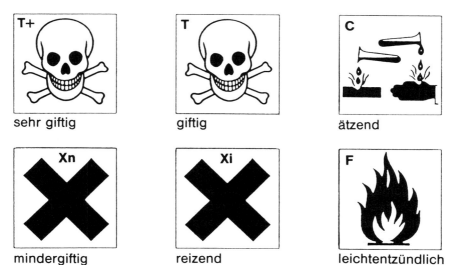

Abbildung 9: Gefahrensymbole und Gefahrenbezeichnungen (Schwarzer Aufdruck auf orangegelbem Grund).

Tabelle 14: Abkürzungen und Erläuterungen

Auflagen	
W	= Anwendung in Wasser- und Heilquellenschutzgebieten verboten.
(W)	= Keine Wasserschutzgebietsauflage, aber in Pflanzenschutz-Anwendungs-Verordnung besteht ein Anwendungsverbot
B 1	= bienengefährlich
B 2	= bienengefährlich, ausgenommen bei Anwendung nach dem täglichen Bienenflug bis 23 Uhr.
B 3	= Bienen werden aufgrund der durch die Zulassung festgelegten Anwendung nicht gefährdet.
B 4	= nicht bienengefährlich
630	= keine Anwendung auf Flächen, von denen die Gefahr der Abschwemmung in Gewässer, insbesondere durch Regen oder Bewässerung, gegeben ist. In jedem Fall ist ein Mindestabstand von 10 m zu Gewässern einzuhalten.
631	= keine Anwendung auf Flächen, von denen die Gefahr der Abschwemmung in Gewässer, insbesondere durch Regen oder Bewässerung, gegeben ist. In jedem Fall ist ein Mindestabstand von 20 m zu Gewässern einzuhalten.
T	= giftig
Xn	= mindergiftig
Xi	= reizend

Anwendung	
VS	= vor der Saat
VS-E	= Vorsaatanwendung mit Einarbeitung
NS	= nach der Saat
VA	= vor dem Auflauf
NA	= nach dem Auflauf
NA-H	= Nachauflaufverfahren/Herbst
NA-W	= Nachauflaufverfahren/Winter
NA-F	= Nachauflaufverfahren/Frühjahr
NA-K	= Nachauflaufbehandlung im Keimblatt der Unkräuter
NA$_1$	= im Keimblattstadium der Unkräuter bis 3-Blattstadium des Maises
NA$_2$	= im 3- bis 6-Blattstadium des Maises
NA-H$_1$	= Nachauflauf im 1- bis 2-Blattstadium (EC 10 bis 12) von Winter- und Sommergetreide
k. v. D	= kurz vor dem Durchstoßen der Kultur (Kartoffeln)
VP	= vor der Pflanzung
NP	= nach der Pflanzung
SV	= vor dem Stechen bei Spargel
SN	= nach dem Stechen bei Spargel
Wartezeitangabe F	= Die Wartezeit ist durch die Anwendungsbedingungen und/oder die Vegetationszeit abgedeckt, die zwischen Anwendung und Nutzung (z. B. Ernte) verbleibt bzw. die Festsetzung einer Wartezeit in Tagen ist nicht erforderlich.

Es darf keine Wasserentnahme aus öffentlichen oberirdischen Gewässern ohne wasserrechtliche Genehmigung erfolgen. Weiterhin ist eine direkte Verbindung mit dem Trinkwasserleitungsnetz zu vermeiden. Das Ende des Füllschlauches soll mindestens 20 cm über der Behälteröffnung fixiert sein. Die Befüllung des Fasses hat immer unter Aufsicht zu erfolgen.

Richtige Düsenwahl mit entsprechendem Spritzdruck bildet eine wichtige Voraussetzung für einen sachgerechten, abtriftfreien Einsatz von Herbiziden. Dabei ist insbesondere auch die Witterung mit den Faktoren Wind, Temperatur und Thermik zu beachten.

Eine Selbstverständlichkeit sollte es sein, vor Anwendungsbeginn die notwendige Ausbringmenge genau zu errechnen, um somit keine vermeidbaren Restmengen entstehen zu lassen.

Die bei der letzten Behälterfüllung eines Feldspritzgerätes anfallende technisch unvermeidbare Spritzflüssigkeitsrestmenge sollte im Verhältnis 1:10 mit Wasser verdünnt und dann auf der Behandlungsfläche ausgebracht werden. Entsorgungsproblemen wird auf diese Weise aus dem Wege gegangen.

4.7 Abkürzungen

In verschiedenen nachfolgenden Tabellen sind Auflagen und Gefahrenbezeichnungen sowie Anwendungstermine nur als Kurzform (Buchstabe bzw. Zahl) enthalten.
Die Tabelle 14 gibt die entsprechenden Erläuterungen, so daß bei den Tabellen auf umfassende Legenden verzichtet wird.

5 Unkrautbekämpfung im Getreide

5.1 Schwer bekämpfbare Schadgräser

In frühbestellten Herbstsaaten entwickelt sich vielfach recht zügig eine konkurrenzstarke Verunkrautung, die sich nicht selten teppichartig ausbreitet und die jungen Getreidepflanzen nachhaltig in Mitleidenschaft ziehen kann. Eine besondere Beachtung muß dabei den schwer bekämpfbaren Schadgräsern entgegengebracht werden. Bezüglich der Wachstumsansprüche stehen die Gräser den Getreidepflanzen nahe, so daß sich der Wettbewerb um Licht, Wasser, Nährstoffe und Standraum entsprechend intensiv gestaltet.

5.1.1 Ackerfuchsschwanz

Der Ackerfuchsschwanz zählt zweifellos zu den extrem konkurrenzstarken Schadgräsern. Mindererträge von 30 bis 50 % sind bei starkem Besatz von über 1000 ährentragenden Halmen/m² keine Seltenheit. Der Schwerpunkt seiner Verbreitung liegt im westlichen Bayern, in Baden-Württemberg sowie in den Marschregionen der norddeutschen Küstenländer.
Der Ackerfuchsschwanz keimt im Herbst und im zeitigen Frühjahr. Er ist daher in erster Linie ein Ungras des Wintergetreides und des Winterrapses. Ein entscheidender Faktor für die Keimung ist das Licht. Untergepflügte Akkerfuchsschwanzsamen, die in Dunkelheit lagern, keimen kaum. Erst wenn die Samen bei der Bodenbearbeitung durch Pflügen, Eggen oder andere Bodenbearbeitungsmaßnahmen einer nur kurzen Lichteinwirkung ausgesetzt sind, kann eine Keimung erfolgen.
Neben dem Anbau von Winterungen sind es vor allem die Wasserversorgung und die Struktur der Böden, die das Auftreten von Ackerfuchsschwanz mitbestimmen. Seine Ausbreitung wird außerdem durch den Einsatz des Mähdreschers begünstigt, weil fast das gesamte Samenpotential auf dem Felde verbleibt. Der Mähdrescher sorgt aber nicht nur für eine Ausbreitung innerhalb des Betriebes, sondern fördert auch im überbetrieblichen Einsatz die Verschleppung in den einzelnen Gemarkungen.

5.1.2 Windhalm

Das Areal des Windhalmes umfaßt praktisch alle Bundesländer, mit Ausnahme der Berglagen von Nordrhein-Westfalen sowie der Trockenlagen in

Ostdeutschland. Bei genügender Feuchtigkeit tritt das Gras sowohl auf leichten durchlässigen Sandböden als auch auf schweren Lehmböden auf. Besonders in niederschlagsreichen und feuchten Gebieten ist mit stärkerem Windhalmbesatz zu rechnen. Die Ertragsminderung durch Windhalmkonkurrenz in Wintergetreide kann erheblich sein, wobei der größte Schaden im Winterweizen zu erwarten ist, weil sich der Wachstumsrhythmus des Windhalmes am besten an diese kurzstrohige Kulturpflanze angepaßt hat. Die Schädigung der Schadgräser beruht nicht nur auf der unmittelbaren Konkurrenzwirkung durch den Entzug von Nährstoffen, Wasser, Licht und Standraum, sondern auch auf einer Abreifeverzögerung des Getreides infolge Beschattung durch die Windhalmrispen. Mangelnde Abreife des Kornes, höhere Feuchtigkeitsgehalte und Ernteerschwernisse sind nur einige der Folgeerscheinungen. Nach Untersuchungen an der Universität Hohenheim wurde die Anzahl der Körner je Weizenähre durch starken Windhalmbesatz (300 bis 500 Rispen/m²) um 7,5 % und das Tausendkorngewicht um mehr als 6 % vermindert.

5.1.3 Rispenarten

Neben Ackerfuchsschwanz und Windhalm sind es Rispenarten, vor allem die Einjährige Rispe *(Poa annua),* die in getreidereichen Fruchtfolgen in niederschlagsreichen Gebieten stärker Fuß fassen konnte. Die Einjährige Rispe bleibt niedrig und entwickelt sich so schnell, daß mehrere Generationen im Jahr aufeinanderfolgen. Das Gras ist winterhart und wächst auch in der kalten Jahreszeit. Die Schadwirkung ist relativ gering. Im allgemeinen ist eine Bekämpfung erst bei einer Dichte von mehr als 50 bis 60 Pflanzen/m² wirtschaftlich.

Die Gemeine Rispe *(Poa trivialis)* kommt vorwiegend in Futterbaubetrieben mit mehrjährigem Kleegrasanbau vor. Ihre Schadwirkung in Winterweizen und Wintergerste ist mit jener des Windhalms vergleichbar. Die Bekämpfung mit Bodenherbiziden ist nur gegen Pflanzen, die aus Samen aufgelaufen sind, erfolgreich. Durchtrieb aus Rasensoden kann nur durch sorgfältiges Unterpflügen mittels Vorschäler verhindert werden.

5.1.4 Flughafer

Der Flughafer ist ein Frühjahrskeimer und tritt vor allem im Sommergetreide und in Hackfrüchten auf, jedoch steht seine Zunahme gebietsweise auch mit der vielfach üblichen Spätsaat von Winterweizen im Zusammenhang. Spät gedrillte Winterweizenbestände kommen teilweise vor Wintereinbruch nicht mehr zum Auflaufen und stellen deshalb im zeitigen Frühjahr für die keimenden Flughafersamen nur eine schwache Konkurrenz dar. Das Schadgras schädigt nicht nur durch Wachstumskonkurrenz, sondern auch dadurch, daß es das Getreide schon vor der Ernte überragt und somit durch Lichtentzug und Förderung der Lagerneigung in Mitleidenschaft zieht.

5.2 Unkrautarten

Die wichtigsten im zeitigen Herbst keimenden Unkrautarten, die in der Winterung vorkommen, sind Taubnessel, Ehrenpreisarten, Klettenlabkraut, Vergißmeinnicht (vor allem in Norddeutschland), Vogelmiere, Kamillearten und Ackerstiefmütterchen. Darüber hinaus gibt es eine Reihe weiterer Unkräuter, die örtlich von Bedeutung sein können. Das bevorzugte Auftreten einzelner Arten in der Winterung hängt mit den spezifischen Ansprüchen an Boden, Klima etc. zusammen. Da aber diese Bedingungen von Jahr zu Jahr und gebietsweise stark wechseln, sind auch die Stärke und die Art der Verunkrautung in den einzelnen Jahren recht unterschiedlich.

5.3 Bekämpfung der Ungräser

Erst die Anwendung von Bodenherbiziden und sonstigen Spezialherbiziden ermöglichte eine sichere Ausschaltung von Ackerfuchsschwanz und Windhalm und damit einen risikolosen Anbau von Winterweizen und Wintergerste in Gebieten mit starkem Vorkommen dieser Ungräser. Die Ausbringung der Herbizide kann sowohl im Vorauflauf- als auch gezielt im Nachauflaufverfahren erfolgen. Die aus acker- und pflanzenbaulichen Gründen gebietsweise geforderte Vorverlegung der Saatzeiten läßt sich ohne die Bekämpfungsmöglichkeit mit chemischen Mitteln kaum verwirklichen. Es soll jedoch nicht unerwähnt

bleiben, daß diejenigen Betriebe, für die vor Bestellung der Winterung genügend Zeit bleibt, die Möglichkeit haben, nach der Ernte durch flaches Einarbeiten der ausgefallenen Samen und durch weitere flache Bodenbearbeitungsmaßnahmen nach 3 bis 4 Wochen die Keimung von Ackerfuchsschwanz zu fördern. Nach dem Auflauf ist dann eine baldige mechanische, notfalls chemische Bekämpfung erforderlich.

5.4 Mechanische Maßnahmen

In letzter Zeit werden auch verschiedentlich die Möglichkeiten einer mechanischen Unkrautbekämpfung vermehrt angesprochen. In Wasserschutzgebieten mit extrem schlechten hydrogeologischen Voraussetzungen und in nicht konventionell wirtschaftenden Betrieben, z. B. ökologischer Landbau, ist dies eine gewisse Alternative. Die mechanische Unkrautregulierung ist mit leichten Eggen sowie Striegeln, neuerdings aber auch mit Federzahnhackeggen, z. B. Hatzenbichler oder Hackstriegeln, z. B. Frick, Rabe durchführbar. In der Spitzphase des Getreides ist bereits in Winterweizen und allen Sommergetreidearten ein Blindstriegeln möglich. Die im Keimblattstadium befindlichen Unkräuter werden zurückgedrängt und teilweise verschüttet. Im fortgeschrittenen Wachstum der Unkräuter ist die Maßnahme zu wiederholen. Die Bekämpfungserfolge sind dann jedoch nicht mehr so überzeugend. Gerade bei niederschlagsreicherem Witterungsverlauf und stärkerem Besatz mit Schadgräsern ist die Abtötung nicht immer ausreichend. Die Gesamtwirkung der mechanischen Unkrautbekämpfung ergibt sich nicht nur daraus, daß die Konkurrenzpflanzen herausgerissen werden und dann vertrocknen, sondern daß sie auch teilweise verschüttet werden und dann absterben. Der Winterweizen verträgt ohne Probleme bereits ein Striegeln in frühen Wachstumsstadien. Bei vorsichtiger Einstellung (d. h. mit geringerem Bodendruck der Zinken) kann der Winterweizen bei entsprechend niedriger Fahrgeschwindigkeit schon im 2-Blattstadium bearbeitet werden. Bei Gerste und Roggen ist unbedingt das dritte Blatt abzuwarten. Vor allem Roggen ist als Flachwurzler empfindlich.

Ist das Getreide im Frühjahr stark bestockt und fest verwurzelt, verträgt es relativ scharfes Striegeln (allerdings keinesfalls bei Nachtfrostgefahr arbeiten).

Die Problemunkräuter Klettenlabkraut und Vogelmiere lassen sich im Notfall noch aus dem bereits schossenden Getreide teilweise herauskämmen. Zu Beginn des Ährenschiebens sollten die Striegelmaßnahmen jedoch abgeschlossen sein.

Die mechanische Unkrautbeseitigung führt vielfach zu einer leichten Ausdünnung der Getreidebestände. Die Aussaatmenge ist folglich darauf einzustellen, wichtig ist eine ausreichend tiefe Saat von ca. 3 cm. Die mechanischen Möglichkeiten werden sowohl von der Art und Dichte der Verunkrautung als auch in ganz erheblichem Maße von den Boden- und Witterungsbedingungen begrenzt. Die Erfahrungen, auch mit den neueren Geräten, sind entsprechend unterschiedlich.

So lassen sich Wurzelunkräuter, wie z. B. Disteln und auch Ungräser, wie Ackerfuchsschwanz, Windhalm und Flughafer, kaum nachhaltig niederhalten.

5.5 Kalkstickstoff

Der Kalkstickstoff als Düngemittel mit herbizider Nebenwirkung ist in den letzten Jahren auf Gräserstandorten durch Bodenherbizide verdrängt worden, weil die Erfolge, insbesondere gegen Ackerfuchsschwanz, je nach den Witterungsbedingungen und Keimungsverhältnissen stark schwanken. Dagegen läßt sich der an der Oberfläche keimende Windhhalm sicherer erfassen. Laufen die Ungräser im Herbst zügig auf, ist die Ausbringung von Kalkstickstoff beim Spitzen des Getreides auf feuchten Boden am wirkungsvollsten. In spät gesätem Winterweizen hat sich Kalkstickstoff geperlt 3 bis 4 dt/ha im Frühjahr gegen schwach entwickelten Windhalm örtlich bewährt.

Zur Verbesserung der Kalkstickstoffwirkung gegen Ackerfuchsschwanz führten zusätzliche Anwendungen von Bodenherbiziden, in voller Dosierung, häufig zu einer Verringerung der Bestandesdichte und Mindererträgen.

Tabelle 15: Orientierende Übersicht über die Anwendung der Boden- und Blattherbizide zur Bekämpfung von ein-jährigen Schadgräsern in Winterweizen, Wintergerste und Winterroggen

Mittel (Wirkstoffe)	Getreideart	Anwendung[2]	Aufwand (kg, l/ha)	Auflagen[3]	Bemerkungen
Anofex 500 fl. (Chlortoluron + Terbutryn)	WG, WW[1], WR	VA	5,0 – 6,5	W, B 2, 630	Schadgräserwirkung recht zuverlässig.
Arelon fl. (Isoproturon)	WG, WW, WR	VA – NA-H / NA-F	2,0 / 2,0 – 3,0	B 4, 631, Xn	Gute Gräserwirkung und Kamille, Vogelmiere.
Arelon fl. + Pointer Quick (Isoproturon + Tribenuron-Methyl)	WG, WW, WR / SG, SW	NA-F / NA-F	2,0 + 0,022	B 4, 631, Xn	Schadgräserwirkung und auf die Masse der Unkräuter, ausgen. Klettenlabkraut.
Arelon P flüssig (Isoproturon + Mecoprop)	WG, WW / SG, SW	NA-F / NA-F	5,5 / 4,5	(W), B 4, 631, Xn	Ansprechende Breitenwirkung, ausgen. Ackerstiefmütterchen.
Arelon Kombi (Isoproturon + Ioxynil + Mecoprop)	WG, WW / WR	NA-F	5,0 / 4,0	(W), B 4, 630, Xn	Gute Wirkungsbreite auf Gräser und die Masse der breitblättrigen Unkräuter.
Avadex 480 (Triallat)	WG, WR, SG	VS-E	2,5	B 3, 630	Flughafer, Ackerfuchsschwanz, Windhalm sicher bekämpfbar.
Belgran (Isoproturon + Ioxynil + Mecoprop)	WG, WW / WR	NA-F	5,0 / 4,0	(W), B 4, 630, Xn	Gute Wirkung auf Schadgräser und breitblättrige Unkräuter.
Boxer (Prosulfocarb)	WG, WW, WR	VA / NA-H$_1$	4,0 – 5,0 / 3,0	B 3, 630, Xn	Windhalm und Klettenlabkraut werden sicher erfaßt.
Concert (Metsulfuron + Thifensulfuron)	WW, WR	NA-F	0,09		Windhalm wird erfaßt. Klettenlabkraut Teilwirkung.
Dicuran 700 fl. (Chlortoluron)	WG, WW[1], WR / WG, WW	VA / NA-H, NA-F	2,0 – 3,5 / 2,0 – 3,0	(W), B 4, 630	Graswirkung recht zuverlässig, Ehrenpreis schwach.
Dicuran 75 WDG (Chlortoluron)	WG, WW[1], WR / WG, WW[1]	VA / NA-H, NA-F	2,0 – 3,0 / 2,0 – 3,0	(W), B 4, 630	
Dizan (Chlortoluron + Fluroxypyr)	WW, WR	NA-F	3,0 – 4,0	(W), B 4, 631, Xn	Gräser und Klettenlabkraut sicher bekämpfbar.

Mittel (Wirkstoffe)	Getreideart	Anwendung[2]	Aufwand (kg, l/ha)	Auflagen[3]	Bemerkungen
Fenikan (Diflufenican + IPU)	WG, WW, WR	VA, NA-H[1]	3,0	B 3, 631, Xn	Ansprechende Wirkungsbreite, Klettenlabkraut nicht sicher.
Fali-Chlortoluron 700 fl. (Chlortoluron)	WG, WW[1], WR / WG, WW[1]	VA / NA-H, NA-F	2,0 – 3,5 / 2,0 – 3,0	(W), B 4, 630	Hervorragende Gräserwirkung – Ehrenpreis schwach.
Fali-Terbutryn 500 fl. (Terbutryn)	WG, WW, WR	VA	3,0 – 4,0	B 4, 630	Ansprechende Wirkungssicherheit auf Gräser und die Masse der Unkräuter.
Foxpro (Isoproturon + DP + Bifenox)	WG, WW, WR / SW	NA-F	5,0 – 6,0 / 4,5	(W), B 4, 631, Xn	Windhalm und breitblättrige Unkräuter sowie Klettenlabkraut.
Foxtar (Isoproturon + DP + Bifenox)	WG, WW, WR / SW	NA-F	6,0 – 7,0 / 4,5 – 5,0	(W), B 4, 631, Xn	Ackerfuchsschwanz, Windhalm und breitblättrige Unkräuter, einschließlich Klettenlabkraut.
Hora Turon 500 fl. (Isoproturon)	WG, WW, WR	VA, NA-H, NA-F	2,0 / 2,0 – 3,0	B 4, 631, Xn	Ansprechende Gräserwirkung sowie Vogelmiere, Kamille.
Igran 500 fl. (Terbutryn)	WG, WW, WR	VA	3,0 – 4,0	630, B 4	Gute Breitenwirkung auf Gräser und breitblättrige Unkräuter.
IPU 500 Stefes	WG, WW, WR	VA – NA-H / NA-F	2,0 / 2,0 – 3,0	B 4, 631, Xn	Gute Gräserwirkung und Kamille, Vogelmiere
Illoxan (Diclofop-methyl)	WW, SW, SG	NA-F	2,5	B 4, 630	Flughaferwirkung recht sicher im 2- bis 4-Blattstadium.
Monsun (Chlortoluron)	WG, WW[1], WR / WG, WW[1]	VA / NA-H, NA-F	2,0 – 3,5 / 2,0 – 3,0	(W), 630, B 4	Gräserwirkung überzeugend, Ehrenpreis schwach.
Pendiron fl. (Chlortoluron + Pendimethalin)	WG, WW[1], WR / WG, WW[1]	VA / NA-H	5,0 / 3,0 – 5,0	(W), B 4, 630	Breitwirkend, einschließlich Ackerstiefmütterchen, Klettenlabkraut.
Ralon (Fenchlorazol + Fenoxyprop)	WW, WR / SW	NA-H, NA-F	2,5 – 3,0 / 2,0 – 2,5	B 4, 630	Ackerfuchsschwanz, Windhalm und Flughafer werden sicher erfaßt.
Stefes Terbutryn (Terbutryn)	WG, WW, WR	VA	3,0 – 4,0	B 4, 630	Ansprechende Breitenwirkung auf Gräser und Unkräuter.

Mittel (Wirkstoffe)	Getreideart	Anwendung[2]	Aufwand kg, l/ha	Auflagen[3]	Bemerkungen
Stomp SC (Pendimethalin)	WG, WR WW WG, WW, WR	VA VA NA-H	4,0 – 5,0 2,5 3,0 – 4,0	B 4, 630	Gute Schadgraswirkung, außerdem Ackerstiefmütterchen und Klettenlabkraut.
Tolkan flo (Isoproturon)	WG, WW, WR	VA – NA-H NA-F	2,0 2,0 – 3,0	B 4, 631, Xn	Gute Graswirkung und Kamille, Vogelmiere.
Tolkan Fox (Isoproturon + Bifenox)	WG, WW, WR SG, SG	NA-H/NA-F NA-F	4,5 3,5	B 4, 631, Xn	Gute Wirkungsbreite, Gräser und Dikotyle, einschließlich Ackerstiefmütterchen.
Tribunil (Methabenzthiazuron)	WG, WW, WR WW, SW	VA NA-F	3,0 – 4,0 2,0 – 4,0	B 4, 630	Windhalm und die Masse der breitblättrigen Unkräuter, ausgenommen Ackerstiefmütterchen.
Tribunil-Combi (Methabenzthiazuron + DP)	WW SW	NA-F NA-F	4,0 2,5	B 4, 630	Windhalm und breitblättrige Unkräuter.
Zera-Terbutryn 500 fl. (Terbutryn)	WG, WW, WR	VA	3,0 – 4,0	B 4, 630	Ansprechende Breitenwirkung auf Gräser und Dikotyle.
Zera Chlortoluron 700 fl. (Chlortoluron)	WG, WW[1], WR WG, WW[1]	VA NA-H	2,0 – 3,5 2,0 – 3,0	(W), B 4, 630	Schadgraswirkung zuverlässig, Ehrenpreis schwach.
Kalkstickstoff (Calciumcyanamid)	WG, WW, WR	VA, NA	3 bzw. 3,5 dt/ha gemahlen bzw. feinst granuliert 4 bzw. 4,5 dt/ha granuliert bzw. gekörnt	B 4	Düngemittel mit Nebenwirkung gegen Unkräuter, nur gegen kl. Windhalm. Wirkung unabhängig von der Bodenart, aber stark abhängig von der Witterung. Einsatzschwerpunkt dort, wo Bodenherbizide unsicher sind bzw. schädigen, z. B. auf leichten Sand- und Moorböden.

[1]: Sortenempfindlichkeit beachten.
[2]: Siehe Tabelle 14, Seite 56.
[3]: Siehe Tabelle 14, Seite 56.

Tabelle 16: Orientierende Übersicht über die Anwendung der wichtigsten Blattherbizide zur Bekämpfung von zweikeimblättrigen Unkräutern in Winter- und Sommergetreide

Mittel (Wirkstoffe)	Getreideart	Anwendung[1]	Aufwand (kg, l/ha)	Auflagen[2]	Bemerkungen
AAcombin (MCPA + Mecoprop)	Winter- und Sommergetreide	NA-F	4,0 – 5,0	(W), B 4, 630, Xn	Ansprechende Breitenwirkung, Knöterich schwach.
AAherba M (MCPA)	Winter- und Sommergetreide	NA-F	1,0 – 1,5	(W), B 4, 630, Xn	Distelbekämpfung.
AAherba KV-Combi Fluid (2,4-D + Mecoprop)	Winter- und Sommergetreide	NA-F	3,0 – 4,0	(W), B 4, 630, Xn	Gute Wirkungsbreite, einschließlich kleine Kamille.
Aniten (Flurenol + MCPA)	Winter- und Sommergetreide	NA-F	1,5	B 4, 630, Xi	Leicht bekämpfbare Unkräuter werden erfaßt.
Anitop (DP + Flurenol + Ioxynil + MCPA)	Winter- und Sommergetreide	NA-F	3,0 2,5	B 4, 630, Xn	Breitbandherbizid mit hoher Wirkungssicherheit.
Basagran (Bentazon)	Sommergetreide	NA-F	2,0	W, B 4, 630, Xn	Nur Kamille, Klettenlabkraut werden erfaßt.
Basagran DP Neu (Bentazon + DP)	Winter- und Sommergetreide	NA-F	3,0	W, B 4, 630, Xn	Ansprechende Breitenwirkung, u. a. gegen Klettenlabkraut, Kamille.
Banvel M (Dicamba + MCPA)	Winter- und Sommergetreide	NA-F	4,0	(W), B 4, 630, Xn	Gegen Knöterricharten sicher.
Banvel P (Dicamba + MCPP)	Winter- und Sommergetreide	NA-F	3,0	(W), B 4, 630, Xn	Ansprechende Breitenwirkung.
Berghoff 2,4-D (2,4-D)	Winter- und Sommergetreide	NA-F	1,5	W, B 4, 630, Xn	Gegen Disteln und leicht bekämpfbare Unkräuter.
Berghoff MCPA (MCPA)	Winter- und Sommergetreide	NA-F	1,5	(W), B 4, 630, Xn	Wirkungsschwerpunkt: Ackerkratzdisteln und leicht bekämpfbare Unkräuter.
Berghoff Optica DP (DP)	Winter- und Sommergetreide	NA-F	2,5	(W), B 4, 630, Xn	Gegen Knöterricharten und Klettenlabkraut

Mittel (Wirkstoffe)	Getreideart	Anwendung[1]	Aufwand (kg, l/ha)	Auflagen[2]	Bemerkungen
Bottrol DP (Ioxynil + Bromoxynil + MCPP)	Winter- und Sommergetreide	NA-F	2,5 2,0	(W), B 4, 630, Xn	Breitbandherbizid gegen Klettenlabkraut, Kamille, Vogelmiere.
Bifenal (Bifenox + MCPP)	WG WG, Sommergetreide	NA-H NA-F	3,5 3,5 – 4,0	(W), B 4, 630	Breitbandherbizid mit vorzüglicher Wirkungssicherheit.
Buctril (Bromoxynil)	Sommergetreide	NA-F	2,0	B 4, 631, Xn	Nur gegen Klettenlabkraut, Kamille.
Certrol B (Bromoxynil)	Winter- und Sommergetreide	NA-F	2,0	B 4, 631, Xn	Nur gegen Klettenlabkraut, Kamille.
Certrol DP (Ioxynil + DP)	Winter- und Sommergetreide	NA-F	4,0	(W), B 4, 630, Xn	Ansprechende Wirkungsbreite, Klettenlabkraut.
Concert (Metsulfuron + Thifensulfuron)	WW, WR	NA-F	0,09	B 4	Breit wirkendes Herbizid, einschließlich Windhalm, Klettenlabkraut, Ackerstiefmütterchen.
Duplosan DP (Dichlorprop)	Winter- und Sommergetreide	NA-F	2,5	(W), B 4, 630, Xn	Gegen Knöterich, Klettenlabkraut.
Duplosan KV (Mecoprop)	Winter- und Sommergetreide	NA-F	2,0	(W), B 4, 630, Xn	Gegen Klettenlabkraut, Vogelmiere.
Duplosan KV Combi (2,4-D + Mecoprop)	Winter- und Sommergetreide	NA-F	2,5	W, B 4, 630, Xn	Gut wirksam auf Klettenlabkraut und kleine Kamille.
Foxtril S (Bifenox + DP + Ioxynil)	Winter- und Sommergetreide	NA-F	3,0	(W), B 4, 630, Xn	Breitbandherbizid, vorzügliche Wirkungssicherheit, temperaturunabhängig.
Gropper (Metsulfuron)	WW, WR Sommergerste	NA-F	0,04 0,025	B 4	Ansprechende Breitenwirkung, ausgenommen Klettenlabkraut.
Logran (Triasulfuron)	WG, WW, WR	NA-F	0,0375	B 4, 630	Umfangreiches Unkrautspektrum wird erfaßt, ausgenommen Klettenlabkraut.

Mittel (Wirkstoffe)	Getreideart	Anwendung[1]	Aufwand (kg, l/ha)	Auflagen[2]	Bemerkungen
Orkan (Diflufenican + CMPP + Ioxynil)	Winter- und Sommergetreide	NA-F	2,0 1,0	B 4, 630, Xn	Gute Breitenwirkung und Verträglichkeit, gegen Klettenlabkraut unsicher.
Pointer (Tribenuron-Methyl)	Winter- und Sommergetreide	NA-F	0,030	B 4, 630	Gute Wirkungsbreite, bevorzugt in Sommergetreide einsetzbar.
Starane 180 (Fluroxypyr)	Winter- und Sommergetreide	NA-F	1,0	(W), B 4, 630, Xi	Bewährtes Herbizid gegen Klettenlabkraut u. a.
Trevespan DP (Ioxynil + DP)	Winter- und Sommergetreide	NA-F	4,0	(W), B 4, 630, Xn	Ansprechende Wirkung auf Klettenlabkraut, Kamille.
Tristar (Bromoxynil + Fluroxypyr + Ioxynil)	Winter- und Sommergetreide	NA-F	1,5	(W), B 4, 630 Xi	Breitbandherbizid mit hoher Verträglichkeit und Wirkungssicherheit.
U 46 D-Fluid (2,4-D)	Winter- und Sommergetreide	NA-F	1,5	(W), B 4, 630, Xn	Gegen Disteln und leicht bekämpfbare Unkräuter.
U 46 M-Fluid (MCPA)	Winter- und Sommergetreide	NA-F	1,5	(W), B 4, 630, Xn	Gegen Disteln und leicht bekämpfbare Unkräuter.

[1]: Siehe Tabelle 14, Seite 56.
[2]: Siehe Tabelle 14, Seite 56.

Tabelle 17: Wirkung der Bodenherbizide bzw. Bodenherbizidkombinationen im Wintergetreide

Mittel	Acker-fuchsschw.	Windhalm	Kamille	Vogel-miere	Taub-nessel	Knöterich-arten	Kletten-labkraut	Ehren-preis	Stief-mütterchen
Anofex	++	++	++	++	+	+	-	+	-
Arelon fl.	++	++	++	++	+	-	-	+	-
Arelon P	++	++	++	++	+	+	++	+	-
Arelon fl. + Pointer Quick	++	++	++	++	++	++	-	+	++
Avadex 480	++	++ und Flughafer							
Boxer	+	++	+	+	+	+	++	+	-
Dicuran 700 fl.	++	++	++	+	+	+	-	-	-
Dicuran 75 WDG	++	++	++	+	+	+	-	-	-
Dizan	++	++	++	++	++	+	++	+	-
Fenikan	++	++	++	++	++	++	+	++	++
Foxpro	-	++	++	+	++	++	++	+	++
Foxtar	++	++	++	+	++	++	++	+	++
Hora Turon 500 fl.	++	++	++	++	+	-	-	+	-
Igran 500 fl.	+	++	++	++	+	+	-	+	-
Illoxan		nur Flughafer (Avena fatua)							
Monsun	++	++	++	+	+	+	-	-	-
Pendiron fl.	++	++	++	++	++	++	+	++	++
Stomp SC	++	++	+	++	++	++	+	++	++
Tolkan flo	++	++	++	++	+	-	-	+	-
Tolkan Fox	++	++	++	+	++	++	+	++	++
Tribunil	++	++	++	++	+	+	-	+	-

++ = sehr gut bis gut   + = befriedigend bis ausreichend   - = nicht ausreichend

Tabelle 18: Wirkung der Bodenherbizide und Blattherbizide auf einjährige Schadgräser und breitblättrige Unkräuter im Sommergetreide

Mittel	An-wendung[1]	Aufwand (kg, l/ha)	Sommer-getreideart	Flughafer	Acker-fuchsschw.	Windhalm	Kletten-labkraut	Vogel-miere	Kamille	Ehrenpreis	Hohlzahn
Arelon fl.	NA NA	2,0 1,0 – 1,5	Weizen Gerste	–	+	++	–	++	++	–	–
Arelon P	NA	4,5	Gerste Weizen	–	+	++	++	++	++	++	++
Avadex 480	VS-E	3,0	Gerste	++	+	++	–	–	–	–	–
Foxpro	NA	6,0	Weizen	–	+	++	++	++	++	++	++
Hora Turon 500 fl.	NA NA	2,0 1,0 – 1,5	Weizen Gerste	–	+	++	–	++	++	–	–
Illoxan	NA	2,5	Gerste Weizen	++	–	–	–	–	–	–	–
Ralon	NA	2,0 – 2,5	Weizen	++	++	++	–	–	–	–	–
Tolkan Fox	NA	2,5	Gerste Weizen	–	–	+	–	–	++	+	+
Tolkan flo	NA	2,0	Weizen	–	+	++	–	++	++	–	–
Tribunil	VA	4,0	Weizen	–	+	++	–	++	++	+	+
Tribunil	NA	2,5	Weizen	–	–	++	–	++	++	+	+
Tribunil Combi	NA	2,5	Weizen	–	–	+	+	++	++	+	+

[1]: Siehe Tabelle 14, Seite 56.

++ = sehr gut bis gut   + = befriedigend bis ausreichend   – = nicht ausreichend

Tabelle 19: Wirkung der wichtigsten Wuchsstoffe und Kombinationen aus Wuchsstoffen und wuchsstoffähnlichen Wirkstoffen auf Unkräuter im Getreide

Mittel bzw. Wirkstoffe	Acker-senf	Distel	Ehren-preis	Taub-nessel	Knö-terich	Hohl-zahl	Kletten-labkraut	Vogel-miere	Kamille	Wicke	Rain-kohl	Saatwu-cherbl.	Acker-stiefmüt.
MCPA	++	++	-	-	-	+	-	-	-	++	-	-	-
2,4-D	++	++	-	-	-	-	-	-	+	++	-	-	-
MCPA + 2,4-D	++	++	-	-	-	+	-	-	+	++	-	-	-
CMPP (MCPP)	++	+	+	-	-	-	++	++	-	++	-	-	-
2,4 DP	++	+	+	-	++	-	++	++	-	++	-	-	-
2,4 DP + 2,4-D	++	++	+	-	++	-	++	++	+	++	-	-	-
2,4 DP + MCPA	++	++	+	-	++	+	++	++	-	++	-	-	-
CMPP + 2,4-D	++	++	+	-	-	-	++	++	-	++	-	-	-
CMPP + MCPA	++	++	+	-	-	-	++	++	-	++	-	-	-
Dicamba + MCPA	++	+	+	+	+	-	+	++	+	++	-	-	-
Dicamba + CMPP	++	+	+	+	+	-	++	++	+	++	-	-	-
Flurenol + MCPA	++	+	+	+	+	-	+	++	-	++	-	-	-

++ = sehr gut bis gut   + = befriedigend bis ausreichend   - = nicht ausreichend

Tabelle 20: Wirkung der Kontaktmittel und Sulfonylharnstoffe sowie verschiedener Kombinationen aus Kontakt-mitteln und Wuchsstoffen auf Unkräuter im Getreide (Nachauflauf Herbst oder Frühjahr)

Mittel bzw. Wirkstoffe	Kamille	Kletten-labkraut	Vogel-miere	Taub-nessel	Hohl-zahl	Knöte-rich	Ehren-preis	Acker-stiefm.	Wicke	Rain-kohl	Saatwu-cherbl.	Ackerver-gißmeinn.
Aniten	+	+	++	++	++	++	++	-	++	-	-	-
Anitop	++	++	++	++	++	++	++	++	++	+	+	++
Basagran	++	++	++	-		-	+	-	-	++	+	+
Basagran DP Neu	++	++	++	-	-	++	++	++	++	++	+	+
Bottrol DP	++	++	+	+	+	++	++	-	++	+	+	++
Bifenal	++	++	+	++	++	++	++	+	++	+	+	++
Buctril	++	++	-	-	-	+	-	-	-	++	-	-
Certrol B	++	++	-	-	-	+	-	-	-	++	-	-
Certrol DP	++	+	++	-	-	++	+	+	++	+	+	+
Concert	++	++	++	++	++	++	++	++	++	++	++	++
Foxtril S	++	++	++	++	++	++	++	++	++	+	+	++
Gropper	++	-	++	+	+	+	-	++	+	+	++	++
Logran	++	-	++	-	++	++	+	++	++	+	+	++
Pointer	++	-	++	++	++	++	-	++	++	++	+	++
Starane 180	+	++	++	++	++	++	+	+	+	+	+	+
Trevespan DP	++	++	++	-	-	++	++	+	++	++	+	+
Tristar	++	++	++	++	++	++	++	+	++	++	++	++

++ = sehr gut bis gut   + = befriedigend bis ausreichend   - = nicht ausreichend

5.6 Bodenherbizide

Bei der Anwendung von Bodenherbiziden sind folgende allgemeine Hinweise zu beachten:

– Die Einhaltung einer gleichmäßigen Saattiefe von 2 bis 3 cm hilft Schäden vermeiden. Das Saatbett sollte optima' rückverfestigt und abgelagert sein. Die Unkrautwirkung ist im allgemeinen um so besser, je feinkrümeliger der Boden ist. Bei trockenem Boden ist mit einer Wirkungsminderung zu rechnen. Extrem starke Niederschläge kurz nach der Behandlung erhöhen die Gefahr einer Schädigung, weil der Wirkstoff in die Wurzelzone des Getreides eingewaschen werden kann. Vor allem auf zur Verschlämmung neigenden Böden kann es dann in extremen Situationen zu Vergilbungen oder zu einer Ausdünnung des Bestandes kommen. Ein direkter Kontakt mit den ausgebrachten Präparaten ist grundsätzlich zu verhindern. Dies ist von grundlegender Bedeutung für eine Kulturverträglichkeit, insbesondere bei den neuen Herbiziden aus der Gruppe der Anilinderivate, wie z. B. Stomp SC und Stomp-Kombinationen. Falls der Boden unzureichend abgelagert, grobklutig und steinig ist und schlecht eingearbeitete Strohmassen eine gleichmäßige Aussaattiefe nicht zulassen, ist von einer Anwendung der neuen sowie altbekannten Bodenherbizide grundsätzlich abzuraten, da anderenfalls Schäden nicht auszuschließen sind. Nach eigenen Untersuchungen reagieren unzureichend oder nicht mit Erde bedeckte Getreidekörner nach einer Behandlung mit Bodenherbiziden mit blasigen Auftreibungen, Verdickungen und Kümmerwuchs am Hypokotyl sowie an den Primärwurzeln. Die geschädigten Pflanzen sterben allmählich ab. Die Folge sind Ausdünnungen oder sogar Totalschäden. Die Getreideverträglichkeit wird somit von einer sachgemäßen Aussaat entscheidend mitbestimmt.

– Hohe Humusgehalte (etwa über 4 bis 5 %) und hohe Tongehalte mindern die herbizide Wirkung. In Grenzbereichen gibt es Unterschiede zwischen den Präparaten. Auf leichten humusarmen Böden sowie auf Böden, die zur Staunässe neigen, ist aus Gründen der Kulturverträglichkeit besondere Sorgfalt angeraten bzw. auf eine Behandlung ganz zu verzichten. Die Aufwandmenge eines Präparates sollte sich u. a. nach dem Humusgehalt des Bodens richten, sofern dieses die Gebrauchsanweisung zuläßt. Aufgrund dieser bodenabhängigen Einflüsse wird daher auf derartigen Standorten der Einsatz von Grasbekämpfungsmitteln nur noch im Nachauflaufverfahren empfohlen. Die Bekämpfungserfolge sind dann recht überzeugend, insbesondere mit blattaktiven Spezialherbiziden.

– Frostgeschädigte, schwache oder kranke Wintergetreidebestände sind von einer Behandlung auszuschließen. Eine Spritzung hat auch dann zu unterbleiben, wenn stärkere Nachtfröste erwartet werden. Untersaaten

Tabelle 21: Hinweise zum Nachbau von Sommergetreide nach vorzeitigem Umbruch von im Vorauflauf behandeltem Getreide

Mittel	Hinweise zum Nachbau
Anofex	Auf Flächen, die im Herbst bis Ende Oktober mit Anofex behandelt werden, können Sommergerste und Sommerweizen nachgebaut werden, wenn vor einer erneuten Bestellung eine mischende Bodenbearbeitung auf mindestens 10 cm Tiefe erfolgt.
Avadex 480	Anbau von Hafer nicht empfehlenswert.
Chlortoluron-haltige Bodenherbizide, z. B. Dicuran 700 fl. Dicuran 75 WDG Fali-Chlortoluron, Zera-Chlortoluron, Monsun, Scirocco	Vor einer erneuten Bestellung eine Bodenbearbeitung (Pflug oder Fräse, mindestens 20 cm tief) durchführen, dann Nachbau von Sommergerste und Sommerweizen auf Flächen möglich, die bis Ende Oktober behandelt wurden. Anbau von Hafer nicht empfehlenswert.
Terbutryn-haltige Bodenherbizide, z. B. Igran 500 fl. Fali-Terbutryn Zera-Terbutryn Stefes-Terbutryn und IPU-haltige Bodenherbizide, z. B. Arelon fl. Hora Turon 500 fl. Tolkan flo	Nachbau von Sommergetreide möglich, wenn vorgeschriebene Aufwandmenge eingehalten wurde.
Stomp SC	Sommerweizen und Sommergerste können nachgebaut werden, wenn vor Neubestellung eine gute Durchmischung der oberen Bodenschicht (etwa 20 cm) mittels Pflug oder Fräse erfolgt. Anbau von Hafer nicht empfehlenswert.
Tribunil	Sommerweizen ohne Einschränkung möglich, bei Sommergerste und Hafer muß vor der Neubestellung mit Vorschäler gepflügt werden.
Fenikan	Sommergetreide kann problemlos nachgebaut werden. Nach Pflugfurche Mais, Rüben, Sommerraps, Kohlarten und Hafer.
Boxer	Keine Anbaubeschränkungen, im Frühjahr sind sogar Untersaaten möglich.
Pendiron fl.	Sommerweizen, Sommergerste, Kartoffeln und Mais sind nach gut mischender Pflugfurche (20 cm) möglich.
Concert	Bei vorzeitigem Umbruch können Sommerweizen, Sommergerste und Sommerroggen nachgebaut werden.
Logran	Kein Nachbau von zweikeimblättrigen Zwischenfrüchten sowie Winterraps.

mit Klee, Luzerne oder Gräsern sind in der Regel im Jahr der Anwendung nicht möglich. Bodenherbizide sollten nicht mit Halmverkürzungsmitteln zusammen ausgebracht werden. Es sei denn, daß die Herstellerfirma in der Gebrauchsanweisung besonders darauf hinweist. Nach der Behandlung ist Eggen, Walzen oder Striegeln zu unterlassen.

– Bei den meisten Bodenherbiziden sind keine Unterschiede in der Sortenverträglichkeit zu beachten. Lediglich bei den Präparaten Anofex, Dicuran 700 fl., Dicuran 75 WDG, Pendiron fl. und sonstigen Chlortoluron-haltigen Bodenherbiziden besteht eine Sorteneinschränkung bei Winterweizen. Die Präparate können nur in folgenden Winterweizensorten angewendet werden:
Adular, Albrecht, Arber, Ares, Astron, Basalt,Caribo, Cariplus, Carolus, Diplomat, Disponent, Dolomit, Florida, Fregatt, Frühprobst, Futur, Götz, Granada, Greif, Herzog, Ignaz, Jaguar, Kanzler, Kormoran, Kraka, Kristall, Kronjuwel, Markant, Milan, Monopol, Niklas, Nimbus, Oberst, Okapi, Olymp, Orbis, Reiher, Rektor, Ronos, Sperber, Topas, Tristan, Tukan, Urban.

Eine Übersicht über die Einsatzmöglichkeiten von Boden- und Blattherbiziden in Wintergetreide zur Bekämpfung einjähriger Schadgräser und Unkräuter geben die Tabellen 15 bis 20. Hinweise zu den Nachbaumöglichkeiten im Frühjahr nach vorzeitigem Umbruch von im Vorauflauf oder Nachauflauf-Herbst behandeltem Wintergetreide sind aus der Tabelle 21, Seite 73, zu ersehen.

In letzter Zeit ist das Vorauflaufverfahren deutlich rückläufig. Der bevorzugte Anwendungstermin für die Ungras- und Unkrautbekämpfung im Wintergetreide liegt heute im gezielten Nachauflaufverfahren, und zwar entweder im Keimblattstadium (NA-H$_1$) des Getreides und der Ungräser und Unkräuter sowie im späteren traditionellen Nachauflauf (NA-H$_2$), nämlich im 3- bis 4-Blattstadium des Getreides. Das Nachauflaufverfahren bietet folgende Vorteile:

– bodenunabhängige Wirkung,
– gezielte Anwendung nach Schadensschwelle,
– hohe Wirkungssicherheit,
– bessere Kulturverträglichkeit und
– geringere Kosten, da die Aufwandmengen deutlich vermindert werden können.

5.7 Wintergerste

Die Getreideart kommt in der Regel früh im Herbst zur Aussaat, und zwar in den meisten Anbaulagen Mitte bis Ende September. Das Erdreich ist zu diesem Zeitpunkt noch recht warm, so daß sowohl die Gerste als auch die typischen Herbstunkräuter zügig auflaufen. In nicht seltenen Fällen kommt es dann alsbald zu einem bodenbedeckenden Ungras- und Unkrautbesatz. Eine frühzeitige und wirkungsvolle Ausschaltung der Schadpflanzenkonkurrenz ist daher von größter Wichtigkeit. Art und Dichte sowie besonders

die Dauer der vorliegenden Unkrautkonkurrenz, aber auch das Durchset-
zungsvermögen bzw. die Wettbe-
werbsfähigkeit der Kulturpflanzen sind
dabei entscheidende Einflußgrößen.
Die wirtschaftliche Notwendigkeit et-
waiger Ungras- und Unkrautbekämpfungsmaßnahmen wird von Art, Dichte
und Zusammensetzung der jeweiligen
Verunkrautung bestimmt. Ein Besatz
mit schwer bekämpfbarem Klettenlabkraut ist kaum zu tolerieren. Auch ein
starkes Auftreten von Ackerkratzdisteln kann innerhalb einer Fruchtfolge
mit Hackfrüchten kaum lösbare Probleme bereiten. Die vorliegenden Schadensschwellen (siehe Kapitel 3.3) sind
zu beachten.

Angesichts der schwierigen wirtschaftlichen Rahmenbedingungen für den
Anbau von Getreide sollte bezüglich
der Aufwendungen im Bereich der
Herbizide sehr zurückhaltend und vorsichtig verfahren werden. Ein sorgfältiges Kontrollieren, Abwägen und Ein-
schätzen der Befallssituation ist von
grundlegender Bedeutung. In der früh
bestellten Wintergerste sind verschiedene Herbizide im Vorauflauf- und
auch gezielten Nachauflaufverfahren
Herbst und Frühjahr verwendbar. In
den Fluß- und Seemarschen sowie auf
schweren Tonböden mit übermäßigem
Auftreten von Ackerfuchsschwanz hat
sich der Einsatz von Bodenherbiziden
gleich nach der Saat bewährt. Die
Bevorzugung dieser Verfahrensart ergibt sich daraus, daß eine kritisch zu
bewertende massive Frühkonkurrenz
gegeben ist und ferner die Befahrbarkeit der Böden im Laufe des Spätherb-

stes größte Schwierigkeiten bereiten
kann.

An bewährten Mitteln bieten sich die
Chlortoluron-haltigen Bodenherbizide
an, wie z. B. Dicuran 700 fl., Fali-
Chlortoluron 700 fl., Zera-Chlortoluron
700 fl., Monsun (alle 2,5 bis 3,0 l/ha),
Pendiron fl. (5,0 bis 6,0 l/ha). Die Wirkungssicherheit gegen den aus tieferen Bodenschichten auflaufenden Akkerfuchsschwanz ist bei ausreichenden Niederschlägen zuverlässig. Lediglich zweikeimblättrige Herbstkeimer werden nur unzureichend niedergehalten. Offensichtliche Lücken weisen die Chlortoluron-Präparate, wie
z. B. Dicuran 700 fl., gegenüber Ehrenpreisarten, Ackerstiefmütterchen, Klettenlabkraut u. a. auf. Daher haben sich
breiter wirkende Tankmischungen verschiedener Bodenherbizide eingeführt, wie z. B. Stomp SC (3,0 bis 4,0
l/ha) + Arelon fl. (2,0 l/ha) oder Dicuran 700 fl. (2,0 l/ha) + Boxer (3,0 bis 4,0
l/ha) oder in Ackermarschen Fenikan
(3,0 l/ha) + Arelon fl. (1,0 l/ha) oder
Boxer (5,0 l/ha) + Arelon fl. (1,0 l/ha)
u. a. Die Masse der breitblättrigen
Unkräuter wird somit gleichzeitig miterfaßt. Gewisse Mängel ergeben sich
nur bei der Ausschaltung von Klettenlabkraut.

Auf Standorten mit einem geringen
Grasaufkommen sind sowohl gegen
Ackerfuchsschwanz als auch gegen
Windhalm und Rispenarten die bewährten Terbutryn-haltigen Bodenherbizide, wie z. B. Igran 500 fl. (3,0 bis 4,0
l/ha) einsetzbar. Auch andere über den
Boden wirksame Mittel, wie z. B. Tribunil (3 bis 4 kg/ha), Boxer (4,0 bis 5,0

l/ha), Fenikan (2,0 bis 3,0 l/ha) und Stomp SC (4,0 bis 5,0 l/ha) stehen zur Verfügung. Die Ausbringung sollte 3 bis 5 Tage nach der Saat zum Abschluß kommen. Die Bodenherbizide Stomp SC und Fenikan lassen eine zweifellos interessante Wirkungsbreite gegen nahezu sämtliche Unkräuter erkennen. Boxer und Fenikan erfassen außerdem noch das äußerst schwer bekämpfbare Klettenlabkraut. Kamille und Ackerstiefmütterchen werden von Boxer nicht immer ausreichend niedergehalten.

Das beim Weizen bewährte Tribunil war für Wintergerste in den letzten Jahren unter ungünstigen Einsatzverhältnissen in Schleswig-Holstein nicht immer voll verträglich. Es entstanden mehrfach Schäden auf leichteren, zur Verschlämmung neigenden Standorten, auf denen allerdings eine tiefe Saatablage der Gerste erfolgte. Die Blätter der beim Auflaufen bereits durch eine tiefe Saat geschwächten Gerstenpflänzchen wurden zusätzlich durch starken Regen auf den Boden gedrückt, wobei offensichtlich eine Wirkstoffaufnahme über die Blätter erfolgt.

In den letzten Jahren ergaben sich auch verschiedentlich Verträglichkeitsprobleme mit Fenikan. Die jungen Gerstenpflanzen verfärben sich hellgelb, bleiben im Wuchs zurück und sterben teilweise ab. Gelegentlich ist auch eine rot-violette bis bräunliche Sprenkelung auszumachen. Die ursächlichen Zusammenhänge für diese Symptomausbildung sind noch nicht eindeutig geklärt; Sortenunterschiede

deuten sich an. Dabei fällt auf, daß derartige Belastungen nicht immer auftreten, sondern nur gelegentlich, wenn die Getreidepflanzen unter Streß stehen, aber dann mit einer Intensität, die keineswegs tolerierbar ist und sich vor Beginn des Winters nicht immer wieder auswachsen.

5.7.1 Nachauflauf-Herbst

Die bekannten preisgünstigen IPU-haltigen Bodenherbizide, wie z. B. Arelon fl., Tolkan flo, Hora Turon 500 fl. und IPU 500 Stefes, sollten bevorzugt im Nachauflaufverfahren angewendet werden. Die Wirkungssicherheit auf Ackerfuchsschwanz und Windhalm ist zuverlässig. Die Aufwandmengen sind entsprechend auszuwählen. Ackerfuchsschwanz ist in der Regel mit 2,0 bis 3,0 l/ha und Windhalm mit 1,5 bis 2,0 l/ha vollauf zu beseitigen. Grundsätzlich ist zu beachten, daß schon bestockte Gräser eindeutig herbizidunempfindlicher sind. Die Grasbekämpfung sollte daher nach Möglichkeit im 2- bis 3-Blattstadium erfolgen. Gleichzeitig erfassen die IPU-Mittel noch Kamille, Vogelmiere und teilweise Taubnesselarten. Das Wachstumsstadium der Kultur ist zu vernachlässigen.

In Anbaugebieten mit leichtem oder sporadischem Auftreten von Windhalm und einer vielseitigen Mischverunkrautung mit typischen breitblättrigen Herbstkeimern bewährte sich im 1- bis 2-Blattstadium der Wintergerste (EC 11 bis 12) die Ausbringung verschiedener Bodenherbizide, wie Fenikan (1,5 bis

2,5 l/ha), Boxer (3,0 l/ha), Stomp SC (1,5 l/ha) + Dicuran 700 fl. (1,0 l/ha), Stomp SC (1,5 l/ha) + Arelon fl. (1,0 l/ha), Pendiron fl. (2,0 bis 3,0 l/ha). Die schwache Vergrasung als auch die Unkräuter befinden sich in einem äußerst empfindlichen Wachstumsstadium, nämlich im Keimblatt- bis ersten Laubblattstadium. Die Ausschaltung der gerade aufgelaufenen Verunkrautung ist mit Teilmengen der Herbizide problemlos möglich. Die Anwendung muß jedoch termingerecht erfolgen. Die Wirkung auf den leicht bekämpfbaren Windhalm sowie Ackerstiefmütterchen, Kamille, Taubnessel, Ehrenpreis u. a. ist durchweg überzeugend. Gewisse Schwierigkeiten ergeben sich in den meisten Situationen gegenüber Klettenlabkraut. Die Bekämpfung gelingt mit verringerten Teilmengen nicht immer. Der vorgezogene oder auch frühe Nachauflauf-Herbst (NA-H$_1$) ist zweifellos eine preisgünstige und gleichzeitig sehr sichere Bekämpfungsmöglichkeit.

Die früh bestellte Herbstsaat entwickelt sich im Laufe des Herbstes zügig weiter und erreicht meistens Mitte bis etwa Ende Oktober das dritte bis vierte Laubblattstadium. Die Verunkrautung hat sich in der Regel ebenfalls entsprechend weiterentwickelt. In solchen Fällen sind unverzüglich Herbizidmaßnahmen zu veranlassen. Nachtfrostgefahr sollte nicht bestehen, wobei leichte Nachtfröste unbedenklich sind. An bewährten Bodenherbiziden stehen wiederum die IPU-Mittel zur Verfügung. Die Aufwandmenge von Arelon fl. u. a. sollte 1,5 bis 2,5 l/ha betragen.

An wüchsigen Herbsttagen kann dem Herbizid zur Erhöhung der Breitenwirkung, insbesondere gegen Klettenlabkraut, auch eine Teilmenge eines Mecoprop-haltigen Wuchsstoffes, wie z. B. Duplosan KV (0,75 bis 1,0 l/ha), zugesetzt werden. Die Tankmischung erfaßt jedoch das schwer bekämpfbare Ackerstiefmütterchen und Ackervergißmeinnicht nicht ausreichend. In solchen Verunkrautungssituationen empfiehlt sich die Anwendung des Kombinationsmittels Tolkan Fox (2,5 bis 3,5 l/ha). Die Wirkung des Mittels ist weitgehend temperaturunabhängig. Auffällige Wirkungslücken bei den Schadgräsern, ausgenommen Marschgebiete mit größtenteils starkem Auftreten von Ackerfuchsschwanz, als auch den breitblättrigen Unkräutern bestehen nicht. Selbst das schwere bekämpfbare Klettenlabkraut wird oft ausreichend niedergehalten. Aufgrund dieser Erfahrungen hat sich Tolkan Fox vielerorts verbreitet eingeführt und bewährt. Als typisches Breitbandherbizid zur Niederhaltung von zweikeimblättrigen Problemkräutern bietet sich das Präparat Bifenal (3,0 bis 3,5 l/ha) an. Die Masse der Herbstkeimer wird ebenfalls zuverlässig unterdrückt. Bezüglich der Kulturverträglichkeit ist zu erwähnen, daß die Bifenox-haltigen Herbizide, wie Tolkan Fox, Foxtril, Orkan und Bifenal, auf den Getreideblättern eine leichte Sprenkelung verursachen können. Etwa vergleichbare Symptome, wie sie früher nach Applikation von Ätzmitteln zu beobachten waren. Es handelt sich um eine vorübergehende leichte Verätzung, die sich allge-

mein schnell wieder auswächst. Auswirkungen auf die Ertragsbildung sind
nicht nachgewiesen worden. Bei ein-
setzenden Frösten ist von jeglichen
Herbizidbehandlungen abzusehen. Die
Gefahr von nachhaltigen Schädigungen ist dann offensichtlich zu groß.

5.7.2 Nachauflauf-Frühjahr

Im Frühjahr sind auf Gerstenflächen,
die schon wieder ergrünt sind, eine
Ausbildung der Kronenwurzeln erkennen lassen und somit gesund sind,
möglichst zeitig Bodenherbizide auf
IPU-Basis, wie z. B. Arelon fl. (1,5 bis
2,5 l/ha) oder Tolkan Fox (2,0 bis 3,0
l/ha), auszubringen. Die Anwendung
erfolgt in vielen Betrieben mit der
ersten, flüssigen Stickstoffgabe, wie
z. B. Ammonnitratharnstoff-Lösung
(AHL). Die Blattwirkung wird dadurch
merklich verbessert. Eine Verringerung der Aufwandmenge um bis zu
30 % ist möglich.
Nach Ausbringung der Herbizide im
Herbst oder im zeitigen Frühjahr sind
in den meisten Gerstenbeständen lediglich noch das Klettenlabkraut *(Galium aparine)* und einige andere unbe-
deutende Begleitunkräuter anzutreffen. Im Bedarfsfall, nämlich bei Überschreiten der Schadensschwellenwerte, sind gezielte Nachbehandlungen
bei günstigen Witterungsbedingungen
mit einem verhältnismäßig preisgünstigen Wuchsstoff, wie z. B. Duplosan
KV, Duplosan DP oder dem Spezialherbizid gegen Klettenlabkraut Starane 180 (0,75 bis 1,0 l/ha) vorzusehen. In
mehrjährigen Versuchen sowie Praxis-

einsätzen hat sich auch die Tankmischung Starane (0,5 l/ha) + Duplosan
KV (1,0 l/ha) bzw. + Duplosan DP (1,0
l/ha) bewährt. Die verschiedentlich immer wieder zu beobachtende unsiche-
re Wirkung der Wuchsstoffe gegen
Klettenlabkraut wird somit abgesichert
und das Wirkungsspektrum der Mischungspartner deutlich verbessert.
Auf Gerstenflächen mit einer nicht bekämpfungswürdigen Vergrasung, aber
vielseitigen Mischverunkrautung einschließlich Ackerstiefmütterchen, Ak-
kervergißmeinnicht und Klettenlabkraut, Kamille, sind Breitbandherbizide wie Anitop (3,0 l/ha), Foxtril S (3,0
l/ha), Bifenal (4,0 l/ha), Tristar (1,5 l/ha)
u. a. verwendbar.
Eine Beseitigung von Ackerkratzdisteln, bekanntlich ein regenerations-
freudiges Wurzelunkraut, ist bei einer
Wuchshöhe von 15 bis 20 cm mit
Wuchsstoffen, wie z. B. U 46 M-Fluid
(1,0 bis 1,5 l/ha), möglich. Auch der
Sulfonylharnstoff Pointer wird neuerdings – derzeit vorrangig in Wasserschutzgebieten – zur Distelbekämpfung eingesetzt.
Die Ungras- und Unkrautbekämpfung
in Wintergerste ist standortspezifisch
nicht immer mit einer einzigen Maßnahme wirkungsvoll vorzunehmen.
Oftmals sind 2 Maßnahmen erforderlich, und zwar im Herbst gegen Windhalm oder Ackerfuchsschwanz und
im Frühjahr gegen das kaum tolerier-
bare Klettenlabkraut. Die Herbizidwahl
und die Gestaltung der Aufwandmengen ist auf die jeweiligen standortbezogenen Gegebenheiten abzustimmen.

5.8 Winterweizen

Die Anbaufläche von Winterweizen hat aus markt- und betriebswirtschaftlichen Zwängen eine stetige Ausdehnung erfahren. Die Fruchtfolgen sind unausgeglichener geworden. Die jeweilige Marktleistung der Kultur entscheidet in vielen Ackerbaubetrieben über die Anbauwürdigkeit, acker- und pflanzenbauliche Grundsätze werden damit häufig vernachlässigt. Das Anbaurisiko für den relativ anspruchsvollen Winterweizen ist dadurch gestiegen. In vielen Gebieten steht der Weizen nach Winterraps, Zuckerrüben oder anderen sogenannten tragenden Früchten. In getreidebetonten Fruchtfolgen wächst jedoch auch ein großer Anteil mit unmittelbarer Folge von Weizen auf Weizen, d. h. von sogenanntem Stoppelweizen. Die Fruchtfolgen sind auf mehr oder weniger 2 Kulturarten ausgerichtet.

Der Winterweizen gelangt von September bis Ende November/Anfang Dezember zur Aussaat. Die Bestellungsarbeiten erstrecken sich folglich über einen ungewöhnlich langen Zeitraum. Der zuletzt gesäte Weizen steht durchweg nach späträumenden Zuckerrüben. Die Entwicklung solcher Saaten ist meist schleppend. Häufig laufen dann Kultur und auch Unkräuter erst im Frühjahr auf. Eine Frühkonkurrenz von Schadgräsern oder breitblättrigen Unkräutern ist demzufolge nicht zu erwarten. Anders hingegen ist die Situation bei extrem früh bestelltem Winterweizen, vorwiegend Stoppelweizen oder auch Weizen nach Raps oder anderen zeitig räumenden Früchten. Meistens stellt sich dort schon nach einigen Wochen eine konkurrenzstarke Herbstverunkrautung ein, die Keimung und Frühentwicklung der Kultur nachhaltig in Mitleidenschaft ziehen kann. Besondere Beachtung muß dem Auftreten von Ackerfuchsschwanz, sporadisch auch dem Windhalm in See- und Flußmarschen sowie auf Tonböden entgegengebracht werden. Besatzdichten von mehreren 1000 Pflanzen/m² sind dabei möglich. Gleichermaßen sind auf solchen Standorten auch Klettenlabkraut, Vogelmiere und Kamille anzutreffen. Eine frühzeitige und wirkungsvolle Beseitigung der Schadpflanzen ist daher von ausschlaggebender Bedeutung.

Die Böden sind im Laufe des Spätherbstes, insbesondere in niederschlagsreichen Jahren, kaum noch befahrbar. Die Ausschaltung der Schadgräser sollte demzufolge nach Möglichkeit unmittelbar nach Abschluß der Bestellungsarbeiten im Vorauflauf-Verfahren vorgenommen werden. Bewährt haben sich wiederum die Chlortoluronhaltigen Bodenherbizide, wie z. B. Dicuran 700 fl. (2,0 bis 3,0 l/ha). In letzter Zeit gelangen auch vermehrt eigene Mischungen mit deutlich verbessertem Wirkungsspektrum auf die anderen Herbstkeimer zur Anwendung. Dazu gehören Dicuran 700 fl. (2,5 bis 3,0 l/ha) + IPU-Mittel, z. B. Arelon fl. (1,0 l/ha), Fenikan (3,0 l/ha) + IPU-Mittel (1,0 l/ha). Boxer (5,0 l/ha) + IPU-Mittel (1,0 l/ha) u. a. Die spezifische Sortenempfindlichkeit gegen Chlortoluron ist zu beachten (siehe einleitende Hinweise und die Gebrauchsanleitungen). In Anbaugebieten mit geringem Besatz von Ackerfuchsschwanz, Windhalm und Rispengräsern, vorrangig auf milderen Lehmböden, ist sorgfältig abzuwägen, ob ungezielt im Vorauflaufverfahren oder gezielt nach Schadensschwelle und eigenen standortbezogenen Erfahrungen im Nachauflaufverfahren behandelt werden sollte. Im Vorauflaufverfahren sind die Bodenherbizide Fenikan (2,0 bis 3,0 l/ha), Boxer (3,0 bis 4,0 l/ha), Igran 500 fl., Pendiron fl., Stomp SC (4,0 bis 5,0 l/ha), Tribunil (3,0 bis 4,0 kg/ha) u. a. verwendbar. Die Wirkstoffe dieser Herbizidgruppen sind begrenzt wasserlöslich. Im Laufe des Herbstes müssen sie sich in die Bodenlösung der oberen Ackerkrume verlagern, um von den flach keimenden Ungräsern und Unkräutern aufgenommen zu werden. Niederschläge nach der Applikation sind folglich wirkungsentscheidend. In Anbaugebieten mit geringen Regenmengen im Herbst, wie gebietsweise in Ostdeutschland, sollte daher der gezielte Nachauflauf eindeutig bevorzugt werden.

5.8.1 Nachauflauf-Herbst

In früh bestelltem Winterweizen besteht, vergleichbar wie in den anderen Herbstsaaten, die Möglichkeit, im frühen (NA-H$_1$) oder späten (NA-H$_2$) Nachauflauf-Herbst Boden- oder Spezialherbizide anzuwenden. Die Erfahrungen in der breiten Praxis sind durchweg überzeugend. Sofern die zeitig gesäte Kultur 1 bis 2 Laubblätter ausgebildet hat und die Masse der Verunkrautung aufgelaufen ist, sind gezielt verwendbar: Fenikan (1,5 bis 2,0 l/ha), Pendiron fl. (2,0 bis 3,0 l/ha), Stomp SC (1,5 bis 2,0 l/ha) + IPU-Mittel (0,75 bis 1,0 l/ha) oder Boxer (2,0 bis 3,0 l/ha). Aus Verträglichkeitsgründen darf Boxer im Nachauflaufverfahren nicht mit IPU-Mitteln gemeinsam zur Anwendung gelangen. Aufhellungen und teilweise Ausdünnungen sind dann keine Seltenheit. Die Mittel bzw. Mittelkombinationen bekämpfen Windhalm und auch einen schwachen Ackerfuchsschwanzbesatz. Gleichzeitig werden Ackerstiefmütterchen, Ackervergißmeinnicht, Kamille, Vogelmiere, Knötericharten wirkungsvoll niedergehalten. Das Präparat Boxer zeigt Wirkungslücken gegenüber Ackerstiefmütterchen, Kamille u. a. aber unterdrückt als einziges Bodenherbizid (ab einer Aufwandmenge von 4,0 l/ha) überzeugend das Klettenlabkraut.

Im Rübenweizen treten schwer bekämpfbare Problemunkräuter, ausgenommen Klettenlabkraut, äußerst selten auf, so daß sich der Einsatz der preisgünstigen IPU-Mittel mit Aufwandmengen von 1,0 bis 1,5 l/ha anbietet. Schadgräser und auch Kamille werden somit rechtzeitig niedergehalten.

In Marschgebieten mit extrem starken Auflauf von Ackerfuchsschwanz hat sich in den letzten Jahren das Spezial-Nachauflaufherbizid Ralon eingeführt. Nach Überschreiten der Schadensschwelle von 5 Pflanzen/m² kann im 1- bis 2-Blattstadium des Schadgrases Ralon mit Aufwandmengen von 2,0 bis 3,0 l/ha ausgebracht werden. Erforderlichenfalls empfiehlt sich zur Verbesserung der Breitenwirkung gegen Kamille und Vogelmiere eine Mischung mit IPU-Mitteln (1,0 l/ha). Der Wirkungsverlauf des Mittels ist temperaturabhängig. Bei wüchsigen Bedingungen verfärbt sich das Schadgras nach etwa 8 bis 10 Tagen leicht rötlich und vertrocknet. Die wiederholte und langjährige Anwendung von Ralon führte in einigen Marschgebieten zu einer kaum vorstellbaren Vermehrung von Rispengräsern. Ergänzungen mit IPU-Mitteln sind daher sinnvoll.

Wenn der Winterweizen das 3- bis 4-Blattstadium (NA-H$_2$) erreicht hat, sind wiederum die IPU-Mittel (1,5 bis 2,0 l/ha) sowie bei einer vielseitigen Mischverunkrautung Tolkan Fox (2,5 bis 3,0 l/ha) verwendbar. Ein frühzeitigerer Einsatz dieses Kombinationsmittels ist aus Verträglichkeitsgründen nicht zu empfehlen. Die Nachauflaufbehandlungen im Herbst sollten aufgrund standortbezogener Erfahrungen um den 20. Oktober zum Abschluß kommen. Danach sind plötzliche Witterungsumschwünge mit Nachtfrösten wahrscheinlich, die die Kultur dann nachhaltig schädigen können.

5.8.2 Nachauflauf-Frühjahr

Zum zeitigen Frühjahr (NA-F) steht in Norddeutschland lediglich der spät bestellte Rübenweizen zur Schadgrasbekämpfung an. In Süddeutschland dominieren hingegen bis auf Ausnahmen auf schwierigen Standorten Oktobersaaten beim Winterweizen, bei denen die gezielte Ungrasbekämpfung nach

Vegetationsbeginn im Frühjahr im Vordergrund steht. Eine sorgfältige Kontrolle der Besatzdichten ist unbedingt erforderlich. Mehrjährige Untersuchungen belegen, daß auf vielen Flächen kein bekämpfungswürdiger Grasbesatz vorliegt. Leider wird dennoch vielerorts routinemäßig und ungezielt vorgegangen, was zu ökonomisch nicht gerechtfertigten Maßnahmen führt. Auf Weizenflächen mit bekämpfungswürdigem Schadgrasaufkommen empfiehlt sich der zeitige Einsatz von IPU-Mitteln. Die Aufwandmengen sollten von der Besatzdichte (Pflanze/m²) und dem Entwicklungsstadium der Ungräser abhängig gemacht werden. Allgemein liegt die Aufwandmenge gegen Windhalm bei 1,0 bis 1,5 l/ha und gegen Ackerfuchsschwanz bei 1,5 bis 2,0 l/ha. Aus Wirkungs- und Verträglichkeitsgründen sollte bei extrem hohem Besatz das Blatt- und Kontaktherbizid Ralon mit 2,0 bis 2,5 l/ha bevorzugt werden.

In Situationen mit einer bekämpfungswürdigen Mischverunkrautung aus Akkerstiefmütterchen, Kamille, Rapsaufschlag etc. können Tolkan Fox (2,0 bis 3,0 l/ha), Arelon fl.-Pointer Quick Set (2,0 l/ha + 20 g/ha) oder Logran-Turon 500 fl. (2,0 l/ha + 37,5 g/ha) Verwendung finden. Die Ausbringung der Bodenherbizide ist mit Flüssigdünger wie AHL ohne weiteres möglich. Die Aufwandmengen sind dann um $^1/_4$ bis $^1/_3$ zu verringern. Auch die Bodenherbizide Tribunil, Dicuran 700 fl. sind im Frühjahr einsetzbar. Die Erfahrungen mit diesen Präparaten sind jedoch im Vergleich zu den IPU-haltigen Herbiziden nicht immer überzeugend. Allgemein, aber insbesondere in Wasserschutzgebieten sowie in grundwassersensiblen Bereichen hat sich das breit wirkende Sulfonylharnstoffmittel Concert 60 bis 90 g/ha bewährt und eingeführt. Die Wirkungssicherheit auf Windhalm und die Masse der breitblättrigen Unkräuter ist gegeben. Erfolgt die Ausbringung im Splittingverfahren, nämlich 60 g/ha + 30,0 l/ha AHL früh und nach etwa 10 bis 14 Tagen nochmals 30 g/ha + 30,0 l/ha AHL, wird auch Klettenlabkraut nachhaltig niedergehalten. Auch eine Teilwirkung auf Ackerkratzdisteln, sofern sie aufgelaufen waren, konnte nachgewiesen werden.

In schwach verunkrautetem Rübenweizen, der meistens erst im April zur Ungras- und Unkrautbekämpfung ansteht, sind auch breit wirkende Kombinationsmittel verwendbar, die außer den Schadgräsern auch Klettenlabkraut und andere dikotyle Unkräuter bekämpfen. Dazu zählen u. a. Dizan (3,0 bis 4,0 l/ha), Arelon Kombi (5,0 l/ha), Belgran (5,0 l/ha), Foxpro (6,0 l/ha), Foxtar (7,0 l/ha) und eigene Mischungen aus IPU-Mittel (1,5 l/ha) + Duplosan KV (2,0 l/ha), IPU-Mittel (1,5 l/ha) + Starane 180 (0,5 l/ha) + Duplosan KV oder + Duplosan DP (1,0 l/ha) sowie Tolkan Fox (2,0 l/ha) + Duplosan KV (1,5 l/ha).

Die gezielte Beseitigung von Flughafer ist augenblicklich nur mit dem Spezialherbizid Ralon 1,5 bis 2,0 l/ha möglich. Das Ungras sollte aufgelaufen sein und das Bestockungsstadium nicht überwachsen haben.

5.8.3 Breitblättrige Samenunkräuter

Die Beseitigung einer gewissen Restverunkrautung, einschließlich Klettenlabkraut, ist bei deutlicher Erwärmung mit einem Anstieg der Temperaturen auf 10 bis 12 °C mit Starane 180 (0,75 bis 1,0 l/ha) oder Wuchsstoffen auf Mecoprop- oder Dichlorprop-Basis, und zwar mit Duplosan KV (2,0 l/ha), Duplosan DP (2,5 l/ha) u. a., möglich. Auch Kombinationen mit Starane 180 (0,5 l/ha) + Duplosan KV (1,0 l/ha) bzw. Duplosan DP (1,0 bis 1,2 l/ha) haben sich bewährt. Die Breitbandherbizide, wie z. B. Foxtril S (3,0 bis 4,0 l/ha), Tristar (1,5 l/ha), Bifenal (3,0 bis 4,0 l/ha), Anitop (3,0 bis 4,0 l/ha) u. a., sind in der Wirkung weitgehend temperaturunabhängig. Die Breitbandherbizide haben aber an Bedeutung verloren. Der Grund für diese Entwicklung ergibt sich daraus, daß neue Bodenherbizide bzw. Bodenherbizidkombinationen auch Problemunkräuter, die von Wuchsstoffen nicht ausreichend niedergehalten werden, wirkungsvoll beseitigen. Die Notwendigkeit, Breitbandherbizide auf vergrasten Flächen als Folgebehandlung einzusetzen, besteht nicht mehr. Lediglich auf Flächen mit einer breiten Mischverunkrautung, dürften auch weiterhin breit wirkende Herbizide sinnvoll sein. In vielen Betrieben finden die Mittel in verringerten Aufwandmengen derzeit als Mischungspartner von Wuchsstoffen Interesse, so z. B. Foxtril (1,5 l/ha), Anitop (1,5 bis 2,0 l/ha) oder Tristar (1,0 l/ha) + Duplosan KV bzw. Duplosan DP (1,0 l/ha). Die preisgünstigen

Wuchsstoffe werden dadurch in der Wirkung deutlich aufgewertet. Die Erfahrungen sind durchweg überzeugend .

Die Anwendung der Wuchsstoffe und Breitbandherbizide sollte mit Abschluß der Bestockung und Beginn des Längenwachstums beendet sein. Lediglich Starane 180 (0,5 bis 1,0 l/ha) ist neuerdings bis zum Schieben des Fahnenblattes (EC 39) gegen Klettenlabkraut einsetzbar. In Problemfällen ist außerdem Basagran DP neu (3,0 l/ha) im Entwicklungsstadium 39 bis 49 (Blatthäutchen bis Öffnen der Blattscheide) noch verwendbar. Die Verträglichkeit der Herbizide ist nach bisherigen Erfahrungen gegeben.

In verhältnismäßig weit entwickeltem Getreide ist damit noch die Möglichkeit eingeräumt, problematische Restverunkrautungen nachhaltig zu beseitigen. Da in dieser Wachstumsphase auch die Distelbekämpfung wirkungsvoll vorgenommen werden kann, ist eine Tankmischung aus Starane 180 (0,5 bis 0,75 l/ha) + U 46 M-Fluid (1,0 l/ha) sinnvoll. Sowohl das Wurzelunkraut als auch durchgewachsenes Klettenlabkraut sowie Vogelmiere werden ausreichend niedergehalten – in Ackerbaubetrieben eine interessante Alternative, die sich vielerorts bewährt hat.

Die Ungras- und Unkrautbekämpfung in Winterweizen sollte in frühbestellten Herbstsaaten, sofern eine bekämpfungswürdige Verunkrautung gemäß Schadensschwelle gegeben ist, in einer abgestimmten Behandlungsfolge (VA oder NA-H oder NA-F) vollzogen

werden. Belastungen durch die Frühkonkurrenz werden dadurch vermieden. Nicht so zwingend hingegen ist die Situation bei spät gesätem Rübenweizen. Die Ausschaltung der ertrags- und qualitätsbeeinflussenden Wachstumskonkurrenz ist im Getreide eine unerläßliche Voraussetzung für eine optimale Ertragsbildung.

5.9 Winterroggen

Die bevorzugten Anbaugebiete für Winterroggen sind überwiegend die leichteren bis mittleren Böden. Meistens auf Standorten, die eine geringe Vergrasung mit Windhalm sowie Rispengräsern und nur sporadisch mit Ackerfuchsschwanz erkennen lassen. Der steigende Anteil des Wintergetreides in der Fruchtfolge, der Einsatz des Mähdreschers, die kombinierten Bestellungsverfahren und die Verwendung von nur gegen Unkräuter wirksamen Herbiziden haben zur Ausbreitung des Windhalmes beigetragen. So ist auch in der vergleichsweise konkurrenzkräftigen Kultur Roggen der Einsatz von Bodenherbiziden zur Bekämpfung der Ungräser häufig nicht zu umgehen. Speziell die leichten Böden sind jedoch problematisch, da die Wirkstoffe aufgrund der geringen Sorptionskraft leicht in den Wurzelbereich des Roggens eingewaschen werden. Hinzu kommt, daß Roggen wegen seines flachen Wurzelnetzes und aufgrund seiner physiologischen Eigenschaften gegenüber den gebräuchlichen Herbiziden empfindlicher reagiert als Weizen und Gerste. Die Situation wird besonders kritisch, wenn flach gesät wird, wie es an sich vom ackerbaulichen Standpunkt her für Roggen richtig ist. Bei einer flacheren Saattiefe als 2 cm muß – vor allem bei geringer Sorptionskraft bzw. schlechter Struktur der Böden – mit Schäden gerechnet werden. Gleichermaßen ertragsmindernd sind Maßnahmen mit verschiedenen Bodenherbiziden im Frühjahr, wenn der Roggen das Bestockungsstadium schon überwachsen hat.

Auf stark humosen Böden mit Humusgehalten über 4 bis 6 % gibt es gegenteilige Probleme. Vor allem die wirkungsschwächeren Bodenherbizide, wie Igran 500 fl., Tribunil, reichen hier in der Wirkung nicht aus. Anders die Chlortoluron-haltigen Bodenherbizide, wie z. B. Dicuran 700 fl., Pendiron fl., Anofex 500 fl. u. a. im Vorauflaufverfahren und insbesondere die im Nachauflauf anzuwendenden IPU-haltigen Mittel, wie Arelon fl., Tolkan flo, Hora Turon 500 fl. und vor allem Tolkan Fox.

Der Anbau von Winterroggen erfolgt auf leichtesten Geestböden bis zu humusreichen dunklen Moorböden, so daß eine artenreiche und vielgestaltige Mischverunkrautung gegeben ist. Die nachhaltige Ausschaltung der Schadgräser und breitblättrigen Herbstkeimer ist folglich nicht immer einfach, und die Gefahr einer Nachverunkrautung ist vielerorts wahrscheinlich.

Für das Vorauflaufverfahren bieten sich die Bodenherbizide Dicuran 700 fl. (1,5 bis 2,0 l/ha), Pendiron fl. (4,0 bis 5,0 l/ha), Stomp SC (4,0 bis 5,0 l/ha), Tribunil (3,0 bis 4,0 kg/ha), Fenikan (2,0 bis 3,0 l/ha), Boxer (3,0 l/ha) u. a. an. Die Besonderheiten der Mittel sind sorgfältig zu beachten, gerade was die Beeinflussung der Wirkstoffe durch die organischen Bestandteile des Bodens (Humus) anbelangt und die Leistungsfähigkeit gegen echte Problemunkräuter betrifft. So finden heute die Präparate Stomp SC, Pendiron fl. und Fenikan vorrangiges Interesse. Der Windhalm und die mit hoher Stetigkeit anzutreffenden Unkräuter, wie Ackerstiefmütterchen, Ackervergißmeinnicht und Knötericharten werden nachhaltig beseitigt. Die gelegentlich in hoher Dichte anzutreffende Kornblume (Centaurea cyanus) wird von Stomp SC nicht ausreichend niedergehalten. Angesichts der Tatsache, daß der Winterroggen auf unterschiedlichen Böden zur Aussaat gelangt sowie die Kornablage so flach wie möglich erfolgen sollte und damit der Einsatz von Bodenherbiziden nicht unproblematisch ist, hat sich die Ungras- und Unkrautbekämpfung in letzter Zeit in den frühen und späten Nachauflauf verlagert. Die Selektivität der Herbizide wird dadurch deutlich verbessert.

Im frühen Nachauflauf-Herbst (NA-H1) – der Winterroggen läuft gerade auf und die Verunkrautung befindet sich in der Keimblattphase – sind die Bodenherbizide Fenikan (2,0 bis 2,5 l/ha), Boxer (2,0 bis 3,0 l/ha) oder auch IPU-Mittel, z. B. Arelon fl. (1,0 bis 1,5 l/ha) sowie die bewährte Kombination Stomp SC (1,5 bis 2,0 l/ha) + IPU-Mittel (0,75 bis 1,0 l/ha) verwendbar. Die Isoproturonhaltigen Bodenherbizide sowie auch

Boxer sind, mit verringerten Aufwandmengen eingesetzt, gegen Ackerstiefmütterchen, Ackervergißmeinnicht und Klettenlabkraut nicht ausreichend wirksam. Andere Herbstkeimer, wie Kamille, Vogelmiere, Taubnessel und Windhalm werden hingegen wirkungsvoll unterdrückt. Die Tankmischung Stomp SC + IPU-Mittel sowie auch Fenikan sind hingegen in der Wirkung so breit ausgelegt, daß die Masse der Herbstkeimer, einschließlich Ackerstiefmütterchen, überzeugend niedergehalten wird. Das kostengünstige Verfahren setzt jedoch voraus, daß die Maßnahme tatsächlich im Keim- bis ersten Laubblattstadium gezielt erfolgt. Anderenfalls sind deutliche Wirkungsabfälle nicht auszuschließen.

Sofern die Ungras- und Unkrautbekämpfung im Herbst nicht vorgenommen worden ist, sollte dies so früh wie nur möglich im zeitigen Frühjahr geschehen. Die Bodenherbizide auf IPU-Basis, nämlich Arelon fl., Hora Turon 500 fl., Tolkan flo, IPU 500 Stefes, jeweils 1,0 bis 1,5 l/ha sowie Tolkan Fox (2,0 bis 2,5 l/ha) sollten vor Wachstumsbeginn zur Anwendung gelangen. Gelegentliche Nachtfröste sind dabei in Kauf zu nehmen und zu vernachlässigen. Das breit wirkende Tolkan Fox (IPU + Bifenox) ist bei vielseitiger Mischverunkrautung mit schwer bekämpfbaren Unkräutern zu bevorzugen. Ferner sind die Sulfonylharnstoffmittel, wie Concert (60 bis 90 g/ha) und Gropper (30 g/ha) verfügbar. Das Präparat Concert zeichnet sich durch eine beachtliche Wirkungsbreite aus. Selbst Klettenlabkraut wird bei wüchsigem Wetter unterdrückt.

Eine starke Vergrasung mit Ackerfuchsschwanz, Windhalm oder eventuell sogar Flughafer ist zuverlässig mit dem Spezialherbizid Ralon (1,5 bis 3,0 l/ha) bekämpfbar. Ackerfuchsschwanz wird mit geringeren Aufwandmengen niedergehalten als Windhalm. Der Bekämpfungserfolg ist weitgehend unabhängig vom Entwicklungsstadium der Gräser. Es handelt sich um ein blattaktives Mittel ohne Bodenwirkung. Folglich werden nur aufgelaufene Schadgräser sicher erfaßt. Eine Wirkung auf Unkräuter ist nicht festzustellen.

Auf den meisten Winterroggenflächen ist nach den vorgenommenen Maßnahmen mit den Bodenherbiziden noch eine Restverunkrautung mit Klettenlabkraut gegeben. Sobald die Dichte bekämpfungswürdig ist, können bei Temperaturen über 10 bis 12 °C DP-haltige Wuchsstoffe, wie Duplosan DP (2,0 bis 2,5 l/ha), eingesetzt werden. Auch das Mittel Starane 180 (0,75 bis 1,0 l/ha) sowie bewährte Tankmischungen aus Starane (0,5 l/ha) + Duplosan DP (1,0 l/ha) sind verwendbar. Gleichermaßen sind bei einer schwer bekämpfbaren Mischverunkrautung, einschließlich Ackerstiefmütterchen, Kamille und Klettenlabkraut, Breitbandherbizide, wie z. B. Foxtril S (3,0 bis 4,0 l/ha), Bifenal (3,0 bis 4,0 l/ha), Tristar (1,5 l/ha), einsetzbar. Die Maßnahmen sind mit Beginn des Längenwachstums zum Abschluß zu bringen. Anderenfalls reagiert der Roggen mit deutlichen Mindererträgen. Lediglich die einfachen Wuchsstoffe, wie z. B. U 46

M-Fluid oder U 46 Combi-Fluid, sind gegen Disteln und Wicken bis etwa zum zweiten Knotenstadium des Getreides (EC 39) gefahrlos verwendbar. Die gleichzeitige Ausbringung von Wachstumsreglern, wie CCC, Cycocel oder Terpal C, ist mit den Wuchsstoffen oder Starane 180 problemlos möglich.

Der Winterroggen reagiert auf unsachgemäße Herbizidmaßnahmen äußerst empfindlich. Mittel- und Aufwandmengenwahl sowie der Behandlungstermin sind daher sorgfältig vorzunehmen, um Belastungen für die Getreidepflanzen auszuschließen.

5.10 Triticale

In den letzten Jahren hat die neue Getreideart in vielen Gebieten eine deutliche Ausdehnung erfahren.

Die Ungras- und Unkrautbekämpfung in dieser Kultur ist mit der in Winterroggen vergleichbar.

Im Vorauflaufverfahren sind die Bodenherbizide Fenikan (2,0 bis 2,5 l/ha), Pendiron fl. (4,0 bis 5,0 l/ha) sowie Stomp SC (4,0 bis 5,0 l/ha) geeignet. Im zeitigen Frühjahr können die IPU-haltigen Bodenherbizide zum Einsatz gelangen. Auch das Spezialmittel Ralon (1,5 bis 3,0 l/ha) ist in Triticale ebenfalls verträglich.

Die Bekämpfung von Klettenlabkraut kann mit den DP-haltigen Wuchsstoffen sowie mit Starane 180 (0,75 bis 1,0 l/ha) oder entsprechenden Mischungen vorgenommen werden. Im Bedarfsfall sind auch Gropper (30 bis 40 g/ha), Pointer (15 bis 20 g/ha), Concert (60 bis 90 g/ha) und Foxtril (2,0 bis 3,0 l/ha) u. a. gegen Mischverunkrautungen verwendbar.

5.11 Dinkel

Dinkel, auch Veesen, Spelz oder Spelt genannt, hat in den letzten Jahren regional im süddeutschen Raum eine gewisse Anbaubedeutung erlangt. Ursache ist die gestiegene Nachfrage aus ernährungsphysiologischen Gründen wegen seines hohen Gehaltes an essentiellen Aminosäuren, Vitaminen, Spurenelementen und Ballaststoffen.

Die Konkurrenzkraft gegen Unkräuter und Ungräser ist mit der des Winterweizens vergleichbar, so daß ähnliche Bekämpfungsrichtwerte zugrunde gelegt werden können. Da der Anbau vorwiegend im Zuge von Extensivierungsmaßnahmen und im ökologischen Landbau erfolgt, steht die mechanische Unkrautregulierung im Vordergrund. Dabei finden dieselben Verfahren und Geräte Anwendung wie im Winterweizen.

Für die Herbizidanwendungsmöglichkeiten gelten ähnliche Grundsätze wie bei Weizen. Zu beachten ist jedoch, daß Dinkel auf höhere Aufwandmengen von Isoproturon empfindlicher reagiert als Weizen. Zur Ungräserbekämpfung im NA-Verfahren hat sich die Anwendung von Ralon gut bewährt. Gegen breitblättrige Samenunkräuter kommen alle für Weizen ausgewiesenen Herbizide in Frage.

5.12 Ungras- und Unkrautbekämpfung in Sommergetreide

Im zeitigen Frühjahr finden Unkräuter und sporadisch auch Ungräser ausgesprochen günstige Keimungs- und Wachstumsbedingungen vor. So kann sich in kürzester Zeit ein dichter Unkrautteppich entwickeln, der frühzeitig mit den Getreidepflanzen um Nährstoffe, Licht, Standraum und Wasser konkurriert.

Als verbreitet anzutreffende Unkräuter in Sommergetreide sind Knöterricharten, Hederich, Ackersenf, Hohlzahn, Melden, Spörgel, Vogelmiere, Klettenlabkraut und das Ackerstiefmütterchen anzuführen. Das Auftreten von Ungräsern ist dagegen mit Ausnahme des Flughafers von untergeordneter Bedeutung. Gelegentlich tritt auf schweren Böden in Sommerweizen Ackerfuchsschwanz auf. In feuchten Jahren ist in allen Sommergetreidearten mit schwachem Windhalmaufwuchs zu rechnen. Ein beachtenswerter Unkrautaufwuchs sollte im Sommergetreide möglichst frühzeitig mit verträglichen Präparaten oder mechanisch beseitigt werden.

Auf Unkrautbekämpfungsmaßnahmen reagiert Sommergetreide allgemein empfindlicher als Wintergetreide. Als ausgesprochen getreideverträglich sind Kontaktmittel sowie Kontaktmittel-Wuchsstoff-Kombinationen oder auch Sulfonylharnstoffe anzusehen. Anders verhält es sich bei der Anwendung bestimmter Wuchsstoffe. Mehrere Getreidearten erleiden auch bei ordnungsgemäßer Behandlung Wachstumsstörungen, die sich zwar bei den einzelnen Getreidearten unterschiedlich ausprägen, aber immer die Gefahr einer Ertragsminderung in sich bergen. Aus dem umfangreichen Herbizidangebot zur Bekämpfung von Ungräsern und breitblättrigen Unkräutern in Sommergetreide sollte daher sehr sorgfältig und in Abstimmung mit der Unkrautflora ausgewählt werden. Die Wirkungsschwerpunkte der Herbizide bzw. Herbizidkombinationen in Sommergetreide sind übersichtlich in den Tabellen 16 sowie 18 bis 20 dargestellt.

Von den mechanischen Unkrautbekämpfungsmethoden eignet sich der Striegel oder die leichte Egge kurz vor oder beim Spitzen des Sommergetreides sowie wiederum ab dem 3- bis 4-Blattstadium. Eine ausreichende Verminderung des Unkrautbesatzes ist nur bei trockener Witterung zu erwarten. Als ältestes Unkrautbekämpfungsmittel wird regional der Kalkstickstoff in Aufwandmengen von 200 bis 300 kg/ha zur Reduzierung des Unkrautauflaufes eingesetzt. Auch hier liegt der getreideverträglichste Zeitpunkt im Spitzstadium bis zur Bestockung. Wurzelunkräuter und Flughafer werden nur unzureichend niedergehalten.

5.12.1 Sommerweizen

Die Aussaat der Kultur liegt aufgrund der Spätsaatempfindlichkeit einige Wochen vor der anderer Sommergetreidearten. Bevorzugte Standorte sind durchweg bessere Böden. Sowohl

Aussaatzeitpunkt als auch Bodenver- hältnisse beeinflussen die Artenzu- sammensetzung der Konkurrenzpflan- zen. Auf vereinzelten Flächen ergeben sich Probleme mit Schadgräsern so- wie Ackerfuchsschwanz, Flughafer und vereinzelt Windhalm. In der Regel kommen Klettenlabkraut, Vogelmiere und Kamille vergesellschaftet mit ih- nen vor.

Die Ausschaltung von Schadgräsern, wie Ackerfuchsschwanz, Windhalm und einigen breitblättrigen Unkräutern ist in der Sommerung im Vorauflauf mit Tribunil (3,0 bis 4,0 kg/ha) möglich. Die Bekämpfungserfolge sind jedoch nicht immer ausreichend. Frühjahrstrocken- heit, schlecht abgesetztes Saatbett und verzettelter Auflauf von Ackerfuchs- schwanz mindern die Wirkung. Daher wird die Beseitigung von Schadgrä- sern vermehrt gezielt im Nachauflauf- verfahren vorgenommen. Der Som- merweizen sollte 3 bis 4 Blätter ausge- bildet haben. Gräser, insbesondere Ackerfuchsschwanz, sind am günstig- sten im 2- bis 3-Blattstadium bekämpf- bar. Geeignet sind die IPU-haltigen Präparate, wie z. B. Arelon fl. (1,0 bis 2,0 l/ha), und breit wirkende Kombina- tionsmittel, wie Tolkan Fox (2,0 bis 3,5 l/ha), Foxpro (4,0 bis 6,0 l/ha), Foxtar (5,0 bis 6,0 l/ha) oder auch Tribunil- Kombi (2,5 l/ha). Die Mischpräparate erfassen gleichzeitig das schwer be- kämpfbare Klettenlabkraut sowie Ak- kerstiefmütterchen, Kamille u. a. Nach ergiebigen Niederschlägen sind leich- te Blattaufhellungen nicht auszuschlie- ßen. Die Aufwandmengen der Mittel sind folglich sorgfältig festzulegen. Der

Sommerweizen reagiert auf Grasbe- kämpfungsmittel empfindlich. Bei ho- hen Ungrasdichten empfiehlt sich, ver- gleichbar mit dem Winterweizen, die Anwendung des gut verträglichen Spe- zialherbizids Ralon mit 1,5 bis 2,0 l/ha. Auch bestockter Ackerfuchsschwanz und Flughafer können wirkungsvoll be- kämpft werden.

Eine gezielte Beseitigung von Flugha- fer ist außerdem mit dem Herbizid Illoxan (2,5 l/ha) bis zum 2- bis 4- Blattstadium des Schadgrases mög- lich.

Auf den meisten Sommerweizenflä- chen ist jedoch lediglich eine breit- blättrige Verunkrautung anzutreffen. Welche Mittel bzw. Mittelkombinatio- nen zum Einsatz kommen sollen, hängt jeweils von den Unkrautarten oder auch Unkrautgesellschaften ab. Falls Mischverunkrautungen aus Vogelmie- re, Klettenlabkraut, Knötericharten, Ehrenpreis u. a. vorliegen, können die preisgünstigen Wuchsstoffe auf Meco- prop- oder Dichlorprop-Basis Verwen- dung finden, z. B. Duplosan KV oder Duplosan DP. Bereitet Kamille-Auf- wuchs zusätzliche Probleme, läßt er sich mit geringen Aufwandmengen von IPU-Mitteln, wie 0,5 bis 0,75 l/ha Arelon fl. oder auch mit Basagran DP Neu, Certrol DP, Trevespan DP u. a. nieder- halten. Ein gleichzeitiges Auftreten von Ackerstiefmütterchen und Ackerver- gißmeinnicht sollte mit den Breitband- herbiziden Anitop (3,0 l/ha), Foxtril S (2,5 l/ha), Bifenal (3,0 l/ha) oder Kombi- nationen aus Duplosan KV oder DP (1,5 l/ha) + Pointer (0,015 kg/ha) behandelt werden.

Die Bekämpfung von Ungräsern und Unkräutern sollte in Sommerweizen, wegen seiner hohen Empfindlichkeit gegen Herbizide, sehr überlegt und gezielt unter kritischer Prüfung der Notwendigkeit einer Maßnahme erfolgen.

5.12.2 Durumweizen

Der Hartweizen oder Durumweizen *(Triticum durum)* spielt trotz rückläufiger Entwicklung der Anbauflächen in den letzten Jahren regional in klimatisch begünstigten Lagen immer noch eine gewisse Rolle. Aufgrund seiner langsamen Jugendentwicklung weist er eine geringere Konkurrenzkraft gegen Verunkrautung auf als andere Sommergetreidearten. Dennoch sollte der Einsatz von Herbiziden nur nach Überschreitung der wirtschaftlichen Schadensschwelle, die mit jener im Sommerweizen vergleichbar ist, erfolgen.

Durum verträgt nicht alle Herbizide. Weniger gut verträglich sind IPU-Mittel, Bifenox-Mittel (Bifenal, Foxtril S) und volle Aufwandmengen von Gropper (40 g). Auch Wuchsstoffe in voller Aufwandmenge sind nicht unproblematisch, wobei Unterschiede im Sortenverhalten bestehen. Als sehr gut verträglich erwies sich Basagran DP Neu.

Grundsätzlich sollte die Ungräserbekämpfung (Ackerfuchsschwanz, Windhalm, Flughafer) im gezielten Nachauflaufverfahren mit den gut verträglichen Präparaten Ralon oder Illoxan (nur Flughafer) erfolgen.

5.12.3 Sommergerste

Die Sommerfrucht wird in Nord- und Ostdeutschland verbreitet auf leichteren Geestböden, in Südwestdeutschland auch auf schweren Lehm- bis Tonböden angebaut. Dabei handelt es sich aber überwiegend um milde und leicht erwärmbare Standorte, so daß eine frühe Bestellung und ein zügiges Wachstum gewährleistet sind. Die Sommergerste hat im Vergleich zu anderen Sommergetreidearten die kürzeste Vegetationszeit. Auf eine frühzeitige Unkrautbekämpfung ist zu achten.

Der Auflauf von Schadgräsern ist in der Sommerung weitgehend unbedeutend, insbesondere von Ackerfuchsschwanz und Windhalm. Anders hingegen ist die Vergrasungsgefahr mit Flughafer zu sehen. Der Frühjahrskeimer findet in vielen Anbaugebieten ideale Auflauf- und Entwicklungsbedingungen, so daß eine Bekämpfung erforderlich wird. Als bewährtes Präparat bietet sich Avadex 480 (2,5 l/ha) an. Das Mittel muß vor der Saat des Getreides gleichmäßig tief eingearbeitet werden. Die keimenden Flughafersamen werden zuverlässig abgetötet. Im Nachauflaufverfahren, wenn der Flughafer 3 bis 4 Laubblätter ausgebildet hat, ist außerdem noch Illoxan (2,5 l/ha) einsetzbar. Ein Aufwuchs von Windhalm, Rispengräsern und schwach entwickeltem Ackerfuchsschwanz läßt sich nach Ausbildung des dritten Gerstenblattes mit den Isoproturon-Mitteln niederhalten. Dazu gehören die Produkte Arelon fl. und Tolkan flo mit 1,0 bis 1,5 l/ha und auch das breit wirkende Tolkan Fox (2,0 bis 2,5 l/ha). In den überwiegenden Fällen ist eine Bekämpfung von Schadgräsern jedoch kaum erforderlich. Wesentlich beachtenswerter ist die Verunkrautung mit dikotylen Frühjahrskeimern, insbesondere Knötericharten, Ackerstiefmütterchen, Vogelmiere und Klettenlabkraut. Die Sommergerste erweist sich gegenüber Bodenherbiziden und auch Wuchsstoffen als auffällig empfindlich. Einerseits sind nach Anwendung von IPU-Bodenherbiziden vorübergehende Blattaufhellungen sehr wahrscheinlich, andererseits können Wuchsstoffe Blattverdrehungen, leichte Verwachsungen und ein Auseinanderfallen der Blätter verursachen. Die Unkrautbekämpfung sollte in Sommergerste daher nur mit Herbiziden vorgenommen werden, die gut verträglich sind und keine physiologischen Belastungen hervorrufen. An bewährten Mitteln bieten sich an: Pointer (0,030 kg/ha), Gropper (0,030 kg/ha), Basagran DP Neu (3,0 bis 4,0 l/ha), Certrol DP (3,0 bis 4,0 l/ha), Anitop (2,0 bis 3,0 l/ha) u. a. Auch Mischungen mit Duplosan DP (1,0 bis 1,5 l/ha) + Gropper (0,015 kg/ha) oder Duplosan DP + Pointer (0,015 kg/ha) haben sich bewährt. Der Einsatz reiner Dichlorprop-Mittel, wie z. B. Duplosan DP, war früher stark verbreitet, ist aber aufgrund der Wirkungslücken gegen Akkerstiefmütterchen und der begrenzten Verträglichkeit rückläufig. Eine interessante und ebenfalls in der Wirkung auf Klettenlabkraut überzeugende Tankmischung ist Starane 180 (0,5 l/ha) +

Pointer (0,020 bis 0,025 kg/ha). Die Selektivität der Mischung ist bemerkenswert.

Die aufgeführten Nachauflaufmittel sind ab 3- bis 4-Blattstadium der Sommergerste anwendbar. Nach Beginn des Längenwachstums bis Ende der Bestockung muß von jeglichen Maßnahmen Abstand genommen werden.

5.12.4 Hafer

Die Sommergetreideart wird in der Regel als abtragende Frucht angebaut. Die große Vielfalt in der Artenzusammensetzung der Verunkrautung ist daher verständlich. Der Hafer zeichnet sich durch eine auffallende Massenwüchsigkeit und ein hervorragendes Durchsetzungs- und Beschattungsvermögen aus. Eine konkurrenzschwache Verunkrautung findet demzufolge kaum Entwicklungsmöglichkeiten. Liegt hingegen eine Mischverunkrautung mit nitrophilen, kletterfähigen und schattentoleranten Schadpflanzen vor, wie Klettenlabkraut, Vogelmiere, Kamille etc., sind gezielte Maßnahmen anzuraten. Dabei darf nicht unberücksichtigt bleiben, daß die Kultur als lagerempfindlich einzustufen ist. In solchen Fällen führen Restverunkrautungen zu Durchwuchs und Auswuchs. Eine reibungslose Ernte wird dadurch erheblich erschwert. Die Unkrautbekämpfung in Hafer muß daher auf die standortbezogenen Verhältnisse abgestimmt werden. Sofern keine konkurrenzstarken Unkräuter auftreten, sind Wuchsstoffe auf MCPA-Basis, wie U 46

M-Fluid (1,5 l/ha), ohne weiteres verwendbar. Bei Auftreten von Kamille und Ackerstiefmütterchen hat sich der Sulfonylharnstoff Pointer (0,020 bis 0,030 kg/ha) bewährt.

In langjährigen Versuchen unter verschiedensten Bedingungen reagierte der Hafer auf Behandlungen mit Wuchsstoffen empfindlicher als andere Sommerformen. Besonders kritisch erwiesen sich dabei die 2,4-D-haltigen Mittel. Kümmerwuchs und deutliche Ertragsabfälle sind nicht selten. Von einer Verwendung in Hafer ist daher abzusehen. Andererseits sind bei einem bekämpfungswürdigen Besatz mit Klettenlabkraut Wuchsstoffe auf Dichlorprop-Basis, wie Duplosan DP (1,5 bis 2,0 l/ha) und insbesondere Basagran DP Neu, zu verwenden.

Eine gezielte Beseitigung von Schadgräsern ist in Hafer derzeit nicht möglich.

5.12.5 Sommerroggen

Diese Getreideart hat nur eine kleine Anbaufläche und verdient höchstens örtlich noch Beachtung. Eine Zulassung für neue Unkrautbekämpfungsmittel in Sommerroggen wird daher kaum beantragt. Um die Gefahr von phytotoxischen Schäden von vornherein auszuschließen, empfiehlt es sich, die Unkrautbekämpfung in dieser empfindlichen Kultur nur in unumgänglichen Situationen mit Teilmengen von in Roggen verträglichen Wuchsstoffen, wie Duplosan DP (1,5 l/ha) oder U 46 M-Fluid (MCPA) (1,0 l/ha), durchzuführen.

5.13 Ernteerleichterung

In lagerndem Getreide bereiten durchwachsende Unkräuter und Zwiewuchs für die Mähdruschernte erhebliche Schwierigkeiten. Zur Ernteerleichterung ist in solchen Notsituationen das nicht selektive Blattherbizid Roundup mit 3,0 bis 5,0 l/ha verwendbar. Nach bisherigen Erfahrungen erwiesen sich nachfolgende Aufwandmengen für die Beseitigung des Unkrautaufwuchses als ausreichend, und zwar:

3,0 l/ha: Quecke, Zwiewuchs (außer bei Weizen), Franzosenkraut, Hohlzahn, Kamille, Floh- und Vogelknöterich, Kornblume, Melde, Mohn, Vergißmeinnicht, Vogelmiere, Wicke.

4,0 l/ha: Zwiewuchs Weizen, Saatwucherblume.

5,0 l/ha: Distel, Klettenlabkraut, Winde, Windenknöterich, Schilf, Landwasserknöterich, Knollenplatterbse, Ampfer.

Das Getreide sollte sich in der Vollreife (EC 91) befinden.

Die Wartezeit beträgt 14 Tage. Falls ein beachtenswerter Zwiewuchsanteil gegeben ist, kann von der Fläche kein Saatgut entnommen werden. Die Kornfeuchte darf zum Zeitpunkt der Behandlung höchstens 25 % betragen, anderenfalls kann die Keimfähigkeit durch Roundup eine Beeinträchtigung erfahren. Unzulässige Rückstände im Stroh und Korn sind nicht zu befürchten. Etwaige Zusätze zum Roundup, wie z. B. schwefelsaures Ammoniak (SSA), vermochten in vergleichenden

Untersuchungen die Wirkung nachhaltig abzusichern.

Als weiteres Mittel für derartige Zwecke ist Alzodef (Wirkstoff Cyanamid), (40,0 l/ha). Wartezeit 7 Tage, gegen zweikeimblättrige Unkräuter in Lagergetreide zugelassen. Die Erfahrungen mit dem Präparat sind unterschiedlich.

6 Unkrautbekämpfung in Mais

6.1 Allgemeines

Die Maisanbaufläche in den alten Bundesländern betrug 1991 1 121 000 ha, das sind 15,4 % der Ackerfläche. Nach wie vor ist der Mais die wichtigste Futterpflanze. Die Anbaugründe liegen in

- der hohen Ertragsleistung, verbunden mit guten Konservierungseigenschaften,
- den arbeitswirtschaftlichen Vorteilen der Mechanisierung von der Saat bis zur Ernte,
- der guten Fruchtfolgewirkung,
- der günstigen Gülleverwertung,
- der Möglichkeit, die Unkräuter mit Herbiziden zu bekämpfen.

Gerade die Anwendung der Herbizide hat sich arbeitswirtschaftlich sehr vorteilhaft ausgewirkt, weil die zeitraubende Handhacke, verbunden mit einer mehrmaligen Maschinenhacke, durch die einmalige Herbizidbehandlung ersetzt wurde. Dabei basierte die chemische Unkrautbekämpfung bisher auf dem Wirkstoff Atrazin. Dieser zeichnete sich durch hohe Kulturverträglichkeit, sichere und breite Unkrautwirkung sowie Preiswürdigkeit aus. In diesen Vorteilen waren aber gleichzeitig die Nachteile begründet:

- Selektion Triazin-resistenter Unkräuter wie Weißer Gänsefuß, Spreizende Melde, Gemeines Kreuzkraut, Amarant u. a.
- Zunahme schwer zu bekämpfender Unkräuter wie Acker- und Zaunwinde, Quecke und Ackerdistel.
- Belastung des Grundwassers und des Trinkwassers mit diesem, im Mais regelmäßig angewandten, leicht löslichen Wirkstoff.

In der Öffentlichkeit wurde die Kontamination des Grundwassers mit Atrazin als Negativbeispiel für das allgemein befürchtete, nicht vorhersehbare Verhalten von Pflanzenschutzmitteln im Naturhaushalt bewertet. Aus einem ursprünglich hoch geschätzten Herbizid wurde ein geächtetes Mittel, das seit dem 29. März 1991 in Deutschland nicht mehr angewandt werden darf.

Für die Maisanbauer bedeutet das Verbot von Atrazin, daß sie mit weniger sicher wirkenden und teureren Mitteln gegen die Unkräuter im Mais auskommen müssen. Diese Situation bietet aber gleichzeitig die Chance, auch über andere Verfahren, wie die mechanische Unkrautbekämpfung, nachzudenken. Denn ohne eine hinreichend wirksame Unkrautbekämpfung ist der Maisanbau nicht möglich. Umbruch oder hohe Ertragsverluste wären die

Folge. Denn der späte Bestandes- schluß ermöglicht den Unkräutern eine nahezu konkurrenzlose Entwicklung. Kletternde ein- und mehrjährige Un- krautarten benutzen den Mais als Stützgerüst und lagern wegen der lan- gen Vegetationsperiode des Maises erhebliche Nährstoffmengen in die un- teriridischen Reserveorgane ein bzw. produzieren reichlich Samen. Als Fol- ge breiten sich die mehrjährigen Arten aus, das Samenpotential einjähriger Unkräuter im Boden wird erhöht. Eine vollkommene Unkrautfreiheit wird nicht angestrebt, weil Unkräuter unter der wirtschaftlichen Schadensschwel- le durchaus auch positive Auswirkun- gen haben, wie eine gewisse Minde- rung der Erosionsgefahr oder Förde- rung der Nützlinge.

Hinsichtlich des Bekämpfungszeit- punktes des Unkrautes im Mais kann differenziert vorgegangen werden, denn bis zum 4- bis 6-Blattstadium ist der Mais gegen Unkrautkonkurrenz nicht empfindlich. Ab diesem Stadium bis zum 8-Blattstadium ist jedoch weit-

gehende Unkrautfreiheit erforderlich. Später kann wieder Unkraut toleriert werden, so daß auch Untersaaten ohne Ertragsminderung angebaut werden können (s. Abb. 7, S. 47).

6.2 Mechanische Unkrautbekämpfung

Das Fehlen von Atrazin, die Einschrän- kungen bei Herbiziden in Wasser- schutzgebieten und der Wunsch, auch ohne Herbizide auskommen zu kön- nen, führen zu der Überlegung, die Unkräuter nur mit mechanischen Ver- fahren in Schach zu halten. Möglich- keiten bieten Scharhackgeräte, Roll- hacken, Hackstriegel und Hackbürsten. Mit Hackmaschinen wird zwischen den Reihen das Unkraut abgeschnitten bzw. herausgerissen. Die Hackaggre- gate (gefederte Gänsefußschare) müs- sen sehr flach eingestellt und etwa 10 bis 15 cm von der Maisreihe entfernt geführt werden, um die empfindlichen Wurzeln nicht zu verletzen (Tab. 22).

Tabelle 22: Einstellen der Maschinenhacke im Mais (nach HEPTING, 1990)

Entwicklungsstadium Mais	Abstand von der Reihe (cm)	maximale Arbeitstiefe (cm)
bis 4-Blattstadium	10 – 15	5
6- bis 8-Blattstadium	mindestens 15	5
2. bis 3. Knoten	mindestens 15	5 (– 10)
2. bis 3. Knoten (Gülleeinbringung)	mindestens 20	ca. 10

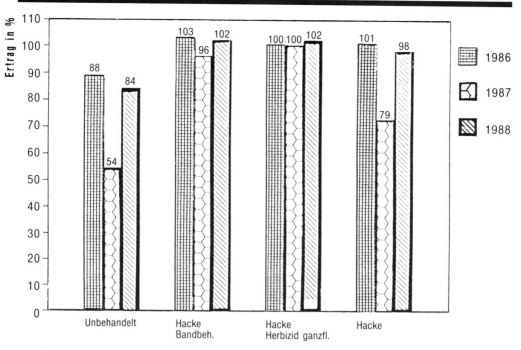

Abbildung 10: Kolbenerträge von Mais in Abhängigkeit von verschiedenen Verfahren der Unkrautbekämpfung (Hohenheimer Gemeinschaftsversuche), Ganzflächenbehandlung = 100 %.

Für eine gute Bodenanpassung der Hackschare sorgt eine Parallelogrammführung. Die Unkräuter sollen bei der ersten Maschinenhacke die Kleine Rosette, der Ackerfuchsschwanz und die Hirsen das 1- bis 2-Blattstadium nicht überschritten haben. Der Mais befindet sich zu diesem Zeitpunkt etwa im 2- bis 3-Blattstadium. Die zweite Maschinenhacke schließt sich im 6- bis 8-Blattstadium des Maises an. Verbessert wird die Unkrautwirkung, wenn der Acker vor der Saat abgeschleppt wird, damit die Unkräuter gleichmäßiger auflaufen.

Hackgeräte sind universell einsetzbar und haben sich besonders auf schweren Böden bewährt. Die Fahrgeschwindigkeit beträgt etwa 6 bis 8 km/h. Nicht einzusetzen ist die Hackmaschine auf erosionsgefährdeten Flächen und auf kiesigen bzw. steinigen Böden. Rollhacken werden insbesondere auf leichteren Böden eingesetzt. Die bodenangetriebenen sternförmigen Hackkörper arbeiten die obere Bodenschicht gut durch, wobei die einjährigen Samenunkräuter herausgerissen und verschüttet werden. Beim ersten Arbeitsgang wird der Boden von der Reihe weggearbeitet, bei größeren

Maispflanzen kann beim zweiten Arbeitsgang der Häufeleffekt der Rollhacke genutzt und damit die kleineren Unkräuter in der Reihe weitgehend zugeschüttet werden. In Hanglagen kann durch mehrmalige Einsätze der Rollhacke die Erosionsgefahr erhöht werden. Die Fahrgeschwindigkeit beträgt etwa 8 bis 12 km/h, so daß eine hohe Flächenleistung erzielt wird.

Mit der Hackbürste werden durch die rotierenden Kunststoffscheiben die Unkräuter zwischen den Reihen herausgerissen, wobei sehr nahe an die Maisreihe herangearbeitet werden kann. Nachteilig ist die große Staubentwicklung und die relativ geringe Schlagkraft (Fahrgeschwindigkeit 5 bis 6 km/h).

Hackmaschinen, Rollhacken und Hackbürsten können nur bei bestimmter Bodenfeuchtigkeit eingesetzt werden. Die Unkräuter müssen zum Einsatzzeitpunkt möglichst klein sein. Nur wenn beide Voraussetzungen gegeben sind, ist der Bekämpfungserfolg akzeptabel. Häufige Niederschläge im Frühjahr können die Hackarbeit verzögern oder unmöglich werden lassen, so daß die Unkräuter nicht hinreichend bekämpft werden. Der Ertrag wird entsprechend reduziert (Abb. 10). Der alleinige Einsatz von mechanischen Geräten zur Unkrautbekämpfung ist deshalb risikoreich und langfristig kaum praktikabel. Hinzu kommt, daß der Bekämpfungserfolg in der Maisreihe bei allen Systemen unbefriedigend ist und nur in Ausnahmefällen ausreicht.

6.3 Thermische Unkrautregulierung

Versuche mit Abflammgeräten im 1- bis 2-Blattstadium des Maises (Zündholzstadium) haben gegen breitblättrige Unkräuter eine befriedigende Wirkung ergeben. Die Wirkungsdauer ist sehr kurz, so daß in der Regel 2 Behandlungen notwendig sind. Ackerfuchsschwanz, Flughafer und Hirsearten werden nicht hinreichend bekämpft, wie auch die mehrjährigen Unkräuter Ackerdistel, Ackerwinde und Quecke.

Aus Kostengründen wird nur ein 25 bis 30 cm breites Band über den Maisreihen beflammt. Der zweite Arbeitsgang erfolgt durch Schrägstellen der Brenner als Unterblattbehandlung bei 40 bis 50 cm Maishöhe. Zwischen den Reihen wird zweimal gehackt.

Die Kosten für das Abflammgerät und das Gas betragen etwa 120 DM/ha. Die Fahrgeschwindigkeit darf 2,5 km/h nicht überschreiten, so daß die Schlagkraft sehr begrenzt ist. Die praktische Anwendung wird sich wegen der hohen Kosten und der geringen Schlagkraft nur auf spezielle Betriebe beschränken.

6.4 Chemische Unkrautbekämpfung

Die Wahl der Herbizide hängt von den Unkrautarten, den vorgesehenen Anwendungsverfahren, den möglichen Anwendungsbeschränkungen in Wasserschutzgebieten und nicht zuletzt

Tabelle 23: Mechanische und thermische Unkrautbekämpfung in Mais – Vollkostenrechnung (Maschinenring)

Vgl.	Behandlung			Kosten DM/ha
2	Flächenspritzung	Stomp SC	4,0 l/ha	147
		Stomp SC	2,5 – 4,0 l/ha	174 – 248
		+ Buctril	1,5 l/ha	
3	2 x Hacken + Bandspritzung (1/3 Herbizidaufwand)			161 – 216
4	2x Hacken + 1x Abflammen in der Reihe (»Zündholzstadium«)			280 – 310
5	2x Hacken + 2x Abflammen in der Reihe (System Hofmann)			505 – 545
6	1x Abflammen zw. der Reihe + Bandspritzung (1/3 Herbizidaufwand)			330 – 356
7	Zwischenreihengerät »Monsanto« + Bandspritzung			199 – 214
8	1x Paul-»Ausputzer« + Bandspritzung (1/3 Herbizidaufwand)			150 – 176

von der Preiswürdigkeit ab. Nach dem Anwendungsverbot des Atrazins ist die Unkrautbekämpfung in Mais teurer, schwieriger und nicht mehr so wirkungssicher. Zudem tauchen neue Probleme auf, wie die Bekämpfung des Ackerfuchsschwanzes und des Flughafers. Der Maisanbauer muß deshalb die Unkrautflora und das Wirkungsspektrum der Herbizide kennen, um das Unkraut gezielt und preiswert zu beseitigen.

6.5 Breitblättrige Samenunkräuter

Gegen breitblättrige Samenunkräuter können Buctril bzw. Certrol B (Bromoxynil), Gardoprim 500 fl. (Terbuthylazin), Lentagran (Pyridate) und Stomp SC (Pendimethalin) in den verschiedenen Tank- und Fertigmischungen (Tab. 24) eingesetzt werden.
Im Vorsaatverfahren mit Einarbeiten oder im Vorauflaufverfahren wirkt das

Triazin Gardoprim 500 fl. bei feuchtem Boden gegen eine Reihe von breitblättrigen Unkräutern. Keine hinreichende Wirkung ist gegen das Klettenlabkraut und gegen den Ackerfuchsschwanz und Flughafer zu erwarten. Gardoprim 500 fl. läßt die Triazin-resistenten Unkräuter stehen.

Es wird derzeit nicht mehr allein vertrieben, sondern nur noch in Kombination mit anderen Mitteln. Im Nachauflauf erhöht Gardoprim 500 fl. die Wirkungsdauer wie bei Mais-Kombi und dem Lido-Pack.

In Baden-Württemberg ist die Anwendung von Gardoprim 500 fl. und seinen Kombinationen in Wasserschutzgebieten durch die Schutzgebiets- und Ausgleichsverordnung verboten.

Im Vorauflaufverfahren bzw. in den Auflauf der Unkräuter hinein wird Stomp SC eingesetzt. Unbedingte Voraussetzung für eine sichere Wirkung ist feuchter Boden. Soweit erforderlich, können Buctril bzw. Certrol B im Nachauflauf als Spritzfolge gegen noch vorhandene oder neu aufgelaufene Unkräuter eingesetzt werden.

Die Kontaktmittel Buctril bzw. Certrol B (1,5 l/ha) können im Nachauflauf auch allein im 4- bis 6-Blattstadium des Maises gegen breitblättrige Unkräuter, wie Weißen Gänsefuß, Knötericharten, Klettenlabkraut und Bingelkraut angewandt werden. Bei warmer Witterung und trockenen Maispflanzen ist der Bekämpfungserfolg gut. Kurz nach Kälte- oder Regenperioden sollte wegen möglicher Pflanzenschäden keine Behandlung erfolgen.

Kombinationen mit Buctril bzw. Certrol B sind die Fertigmischung Duogranol (Bromoxynil + Pyridate) und der Mais-Kombi-Pack (Bromoxynil + Terbuthylazin). Im Lido-Pack sind die Wirkstoffe Terbuthylazin + Pyridate enthalten. Die Unkrautwirkung dieser Kombinationen ist aus Tabelle 24 zu entnehmen.

6.6 Ackerfuchsschwanz und Flughafer

Der Bekämpfung dieser beiden Ungräser müssen die Landwirte große Aufmerksamkeit schenken. Denn derzeit wirken nur 2 Herbizide sicher gegen Ackerfuchsschwanz und Flughafer, nämlich Capsolane (EPTC) und Avadex 480 (Triallat), (Tab. 25).

Capsolane (10 l/ha) wird vor der Saat auf feinkrümeligen Boden ausgebracht und 8 bis 10 cm tief sorgfältig eingearbeitet. Die Einarbeitung kann mit Grubbern oder mit Kreiseleggen erfolgen und muß sofort bzw. bis spätestens 8 Stunden nach der Spritzung erledigt sein.

Gleichzeitig kann Gülle bis höchstens 20 m³/ha eingearbeitet werden. Für einen guten Bodenschluß durch Walzen nach Bedarf ist zu sorgen. Zwischen Einarbeitung und Saat darf der Boden nicht bearbeitet werden. Auf sehr schweren, zur Grobschollikeit neigenden Böden ist von einer Capsolane-Behandlung abzusehen, weil Wirkungsminderungen nicht auszuschließen sind. Neben Ackerfuchsschwanz, Flughafer, Windhalm und Rispenarten

Tabelle 24: Bekämpfung breitblättriger Unkräuter im Mais

Mittel (Wirkstoffe)	Anwendung[2]	Aufwand (kg, l/ha)	Auflagen[3]	Weißer Gänsefuß	Knöterich-arten	Kletten-labkraut	Bingel-kraut	Ama-rant	Vogel-miere	Kamille	Ehren-preis-arten	Fran-zosen-kraut
Buctril bzw. Certrol B (Bromoxynil-Ester)	NA₂	1,5	B4, 630, Xn	++	++	++	+	+	++	++	++	+
Duogranol (Bromoxynil + Pyridate)	NA	2,0 –3,0	B4, 630, Xn, (W)	++	+	++	+	+	++	++	++	++
Lido-Pack Gardoprim 500 fl. + Lentagran (Terbuthylazin[1] + Pyridate)	VA NA	2,0 + 1,5	B4, 630 Xn, Xi, (W)	++	++	++	++	++	++	++	++	++
Lentagran (Pyridate)	NA	2,0	B4, Xi, (W)	++	–	+	–	++	–	–	–	++
Mais-Kombi (Terbuthylazin[1] + Bromoxynil)	VA NA	1,5 + 1,5	B4, 630 Xn	++	++	++	+	+	++	++	++	+

[1]: Anwendung in Baden-Württemberg innerhalb von Wasserschutzgebieten verboten!

[2]: Siehe Tabelle 14, Seite 56

[3]: Siehe Tabelle 14, Seite 56

++ = sehr gut bis gut   + = befriedigend bis ausreichend   – = nicht ausreichend

Tabelle 25: Wirkung von Herbiziden gegen Ackerfuchsschwanz, Flughafer, Hirsen und breitblättrige Unkräuter

Mittel (Wirkstoffe)	Anwendung[2]	Aufwand (kg, l/ha)	Auflagen[3]	Hühnerhirse	Blut- u. Borstenhirse	Ackerfuchsschwanz	Flughafer	Weißer Gänsefuß	Knöterich-arten	Kletten-labkraut	Bingel-kraut	Amarant
Avadex 480 (Triallat)	VS-E	2,5	630	-	-	+	++	-	-	-	-	-
Capsolane (EPTC)	VS-E	10,0	B3	++	+	++	++	+	-	-	-	-
Capsolane (ETPC) + Buctril bzw. Certrol B (Bromoxynil-Ester)	VS-E NA₂	10,0 + 1,5	B4, 630 Xn	++	+	++	++	+	+	+	+	+
Gardoprim plus[1] (Terbuthylazin + Metolachlor)	VA-NA	6,0	B4, 630, Xi	++	+	±	-	++	++	+	+	+
Stentan Pack[1] (Terbuthylazin + Metolachlor + Pendimethalin)	VA-NA	4,5 + 3,0	B4, 630, Xi, Xn	++	+	±	-	++	++	++	++	+
Zintan-Pack Gardoprim plus[1] + Lentagran (Terbuthylazin + Metolachlor + Pyridate)	NA	4,5 + 2,0	B4, 630 Xi, Xn (W)	++	+	±	-	++	++	++	++	+
Pendimox-Maispack Stomp SC (Pendimethalin) + Buctril bzw. Certrol B	NA 1 NA 2	4,0 + 1,5	B4, 630	-	-	+	-	++	++	+	+	+
Stomp SC + Dual 500 fl. (Metolachlor)	NA	4,0 + 2,0	B3, 630	++	++	-	-	++	++	+	++	+
Igran 500 fl. (Terbutryn)	NA (Unterblatt)	4,0	B4, 630	++	++	+	+	+	+	-	+	+
Cator (Rimsulfuron) + Formulierhilfsstoff	NA	0,05 + 0,30	B4, 630 C	++	++	++	+	-	-	++	+	+

1) Anwendung in Baden-Württemberg innerhalb von Wasserschutzgebieten verboten!
++ = sehr gut bis gut   + = befriedigend bis ausreichend   - = nicht ausreichend
2) Siehe Tabelle 14, Seite56
3) Siehe Tabelle 14, Seite 56

werden auch alle Hirsearten und teilweise Ackerschachtelhalm bekämpft. Einige breitblättrige Unkräuter wie Amarant werden ebenfalls erfaßt, so daß auf eine Nachbehandlung mit Kontaktmitteln in manchen Fällen verzichtet werden kann. Capsolane wirkt auch auf humosen Böden bis 10 % Humusgehalt. Eine Bandbehandlung ist wegen der notwendigen gründlichen Einarbeitung technisch noch nicht möglich.

Avadex 480 (2,5 l/ha) ist ebenfalls vor der Saat auf feinkrümeligen Boden auszubringen und sofort flach einzuarbeiten. Das Herbizid wirkt nur gegen Ackerfuchsschwanz und Flughafer. Gegen die breitblättrigen Unkräuter ist eine Zusatzbehandlung erforderlich. Zum Anwendungszeitpunkt dürfen die Ungräser nicht aufgelaufen sein, weil sonst die Wirkung unbefriedigend ist. Eine frühzeitige Anwendung ist durchaus möglich, weil Spätfröste die Wirkung des Mittels nicht beeinträchtigen.

6.7 Hirsearten und breitblättrige Unkräuter

Die Hirsebekämpfung ist nicht problemlos, da die verschiedenen Hirsearten wie Hühner-, Borsten-, Finger- und Bluthirse für ihre Keimung unterschiedliche Wärmeansprüche stellen, so daß der Auflaufzeitpunkt von der Bodentemperatur abhängt. Am besten läßt sich die relativ früh auflaufende Hühnerhirse bekämpfen. Die spät auflaufende Bluthirse wird von den früh eingesetzten Mitteln nur teilweise erfaßt. Ebenfalls schwierig sind Borsten- und Fingerhirse zu bekämpfen. Andererseits stellen spät auflaufende Hirsen kaum eine Konkurrenz für den Mais dar. Voraussetzung ist allerdings, daß die ersten Keimwellen bekämpft wurden.

Zur Hirsebekämpfung in Mais stehen einige Mittel und Kombinationen zur Verfügung, die an den Praktiker hohe fachliche Anforderungen stellen (Tab. 25).

Capsolane wirkt gegen alle Hirsearten recht sicher (siehe Seite 100).

Gardoprim plus (Terbuthylazin + Metolachlor) wird mit 6 l/ha unmittelbar nach der Saat bis zu 10 cm Maishöhe eingesetzt. Es erfaßt alle Hirsearten und viele breitblättrige Unkräuter, außer Klettenlabkraut. Auf besonderen Standorten, z. B. humosen Böden, schnell abtrocknenden Sandböden oder bei spät auflaufender Bluthirse ist der Termin »Spitzen des Maises« bzw. das 1-Blattstadium der Hirse zu wählen. Auf Standorten mit starkem Ackerfuchsschwanzbesatz oder Auftreten von Flughafer ist nicht mit einer hinreichenden Wirkung gegen diese Ungräser zu rechnen.

Mit dem Stentan-Pack Gardoprim plus + Stomp SC (4,5 l + 2,5 kg/ha) werden neben den Hirsearten und breitblättrigen Unkräutern auch die Triazin-resistenten Unkräuter bekämpft. Gegen Ackerfuchsschwanz ist nur eine Teilwirkung zu erwarten, der Flughafer wird nicht erfaßt. Der günstigste Anwendungstermin liegt zwischen spä-

tem Vorauflauf und frühem Nachauflauf beim »Spitzen des Maises«. Praktisch hat sich das Splitting-Verfahren
bewährt, d. h., die Aufwandmenge wird
halbiert und im 8- bis 10tägigen Abstand ausgebracht. Ist die Unkrautwirkung nach der ersten Anwendung hinreichend, kann die zweite eingespart
werden.

Der Zintan-Pack, eine Kombination
von Gardoprim plus mit Lentagran
wird mit 4,5 l + 2,0 kg/ha gegen
Hirsearten, breitblättrige Unkräuter
einschließlich Triazin-resistenter Arten angeboten. Stärkerer Ackerfuchsschwanzbesatz und Flughafer werden
nicht sicher beseitigt. Der Zintan-Pack
wird nach dem Auflaufen des Maises
bis zum 6-Blattstadium eingesetzt.

Im Vorauflauf ist bei feuchtem Boden
die Tankmischung Stomp SC + Gardoprim 500 fl. (4,0 + 2,0 l/ha) wirksam
gegen die Hühnerhirse, breitblättrige
und Triazin-resistente Unkräuter und
gegen schwach auftretenden Ackerfuchsschwanz. Flughafer wird nicht erfaßt. Später auftretende Unkräuter können mit Kontaktmitteln bekämpft werden.

Treten nach der Bekämpfung von breitblättrigen Unkräutern zu einem späteren Zeitpunkt noch Hirsen bekämpfungswürdig auf, können Basta, Igran
500 fl. bzw. Fali Terbutryn 500 fl. (Terbutryn) im Unterblattspritzverfahren ab
40 cm Maishöhe mit speziellen Geräten erfolgreich eingesetzt werden. Basta (Glufosinateammonium) erfaßt
auch Triazin-resistente breitblättrige
Unkräuter.

6.8 Integrierte Unkrautbekämpfung

Die rein mechanische Unkrautregulierung ist aus Witterungsgründen und
wegen der fehlenden Beseitigung der
Unkräuter in den Maisreihen zu unsicher und deshalb allgemein nicht zu
empfehlen. Nach dem Anwendungsverbot von Atrazin ist die chemische
Bekämpfung etwa 10fach teurer geworden und auch nicht mehr so wirkungssicher und kulturverträglich. Aus
den Vor- und Nachteilen beider Verfahren ergibt sich als logische Konse-
quenz ihre Verknüpfung: die integrierte
Unkrautbekämpfung.

Sie ist gekennzeichnet durch die Bandbehandlung der Maisreihe mit Herbiziden und der mechanischen Beseitigung der Unkräuter zwischen den Reihen.

Technische Voraussetzungen sind eine
Bandspritzeinrichtung und eine Maschinenhacke oder Rollhacke. Die
räumliche oder zeitliche Trennung der
beiden Arbeitsvorgänge hat sich in der
Praxis als zweckmäßig erwiesen, weil
sonst die Düsen durch den beim Hakken entstehenden Staub leicht verstop-
fen können und auch die Herbizidwirkung wegen der verstaubten Unkräuter
vermindert wird. Ist nur ein Arbeitsgang vorgesehen, dann ist die Bandspritzeinrichtung frontal anzubringen,
während die Hackmaschine am Heck
montiert ist. Können die beiden Arbeiten zeitlich getrennt werden, dann
sollte erst die Bandbehandlung und
anschließend die Hackarbeit erfolgen.

Die Wahl der Herbizide schließt die Vorsaatmittel mit Einarbeiten im Bandspritzverfahren aus, weil dies technisch noch nicht möglich ist. Es bleiben Vorauflauf- und Nachauflaufherbizide, wie Gardoprim 500 fl. (nur als Pack erhältlich), Stomp SC, Buctril bzw. Certrol B, Lentagran, Gardoprim plus, Duogranol und die entsprechenden Kombinationen.

In der Regel genügen 33 % der normalen Aufwandmenge, weil ein etwa 25 bis 30 cm breites Band mit Herbiziden bei 75 cm Reihenweite abgedeckt wird. Damit werden auch die Mittelkosten um etwa 66 % verringert.

Die Maschinenhacke ist im 1- bis 2-Blattstadium der Unkräuter und Ungräser das erste Mal und im 6- bis 8-Blattstadium des Maises das zweite Mal einzusetzen. Flache Scharführung und 10 cm weiter Abstand zur Maisreihe sind für die Unkrautwirkung und Pflanzenverträglichkeit von besonderer Bedeutung. Schutzscheiben sind beim ersten Hackgang unbedingt erforderlich, um die Maispflanzen zu schonen. Die Witterungsabhängigkeit ist in diesem kombinierten Verfahren bei weitem nicht so groß wie bei der alleinigen mechanischen Unkrautbekämpfung (Abb. 10).

6.9 Wurzelunkräuter

Wurzelunkräuter stellen im Mais durchaus auch heute noch ein Problem dar. Eine weite Stellung des Maises in der Fruchtfolge bei gleichzeitiger Bekämpfung der Wurzelunkräuter im Ge-

treide ist aus betriebswirtschaftlicher Sicht nicht immer möglich. So bleibt die mechanische Zwischenreihenbehandlung mit Maschinen- oder Rollhacken sowie die Anwendung von Spezialherbiziden.

Gegen die Ackerwinde sind Banvel 4 S (Dicamba) und Starane 180 (Fluoxypyr) ausgewiesen.

Banvel 4 S (0,75 l/ha) und Starane 180 (1,5 l/ha) werden bei warmer, wachstumsfördernder Witterung bei etwa 20 cm Trieblänge der Ackerwinde eingesetzt. Die Maishöhe ist dabei ohne Bedeutung.

6.10 Quecken, Kartoffeldurchwuchs und Triazinresistente Unkräuter

Die lichtliebende **Quecke** hat sich durch den Anbau kurzstrohiger Getreidesorten sowie den Einsatz von Cycocel und die Anbauausweitung des spät schließenden Maises erheblich vermehrt, zumal der Getreide- und Maisanteil in der Fruchtfolge gestiegen ist. Bekämpfungsmöglichkeiten bestehen nach der Getreideernte mit mechanischen und chemischen Maßnahmen und auch nach der Maisernte.

Der Einsatz von Roundup (Glyphosat) in Tankmischung mit schwefelsaurem Ammoniak (3 l/ha + 10 kg/ha in 200 bis 300 l Wasser/ha) nach der Maisernte bringt gute Bekämpfungserfolge. Die Quecke soll zum Behandlungszeitpunkt 2 bis 3 grüne Blätter haben, die durch die Maisernte nicht mit Erde verschmutzt sind. Warme Herbstwitterung verbessert den Bekämpfungserfolg. Die Bodenbearbeitung kann nach beginnender Vergilbung der Quecke einsetzen. Um Düsenverstopfungen zu vermeiden, ist das schwefelsaure Ammoniak über ein Sieb einzuspülen.

Hingewiesen werden soll auf die Zulassung von Capsolane gegen Quecke mit 16 l/ha im Vorsaatverfahren mit sofortiger Einarbeitung. Die Queckenrhizome müssen sich in der obersten Bodenschicht befinden. Deshalb sollte vor der Behandlung nicht gepflügt werden. Dagegen muß das Mittel mit einer Fräse eingearbeitet werden, um die Rhizome zu verkleinern. Denn nur auf austreibende Rhizome wirkt Capsolane.

Kartoffeldurchwuchs in Maisflächen ist besonders nach milden Wintern problematisch. Zahlreiche Kartoffelstauden (10 bis 45 Stauden/m²) und kräftige Einzelpflanzen bis zu einer Wuchshöhe von 60 cm können einen ansehnlichen Knollenertrag von immerhin 100 dt/ha bringen. Gewisse Bekämpfungsmöglichkeiten bestehen durch die Anwendung von Starane 180 möglichst im Splittingverfahren (0,75 + 0,75 l/ha) bei einer Wuchshöhe der Kartoffel von 15 bis 20 cm.

Triazin-resistente Unkräuter werden nach dem Atrazinverbot an Bedeutung verlieren. Bei der Anwendung der verbleibenden Triazine Gardoprim 500 fl. und Igran 500 fl. ist dieses Problem noch zu berücksichtigen. Die bisher bekannten Triazin-resistenten Unkräuter wie Weißer Gänsefuß, Feigenblätt-

riger Gänsefuß, Spreizende Melde, Schwarzer Nachtschatten, Zottiges Franzosenkraut, Zurückgekrümmter Amarant, Ampferblättriger Knöterich und Windenknöterich können mit allen triazinfreien Herbiziden wie Buctril bzw. Certrol B, Duogranol, Lentagran und Stomp SC bekämpft werden.

Sonnenblumen als Unkräuter im Mais können bekämpft werden mit Banvel 4 S und Starane 180, aber auch mit Duogranol, Buctril bzw. Certrol B sowie mit Gardoprim plus.

6.11 Unkrautbekämpfung in Wasserschutzgebieten

In Wasserschutzgebieten muß die Anwendung von Herbiziden auf ein unbedingt notwendiges Mindestmaß beschränkt bleiben, um das Grundwasser und damit auch das Trinkwasser nicht mit Pflanzenschutzmitteln zu kontaminieren. Die alleinige mechanische Unkrautbekämpfung reicht aber in der Regel nicht aus, so daß die integrierte Unkrautbekämpfung zu empfehlen ist (siehe Seite 102).

Bei der Herbizidwahl ist unbedingt darauf zu achten, daß nur Herbizide ohne Wasserschutzgebietsauflagen bzw. in Baden-Württemberg Herbizide aus dem Positivkatalog der Schutzgebiets- und Ausgleichs-Verordnung angewandt werden. Zudem darf die Anwendung der Mittel in Wasserschutz- und Heilquellenschutzgebieten nicht durch die Pflanzenschutz-Anwendungsverordnung verboten sein (Tab. 14).

6.12 Mulchsaaten

Auf erosionsgefährdeten Standorten hat sich im Maisanbau die Mulchsaat als bester Schutz erwiesen. Gleichzeitig wird der Stickstoff gebunden, so daß das Grundwasser weniger mit Nitrat belastet wird. Die bessere Durchwurzelung des Bodens führt zu einer günstigeren Bodenstruktur und einer erhöhten biologischen Aktivität. Die Fruchtfolge wird aufgelockert und natürlich vorkommende Nützlinge werden gefördert. Hervorzuheben ist besonders die Unkrautunterdrückung durch die Zwischenfrüchte. Voraussetzung hierfür ist eine schnelle und lückenlose Bedeckung des Bodens durch die Zwischenfrucht. Dies wird erreicht durch die Wahl der richtigen Pflanzenart, eines optimalen Saattermins und einer Startstickstoffgabe.

In der Praxis haben sich 2 Verfahren eingeführt. Je nach der Betriebsorganisation werden überwinternde Zwischenfrüchte auch für die Futternutzung oder abfrierende Zwischenfrüchte angebaut. Als abfrierende Zwischenfrüchte werden in großem Umfang Senf und in geringerem Maße Phacelia angebaut. Senf ist robuster, weil spätsaatverträglich und im Gegensatz zu Phacelia nicht auf ein feines Saatbett angewiesen. Zur Saatbettbereitung für den Mais im Frühjahr wird meistens die Kreiselegge mit dem Einzelkornsägerät verwendet. Auch Spezialsägeräte mit dem Schlitzsäverfahren oder Streifensäverfahren werden eingesetzt.

Nach totalem Abfrieren der Zwischenfrüchte und gelungener Saatbettbereitung ist in der Regel keine zusätzliche Bekämpfung der Unkräuter erforderlich. Unter bestimmten witterungsbedingten Verhältnissen können sich jedoch die Unkräuter über Winter so stark entwickeln, daß eine Bekämpfung mit Herbiziden vor der Saat in Ausnahmefällen erforderlich werden kann. Hierbei hat sich Roundup + Schwefelsaures Ammoniak (2 bis 3 l + 10 kg/ha) in 200 l Wasser/ha als wirkungssicher erwiesen. Auch Basta (3,5 l/ha) kann in Verbindung mit 10 kg/ha schwefelsaurem Ammoniak gegen verbleibende Unkräuter eingesetzt werden, wobei allerdings die Wirkung gegen Ungräser schwächer ist.

Winterharte Zwischenfrüchte wie Weidelgräser, Winterroggen und Winterraps müssen in jedem Fall chemisch abgetötet werden. Auch hierfür wird die Mischung Roundup + Schwefelsaurem Ammoniak (3 l + 10 kg/ha) in 200 l Wasser/ha verwendet. Der Anwendungszeitpunkt sollte 14 Tage vor der Maissaat liegen, damit die Bestände noch abtrocknen und sich erwärmen können.

7 Unkrautbekämpfung in Futter- und Zuckerrüben

Der Anbau von Rüben hat seit der Einführung von Saatguttypen, welche die Ablage auf Endabstand ohne Vereinzelungsarbeit ermöglichen, und durch die Verwendung von Pflanzenschutzmitteln zur Auflaufsicherung und Beseitigung von Unkräutern und Ungräsern eine erhebliche Wandlung erfahren. Aus der zweifellos äußerst arbeitsintensiven Hackfrucht ist eine deutlich arbeitsärmere Kulturart geworden. Der Vereinzelungs- und weitestgehend handarbeitslose Anbau wurde insbesondere durch Bereitstellung hochwirksamer selektiver Rübenherbizide ermöglicht. Es läßt sich folglich ohne Übertreibung sagen, daß der Entwicklungsstand der chemischen Unkrautbekämpfung im Rübenanbau ein Gradmesser für den Stand der Vollmechanisierung dieser Frucht ist. So lag die mit Herbiziden behandelte Rübenanbaufläche in der Bundesrepublik Deutschland 1960 nur bei 5 %, 1965 bei über 50 % und erreichte in den folgenden Jahren sehr bald die 100%-Grenze.

Diese stürmisch verlaufende Entwicklung wurde ausgelöst durch das abnehmende Arbeitskräfteangebot und stark steigende Lohnniveau. Beliefen sich die erforderlichen Pflegekosten früher auf 250 h/ha, so konnten sie mit Hilfe der chemischen Unkrautbekämpfung und moderner Saatverfahren auf 20 h/ha und weniger gesenkt werden. Das Ziel der chemischen Maßnahmen zur Unterdrückung des Unkrautaufwuchses ist eine Verminderung des Arbeitsaufwandes, verbunden mit einer Kostenersparnis und damit Rationalisierung der Rübenpflege. Wenn dies nicht immer gelingt, sind meist mangelnde Kenntnisse über Möglichkeiten und Grenzen der zur Verfügung stehenden Herbizide und sonstige Anwendungsfehler ursächlich verantwortlich.

Im klassischen Rübenbau der Schwarzerdegebiete wurde in den 20er Jahren der Acker bis zur Aussaat in der zweiten Aprilhälfte nicht selten sechs- bis zehnmal mit Schleppen oder Eggen flach bearbeitet. Dadurch erwärmte sich die obere Ackerkrume so schnell, daß die Masse der Unkräuter in kürzester Zeit auflief und durchgreifend vernichtet werden konnte. Der heutige Rübenanbau läßt ein derartiges Verschenken von Vegetationszeit nicht mehr zu, so daß Keimung und Auflauf von Rüben und Unkraut zur gleichen Zeit erfolgen. Die Rübenpflanzen sind den meisten Konkurrenzpflanzen in den Ansprüchen an die Wachstumsfaktoren eindeutig unterlegen. Die Anwesenheit von Unkräutern im Bestand beeinträchtigt das Wachstum und die Ertragsbildung der Rüben vor allem durch den Wettbewerb um Licht und erst nachfolgend um Nährstoffe und Wasser. Die gegenseitige Beeinflussung von Kultur und Unkraut erreicht etwa 4 bis 6 Wochen nach dem Auflauf der Rüben einen deutlichen Höhepunkt. Dies bedeutet, daß ab diesem Zeitpunkt die Rübenpflanzen von jeglichem Unkrautdruck befreit sein müssen, um nachhaltige Schäden zu verhindern. In diesem Fall spricht man deshalb von einer zeitbezogenen Schadensschwelle.

In der letzten Zeit sind bezüglich dieser vielfältigen Beziehungen zwischen Unkraut und Rübenpflanzen bemerkenswerte Ergebnisse erzielt worden. Nach dem augenblicklichen Stand lassen sich jedoch für den Rübenanbau noch keine allgemeinverbindlichen Empfehlungen geben, ab wann eine bestimmte Unkrautdichte geduldet oder aber mit wirtschaftlich gerechtfertigtem Aufwand beseitigt werden muß. Die sogenannten wirtschaftlichen Schadensschwellen für einzelne Unkräuter oder Ungräser bzw. bestimmte Unkrautgesellschaften, die hierüber Auskunft geben könnten, besitzen außerdem nur Gültigkeit für begrenzte Anbaugebiete und einzelne Anbauverfahren. Auch die sehr unangenehmen Folgen einer Spätverunkrautung mit hochwachsenden und verholzenden Unkräutern, z. B. Gänsefußarten und massenwüchsigen Konkurrenzpflanzen, wie Nachtschatten, Franzosenkraut usw., sind für die maschinelle Vollernte nur schwer abzuschätzen. Aufgrund langjähriger Erfahrungen über den ertrags- und qualitätsmindernden Einfluß einer Mischverunkrautung muß für die norddeutschen Rübenanbaugebiete davon ausgegangen werden, daß schon verhältnismäßig geringe Unkrautdichten von 5 bis 10 % Deckungsgrad im 4- bis 6-Blattstadium der Rüben eine wirtschaftlich beachtenswerte Ertragsminderung hervorrufen. Dabei fällt auf, daß zweikeimblättrige Unkräuter bei niederschlagsreichen Bedingungen die Rüben in erheblich stärkerem Maße in Mitleidenschaft ziehen, als dies die Schadgräser wie Ackerfuchsschwanz, Windhalm, Flughafer und Hirsen vermögen. Die größere Konkurrenzfähigkeit der Unkräuter liegt u. a. darin begründet, daß sie geringere Ansprüche an Temperatur und Feuchtigkeit stellen und in ihrem Verhalten bezüglich Wachstumsrhythmus, Blattstellung sowie Beanspruchung des Nährstoffangebotes den Rübenpflanzen sehr nahestehen. Die Schadgräser hingegen belasten die Rübenpflanzen aufgrund einschlägiger Konkurrenzstudien nachhaltiger bei trockeneren Wachstumsbedingungen. Die überall in eingeengten Fruchtfolgen zu beobachtende Veränderung bzw. Umschichtung im Artenspektrum der Unkrautflora hat sich auch im intensiven Rübenanbau vollzogen. Nach umfangreichen Aufnahmen und Erhebungen von HANF (1975) auf Lehm- und Lößböden sind die verbreitetsten Unkräuter in Rüben Vogelmiere und Weißer Gänsefuß. Diese Begleiter des Rübenanbaues treten mit einer Stetigkeit, d. h. Häufigkeit des Vorkommens, von etwa 60 % auf. Eine geringfügig schwächere Verbreitung lassen Kamillearten, Klettenlabkraut, Taubnessel und Windender Knöterich mit einer Stetigkeit von 30 bis 40 % erkennen. Als nächste Gruppierung mit einem Auftreten von 15 bis 20 % sind Ehrenpreis, sonstige Knötericharten, Ackerhellerkraut und insbesondere das Ackerstiefmütterchen anzuführen. Eine nicht zu unterschätzende Bedeutung erlangt seit einigen Jahren auf den milden und fruchtbaren Schwarzerdeböden das Einjährige Bingelkaut *(Mercurialis annua)* sowie örtlich auch die Hundspetersilie *(Aethusa cynapium)* und der Gefleckte Schierling *(Conium maculatum)*. Auf dunklen, stark humosen und zur Vernässung neigenden Niederungsböden ist außerdem als Problemunkraut der Dreiteilige Zweizahn *(Bidens tripartia)* anzutreffen.

Als typische Spätkeimer wegen ihres großen Wärmebedürfnisses begegnen wir besonders auf humosen Sandböden sowie auf Lehmböden vielerorts Nachtschatten, Franzosenkraut und regional auch Amarant. Eine weitere wichtige Gruppe sind die samenbürtigen Schadgräser, wie Ackerfuchsschwanz, Flughafer und Hirsearten, während hingegen der flachkeimende Windhalm und auch die teilweise äußerst massiv und flächendeckend auftretenden Rispenarten aufgrund des schwachen Konkurrenzvermögens von geringer wirtschaftlicher Bedeutung sind. Auf mindestens 1/3 der Zuckerrübenflächen mit deutlich steigender Tendenz sind diese einjährigen Schadgräser anzutreffen. Desweiteren sind Aufwüchse von Ausfallgetreide, wie Wintergerste, Winterroggen und auch Winterweizen sowie der ausdauernden Quecke zu beachten.

Die nachteiligen Auswirkungen einer Verunkrautung in Rüben sind nicht allein auf die Wachstumskonkurrenz und die Erschwernisse bei der maschinellen Ernte und Verarbeitung an der Schneidmaschine begrenzt, sondern manche Unkräuter sind gleichzeitig Wirtspflanzen für den Rübennematoden. Dazu zählen u. a. Gemeiner Gänsefuß, Meldearten, Hederich, Ackersenf, Hirtentäschel, Ackerhellerkraut, Vogelsternmiere, Hohlzahn, Flohknöterich.

Inwieweit ein Unkrautbesatz das Auftreten von nicht spezialisierten Bodenschädlingen, wie Drahtwürmer, Engerlinge, Collembolen, Mooesknopfkäfer usw. begünstigt oder sogar den Schadfraß mindert, läßt sich nicht eindeutig beantworten. Nach verschiedenen Studien über das Verhalten derartiger Lebewesen ist jedoch nicht gänzlich auszuschließen, daß beim Auflaufen der Rüben ein gewisser Unkrautbesatz die Gefährdung durch tierische Schädlinge verringert.

Die wirkungsvolle Unkraut- und Ungrasbekämpfung ist eine unerläßliche Voraussetzung für einen erfolgreichen Rübenanbau. Im Gegensatz zur Unkrautbeseitigung im Getreide erhebt sich im Rübenanbau nicht die Frage, ob sich eine Maßnahme zur Unkrautniederhaltung durch die zu erwartende Ertragssteigerung lohnt, sondern nur wie die Bestände am wirtschaftlichsten mit selektiven Herbiziden in aufeinander abgestimmten Spritzfolgen oder aber in sinnvollen Kombinationen mit Hackmaßnahmen unkrautfrei gehalten werden können.

Die Unkrautbeseitigung in Futter- und Zuckerrüben wird heute überwiegend im Flächenspritzverfahren vorgenommen. Die Kosten derartiger Behandlungen sind aber nicht unerheblich. Aus diesem Grund hat verschiedentlich auch das früher weitverbreitete Bandspritzverfahren wieder an Interesse gewonnen. Der Vorteil einer Bandbehandlung liegt in der Einsparung von Mittelkosten von ca. 50 %. Die Verzögerung durch den leicht erhöhten Zeitbedarf bei der Aussaat wird daher gern in Kauf genommen. Die abgespritzte Bandbreite sollte nicht zu eng gewählt werden, da sonst selbst bei sorgfältigster Hackarbeit vereinzelte Unkräuter nicht ausreichend niedergehalten werden.

Das gerade im großflächigen Rübenanbau angestrebte Ziel eines kostengünstigen und handarbeitslosen Rübenanbaues läßt sich in der Regel nur mit mehrmaligen Herbizidbehandlungen in den frühen Wachstumsstadien der Unkrautkonkurrenz verwirklichen. Da die einzelnen Maßnahmen im empfindlichen Wachstumsstadium der Unkräuter, nämlich jeweils im Keimblattstadium (NA-K) erfolgen, sind deutlich verringerte Aufwandmengen der Herbizide bzw. Herbizidkombinationen einsetzbar. Außer den blattaktiven Rübenherbizidanteilen sind gleichzeitig im Rahmen der abgestimmten Behandlungsfolge gewisse Mengen von lang wirksamen Bodenherbiziden zuzusetzen. Nur so wird eine nachhaltige Unkrautunterdrückung auch gegen mögliche Spätkeimer vom Auflaufen bis zum endgültigen Schließen der Reihen erzielt.

Im Rübenanbau stehen derzeit eine Reihe hochwirksamer Ungras- und Unkrautbekämpfungsmittel zur Verfügung. Aufgrund einschlägiger Erfahrungen sollten sie nachfolgenden Anforderungen weitgehend entsprechen:

– ausreichende Wirkungsbreite und -sicherheit,

– gute Verträglichkeit gegenüber der Kulturpflanze,

– größere Unabhängigkeit von klima- und bodenbedingten Einflüssen.

Eine Übersicht über das Wirkungsspektrum der wichtigsten Herbizide gibt Tabelle 26. In der Tabelle 27 sind Anwendungsbeschränkungen und sonstige Auflagen der Rübenherbizide dargestellt. Danach läßt sich das Herbizidangebot mehr oder weniger eindeutig abgrenzen in Präparate mit einer Wirkung auf Schadgräser und solche, die nur breitblättrige Samenunkräuter erfassen. Die Wirksamkeit der einzelnen Herbizide ist aber auch bei Berücksichtigung der Aufteilung außerordentlich artenspezifisch. So erfassen z. B. die Bodenherbizide Pyramin WG, Terlin WG, Goltix WG und Venzar, unmittelbar nach der Saat ausgebracht, sämtliche Kamillearten ausgesprochen zuverlässig, während Tramat 500, Nortron 500, Cobra, Betanal, Betosip etc. dieses Unkraut über-

Tabelle 26: Wirkung der in Zucker- und Futterrüben einsetzbaren Herbizide gegen die wichtigsten Unkräuter

Mittel	Anwendung¹⁾	Aufwand (kg, l/ha)	Kletten-lab-kraut	Vogel-miere	Ka-mille	Winden-knöter.	Melde	Bingel-kraut	Hohl-zahn	Taub-nessel	Acker-stiefmü.	Nacht-schatten	Disteln
Betanal/Betosip	NA	2–4	+	++	–	+	+	+	+	+	+	+	–
Cobra-Duo Nortron Tandem	NA	2,0 2,0	++	++	–	++	++	++	++	++	++	++	–
Betanal Progress	NA	1,5	++	++	–	++	++	++	++	++	++	++	–
Goltix WG	VS, VA NA	3–5	– +	++ ++	++ ++	+ +	++ ++	– –	++ ++	++ ++	+ ++	++	– –
Pyramin WG Terlin WG	VS, VA NA	2–4	– +	++ ++	++ +	++ ++	+ +	– +	++ ++	++ ++	+ +	++	– –
Betanal Progress + Goltix WG	NA	1,5 2,0	++	++	++	+	++	++	++	++	++	++	–
Betanal Progress + Pyramin WG	NA	1,5 1,0	++	++	++	+	++	++	++	++	++	++	–
Betanal Progress + Goltix WG + Oleo FC	NA	1,5 1,0 0,5–1,0	++	++	++	++	++	++	++	++	++	++	–
Lontrel 100	NA	1,2	–	–	+	–	–	–	–	–	–	–	++
Venzar	VA NA	0,5–1,0 0,3–0,5	– –	++ ++	++ ++	++ ++	++ ++	++ ++	++ ++	++	– –	+	– –
Tramat 500/ Notron 500	VA NA	2–4 0,5–1,0	++ ++	++ ++	– –	– –	++ ++	– +	– –	– –	– –	+	– –

¹⁾ Siehe Tabelle 14, Seite 56.

++ = sehr gut bis gut   + = befriedigend bis ausreichend   – = nicht ausreichend

Tabelle 27: Zusammenstellung der in Zucker- und Futterrüben zugelassenen Wirkstoffe und Handelspräparate zur Ungras- und Unkrautbekämpfung

Wirkstoffe	Handelspräparate		Auflagen[2]		
Phenmedipham	Betanal/Betosip Kontakt FC	–	–	630/631	B4
Phenmedipham + Ethofumesate	Cobra-Duo	–	–	630/631	B4
	Nortron-Tandem	–	–	630/631	B4
Phenmedipham + Desmedipham + Ethofumesate	Betanal-Progress	–	–	630/631	B4
Metamitron	Goltix WG	–	–	630/631	B4
Choridazon	Pyramin WG, Terlin WG	W	–	630/631	B4
Ethofumesate	Tramat 500 Nortron 500, Cobra	–	–	630/631	B4
Lenacil[1]	Venzar	–	–	630/631	B4
Fenoxaprop-Ethyl	Depon Super	–	Xi	630/631	B4
Fluazifopbutyl	Fusilade 2000	(W)	Xi	630/631	B4
Haloxyfop-Ester	Gallant	W	Xi	630/631	B4
Dichlorpicolinsäure	Lontrel 100	W	–	630/631	B4
Triallat	Avadex 480	–	Xn	630/631	B4
Quizalofop-Ester	Targa	–	Xn	630/631	B4
Cycloxydim	Focus Ultra	–	Xn	630/631	B4

[1]: Zulassung abgelaufen, Wiederzulassung wird erwartet
[2]: Siehe Tabelle 14, Seite 56.

haupt nicht oder nur unzureichend bekämpfen.

Ursachen für diese Abweichungen in der Empfindlichkeit der Unkräuter sind in der Aufnahme, Ableitung und artenspezifischen Fähigkeit zur Inaktivierung der herbiziden Wirkstoffe zu suchen.

Die Rübenverträglichkeit der Unkrautbekämpfungsmittel hängt stark vom Witterungsverlauf und der Bodenart ab. Obgleich die meisten Herbizide eine gewisse physiologische Selektivität erkennen lassen, kann es trotzdem bei ungünstigen Witterungsbedingungen, z. B. bei erheblichen Temperaturschwankungen zwischen Tag und Nacht oder bei hohen Temperaturen (über 25 °C) mit starker Sonneneinstrahlung, zu deutlichen Belastungen für die Rübenpflanzen kommen.

Die Wirksamkeit und Kulturverträglichkeit der Rübenherbizide wird auch von den Bodenverhältnissen in starkem Maße bestimmt. Ein Ansteigen des Anteils der organischen Masse im Boden (Humus) über 3 bis 4 % begünstigt die Festlegung der Mittel und ruft einen Wirkungsabfall hervor, während ein Absinken unter 1 % die Gefahr von Herbizidschäden erhöht.

Die Verweildauer der Herbizide im Boden beläuft sich bei den meisten im Rübenanbau verwendeten Präparate auf etwa 3 bis 4 Monate. In der Ackerkrume verbleibende Rückstände, die die Folgekulturen gefährden könnten, sind demzufolge kaum zu befürchten. In trockenen Jahren, wo der Abbau allgemein, insbesondere aber der mikrobielle, wesentlich langsamer verläuft, haben sich die Wirkstoffe Ethofumesat und Lenacil als außerordentlich persistent erwiesen. Eine überhöhte Dosierung und zu späte Ausbringung muß daher vermieden werden. Eine saubere Pflugfurche vor der Bestellung der nachfolgenden Frucht ist zur Vermischung und damit zur Verdünnung der Wirkstoffreste unbedingt erforderlich. Die Durchmischung des Bodens kann durch Einsatz bodenmischender Geräte, wie Kombikrümler oder Kreiselegge, vor der Pflugfurche verbessert werden.

7.1 Bekämpfung von Schadgräsern und Ausfallgetreide

In den letzten Jahren macht sich infolge Vereinfachung der Fruchtfolgen eine zunehmende Vergrasung der Rübenflächen bemerkbar. An mehrjährigen und überwiegend aus der oberen Ackerkrume auflaufenden Gräsern sind anzutreffen: Flughafer, Ackerfuchsschwanz, Windhalm, Hirsearten und vereinzelt auch Rispengräser. Gelegentlich bereitet der Auflauf von Getreide größte Schwierigkeiten. Dazu zählt vorrangig die Wintergerste, aber in zunehmendem Maße auch Winterweizen und Winterroggen. Ein weiteres Problem ist die Verungrasung mit ausdauernden Quecken. Meistens beschränkt sich der Befall auf ein herd- oder nesterweises Auftreten in den Rübenflächen sowie verbreitet auf Randstreifen entlang von Wegrändern, Gräben etc. Einer stärkeren Vergrasung in aufwachsenden Rübenbeständen muß folglich mit gezielten und abgewogenen Maßnahmen begegnet werden.

Die Ausschaltung von Schadgräsern erfolgt heute überwiegend im gezielten Nachauflaufverfahren. Nachfolgende Möglichkeiten stehen augenblicklich zur Verfügung.

7.1.1 Vorsaatanwendung

Der in rauher Pflugfurche liegende Rübenacker wird mit Kombikrümlern, Eggen oder Schleppern so früh wie möglich eingeebnet. Auf dem entsprechend vorbereiteten Rübenacker kann nunmehr das über die Dampfphase wirkende Mittel Avadex 480 zur Anwendung gelangen. Unmittelbar nach der Ausbringung muß zur Verhinderung von Verdampfungsverlusten eine gründliche Einarbeitung erfolgen. Zweckmäßigerweise sollte die Flächenleistung der Spritze mit dem Einarbeitungsgerät abgestimmt sein. Bodenfeuchtigkeit, Humus- oder Tonanteile des Bodens beeinträchtigen den Erfolg der Maßnahme nur unbedeutend.

Demgegenüber sind hohe Lufttemperaturen und eine rege Windtätigkeit meistens um die Mittagszeit nicht gerade vorteilhaft. Es ist aber äußerst wichtig, daß nach der sorgfältigen Durchmischung mit der oberen Ackerkrume, insbesondere auf leichten Sandböden, ein gewisser Bodenschluß gegeben ist. Die Gefahr der zu schnellen Verflüchtigung wird dadurch vermieden. Ein leichtes Anwalzen ist daher zu empfehlen.

Das Vorsaatherbizid erfaßt zuverlässig Ackerfuchsschwanz, Windhalm, Rispengräser und auch den wärmebedürftigen Flughafer.

Andere einkeimblättrige Pflanzen hingegen werden kaum nennenswert im Wuchs beeinträchtigt. Die allgemein mit den Ungräsern vergesellschafteten zweikeimblättrigen Unkräuter werden von Grasbekämpfungsmitteln nur unzureichend niedergehalten, so daß eine Ergänzung mit den Bodenherbiziden Pyramin WG oder Goltix WG erfolgen kann.

Nach den Erfahrungen gerade in den letzten Jahren erweist es sich in den Trockengebieten, aber auch in niederschlagsarmen Frühjahren als vorteilhaft, diese Präparate schon vor der Saat anzuwenden. Die Einarbeitung muß stets so flach wie möglich erfolgen, damit die Verdünnung nicht zu groß wird und Lücken gegenüber verschiedenen Flachkeimern, wie den Kamillearten, entstehen. Da die modernen Bodenbearbeitungsgeräte dies nur in den seltensten Fällen ermöglichen, ist man vielerorts vermehrt zum Splittingverfahren übergegangen. Nach Einsatz der Tankmischung Avadex 480 + Pyramin WG (2,0 kg/ha) wird die restliche Pyramin-Menge als Flächenanwendung oder Bandspritzung nach bzw. bei der Saat ausgebracht.

Die Wirkungsabsicherung durch eine Einarbeitung dieser Präparate hat sich auf allen besseren Rübenstandorten bewährt. Auf leichteren Sandböden ist das Verfahren weniger sinnvoll.

7.1.2 Vorauflaufanwendung

Als einzige Bodenherbizide mit einem gewissen Wirkungsschwerpunkt zur Unterdrückung von Ackerfuchsschwanz, Windhalm, Hirsearten und teilweise auch Flughafer sind die Ethofumesat-haltigen Herbizide, wie z. B. Tramat 500 / Nortron 500 (jeweils 2,5 bis 4,0 l/ha) geeignet. Die Pflanzen nehmen den Wirkstoff beim Durchwachsen der behandelten Bodenschicht unter Vermittlung der wäßrigen Bodenlösung auf und sterben allmählich an den Folgen einer starken Verzögerung der Zellteilung ab. Daraus ergibt sich eine deutliche Abhängigkeit von ausreichender Bodenfeuchtigkeit für die Aufnahme. Bei langanhaltender Trockenheit wird der Bekämpfungserfolg der Mittel, ganz besonders bei schwer bekämpfbarem Flughafer, aber auch bei Ackerfuchsschwanz, unsicher.

In derartigen Anbaulagen hat sich daher die Anwendung im Splittingverfahren bewährt. Zur Absicherung der Wirkung werden 2 l/ha Tramat bzw. Nortron eingearbeitet und die restliche Menge von ebenfalls 2 l/ha nach der Saat, gegebenenfalls in Kombination mit Pyramin oder Goltix, nachgelegt. Aufgrund der verhältnismäßig hohen Haltbarkeit (Persistenz) des Wirkstoffes Ethofumesat sollte nach Möglichkeit die Aufwandmenge nicht mehr als 4 bis 5 l/ha betragen. In Jahren mit geringen Niederschlägen sind anderenfalls Belastungen für die Nachfolgefrucht nicht auszuschließen. Von den gängigen Bodenherbiziden bekämpft lediglich Goltix WG flacher keimenden Ackerfuchsschwanz sowie Windhalm und Rispengräser wirkungsvoll. Die Aufwandmenge sollte dann jedoch mindestens 5 bis 6 kg/ha betragen. Die Wirkung des Bodenherbizids Goltix WG ist in starkem Maße von der Niederschlagsmenge und -verteilung abhängig. Bei fehlender Bodenfeuchtigkeit treten die auf die Bodenoberfläche ausgebrachten Wirkstoffe nicht in ausreichenden Mengen in die Bodenlösung über, so daß eine Aufnahme über die Wurzeln der Schadgräser unterbleibt.

Die vor dem Auflaufen der Konkurrenzgräser einsetzbaren Herbizide sind demzufolge in der Wirkungssicherheit nicht immer überzeugend. Angesichts dieser deutlichen Unzulänglichkeit hat sich in letzter Zeit die Bekämpfung im Nachauflaufverfahren eingeführt und bewährt.

7.1.3 Nachauflaufanwendung

Die wirkungsvolle Beseitigung verschiedener Schadgräser bereitet sofort nach dem Auflaufen und auch in fortgeschrittenem Entwicklungsstadium keine grundsätzlichen Probleme mehr. Die Grasbekämpfung wird folglich heutzutage weitgehend im Nachauflauf vorgenommen. Mittlerweile stehen eine größere Anzahl hochwirksamer Spezialherbizide zur Verfügung. Dazu gehören Fusilade 2000 (1,5 l/ha), Gallant (1,0 bis 1,5 l/ha), Targa (1,5 l/ha), Fervinal Plus (2,5 l/ha), Depon Super (1,5 bis 2,5 l/ha) und Focus Ultra (1,5 bis 2,0 l/ha). Einzelheiten

Tabelle 28: Wirkung der in Zucker- und Futterrüben einsetzbaren, wichtigsten Spezialherbizide zur Bekämpfung von Schadgräsern und Auflaufgetreide

Mittel	Anwendung[1]	Aufwand (kg, l/ha)	Ackerfuchs-schwanz	Wind-halm	Flug-hafer	Hirsen	Rispen-gräser	Quecken	Getreide-auflauf
Fusilade 2000	NA NA	1 – 1,5 2,0	+ +	+ +	+ +	+ +	–	–	+ +
Gallant	NA NA	1 – 1,5 2,0	+ +	+ +	+ +	+ +	+	+ +	+ +
Targa + Öl	NA	1,5 + 1,0	+ +	+ +	+ +	+ +	–	–	+
Fervinal Plus	NA	2,5	+ +	+ +	+ +	+ +	–	–	+
Focus Ultra	NA	1,5 – 2,0	+ +	+ +	+ +	+ +	–	–	+
Depon Super	NA	1,5 – 2,0	+ +	+ +	+ +	+ +	–	–	+ (WG)
Avadex 480	VS-E	2,5 – 3,0	+ +	+ +	+ +	–	+ +	–	–

[1]: Siehe Tabelle 14, Seite 56.   + + = sehr gut bis gut   + = befriedigend bis ausreichend   – = nicht ausreichend

hinsichtlich der Wirkungsschwerpunkte sind der Tabelle 28 zu entnehmen. Die Masse der zu bekämpfenden Schadgräser muß aufgelaufen sein und nach Möglichkeit 2 bis 4 Laubblätter voll ausgebildet haben. Nur dann ist gewährleistet, daß die Herbizide von den Gräsern auch tatsächlich in ausreichenden Mengen aufgenommen werden. Die Wirkung der Mittel ist unabhängig von der Bodenbeschaffenheit und Bodenfeuchte. Lediglich die Aufnahme des Wirkstoffes über das Blatt entscheidet über den Erfolg der Maßnahme. Eine optimale Benetzung der Pflanzen muß somit unbedingt sichergestellt werden. Die Verlagerung der Wirkstoffe in der Pflanze erfolgt sowohl über das Phloem als über das Xylem. Es kommt zu einer Anreicherung im meristematischen Gewebe, wo sie komplexe physiologische Störungen einleiten. Schon wenige Tage nach der Anwendung reagieren die Pflanzen mit einem Wachstumsschock. Sie verfärben sich dunkelgrün, später bräunlich bis violett. In der Absterbephase dann weißlich bis rötlich. Die Bestockungstriebe der Gräser lassen sich im fortgeschrittenen Absterbeprozeß herausziehen. An der Basis sind die Endtriebe schwärzlich verfärbt und eingeschnürt. Dies ist eine einfache Kontrollmöglichkeit, um sich über den Erfolg der Maßnahme zu vergewissern. Wüchsiges und feuchtwarmes Wetter beschleunigen den Absterbeprozeß. Trockene und kühle Wachstumsbedingungen verlangsamen den Wirkungsablauf. Eine ganz entscheidende Einflußgröße scheint aufgrund letztjähriger Erfahrungen die relative Luftfeuchtigkeit und nicht so sehr die Tagestemperatur zu sein.

Sowohl Fusilade 2000, Gallant, Depon S, Fervinal Plus als auch Focus Ultra sind so formuliert, daß ergänzende ölhaltige Netzmittelzusätze (Oleo FC) als wirkungsverstärkende Additive nicht erforderlich sind. Das Herbizid Targa sollte zur Wirkungsabsicherung mit Ölzusätzen eingesetzt werden, insbesondere, wenn im Wachstum fortgeschrittene und somit bestockte Getreideaufwüchse bekämpft werden sollen. Allgemein hat sich herausgestellt, daß die Wintergerste leichter und Winterweizen und Winterroggen schwieriger bekämpfbar sind.

Auch bestockte und sogar fruchtende Gräser werden in der Regel noch wirksam unterdrückt. Die Aufwandmenge der Herbizide muß dann deutlich erhöht werden. Die Pflanzen sterben äußerst schleppend und langsam ab. Meistens vergehen 2 bis 3 Wochen, bis erste Symptome erkennbar werden. In letzter Zeit hat sich daher die frühzeitige Beseitigung der Ungräser im 1- bis 3-Blattstadium verbreitet eingeführt. Die Nachauflaufmittel gelangen dann mit deutlich verringerten Aufwandmengen von 0,3 bis 0,5 l/ha zum Einsatz, aus arbeitswirtschaftlichen Gründen meistens in Tankmischungen mit selektiven Rübenherbiziden. Die aufgelaufenen Gräser werden durchweg ausreichend niedergehalten. Entscheidend für den Bekämpfungserfolg ist jedoch, daß die Masse der Gräser tatsächlich aufgelaufen ist und eine Nachvergrasung nicht zu erwarten ist.

Die richtige Termingestaltung bestimmt somit den Erfolg der Maßnahme. Dies trifft vorrangig auf Standorten mit einem stärkeren Auftreten von Hirsen und auch Flughafer zu. Diese Grasarten sind auffällig wärmeliebend, so daß ein verzettelter Auflauf gegeben ist. Zur nachhaltigen Niederhaltung von Hirsen sind meistens mehrere Behandlungen erforderlich. Sorgfältige Feldkontrollen wiederholt vornehmen!

Die erfolgreiche Niederhaltung von Quecken ist in Futter- und Zuckerrüben mit höheren Aufwandmengen von den Mitteln Fusilade 2000 (2,0 bis 3,0 l/ha) und Gallant (2,0 l/ha) möglich. Die Quecken sollten voll ergrünt sein und 2 bis 3 frisch ausgebildete Laubblätter erkennen lassen. Aufwüchse mit schlechter Entwickung, möglicherweise infolge von Strukturschäden oder Trockenheit, sind kaum wirkungsvoll bekämpfbar. Auch gelegentlich zu beobachtende Aufhellungen und Verfärbungen nach Dünger- oder Herbizidmaßnahmen sind als ungünstig und damit wirkungsmindernd zu bezeichnen. Außerdem muß sichergestellt sein, daß das Wurzelunkraut auch in ausreichendem Maße mit dem Herbizid in Berührung kommt, da die Queckenbekämpfung häufig recht spät erfolgt und die Rüben allmählich die Reihen schließen (Spritzschatten). Daher die Anwendung nicht zu sehr hinausschieben! Eventuell empfiehlt sich aus diesem Grund eine Ausbringung im Splittingverfahren, wobei 1,5 bis 2,0 l/ha der Mittel vorgelegt werden und erforderlichenfalls eine Nachbehandlung mit 0,5 l/ha erfolgt. Eine gleichzeitige Ausbringung mit anderen Rübenherbiziden gegen breitblättrige Unkräuter ist aufgrund langjähriger Erfahrungen bei der gezielten Queckenbekämpfung nicht zu empfehlen.

Die Bekämpfung von ein- und mehrjährigen Ungräsern, einschließlich Auflaufgetreide, ist mit einer größeren Anzahl hochwirksamer Spezialherbizide im Vorsaat- und Nachauflaufverfahren möglich (s. Tab. 28, S. 115). Die Erfahrungen mit den Nachauflaufherbiziden waren in den letzten Jahren durchweg überzeugend. Die größere Wirkungssicherheit und auch Wirkungsbreite auf sämtliche Schadgräser lassen andere Möglichkeiten in den Hintergrund treten.

7.2 Bekämpfung von breitblättrigen Unkräutern

Art und Dichte einer Verunkrautung mit zweikeimblättrigen Unkräutern sind abhängig von Fruchtfolge, Boden, Bearbeitungsmaßnahmen, Klima sowie Keimungsbedingungen. Schon von Rübenfeld zu Rübenfeld, aber besonders zwischen einzelnen Anbaugebieten bestehen demzufolge deutliche Abweichungen in der Artenzusammensetzung der Mischverunkrautungen. Kenntnisse für den zu erwartenden bzw. vorliegenden Unkrautbesatz sind für die richtige Wahl des Herbizids von ausschlaggebender Bedeutung. Wie aus der Tabelle 26 ersichtlich, ergeben sich zwischen den einzelnen Mitteln im Wirkungsspektrum beachtliche Unterschiede. Eine wirkungsvolle und nachhaltige Beseitigung der Konkurrenzpflanzen erfolgt heutzutage vorwiegend mit Hilfe gezielter Behandlungsfolgen mit Herbizidteilmengen.

7.2.1 Vorsaatanwendung

In Trockengebieten oder bei Niederschlagsmangel im Frühjahr kann auf Mineralböden bis zu einem Humusgehalt von 3 % die flache Einarbeitung der Bodenherbizide Pyramin WG (2 bis 3 kg/ha) oder Goltix WG (2 bis 3 kg/ha) vorteilhaft sein. Die Wirkungsabsicherung ergibt sich u. a. dadurch, daß unter den genannten Bedingungen die Unkräuter vorwiegend aus tieferen Bodenbereichen auflaufen und folglich mit den eingearbeiteten Mitteln unmittelbar in Berührung kommen. Fallen unerwartet kurz nach der Einarbeitung der Mittel und der Rübenaussaat hohe Regenmengen, sind jedoch phytotoxische Schäden durch die Herbizide nicht auszuschließen. Außerdem besteht die Gefahr, daß typische Flachkeimer wie Kamillen nicht ausreichend erfaßt werden. Um diese Risiken auszuschalten, findet vermehrt das geteilte Anwendungsverfahren Beachtung, wobei lediglich die halbe Menge eingearbeitet und der restliche Teil im Vorauflauf ausgebracht wird (Splitting-Verfahren). Verschiedentlich findet der Kalkstickstoff zur Düngung und Unkrautbekämpfung Verwendung. Unabhängig von der Aufbereitungsform werden 2 bis 6 dt/ha auf den gepflügten Acker ausgestreut und anschließend leicht eingearbeitet. Innerhalb von 14

Tagen setzt sich der Dünger über die Cyanamidphase um, so daß daran anschließend die Rübenbestellung erfolgen kann. Der Abtötungserfolg auf die keimenden Unkräuter ist dennoch unsicher. In den meisten Fällen muß ergänzend eine Unkrautbekämpfung mit Herbiziden vorgenommen werden.

7.2.2 Vorauflaufanwendung

In früheren Jahren war die Anwendung von Bodenherbiziden unmittelbar nach der Aussaat oder auch bis kurz vor dem Auflaufen der Rüben eine weit verbreitete Verfahrensart. Die Erfahrungen mit dem Nachsaat- oder Vorauflaufeinsatz waren jedoch recht unterschiedlich und vermochten nicht immer zu überzeugen. Die einsetzbaren Bodenherbizide, wie Pyramin WG (2 bis 4 kg/ha), Goltix WG (3 bis 5 kg/ha) und Ethofumesat-haltige Mittel, wie Tramat 500, sowie auf humusreicheren Böden auch Venzar mit 0,75 bis 1 kg/ha, müssen auf feinkrümeligen, gut abgesetzten und möglichst nachhaltig feuchten Boden ausgebracht werden. Eine wiederholte Durchfeuchtung der oberen Ackerkrume entscheidet über den Wirkungserfolg. Einschlägige wissenschaftliche Untersuchungen und Studien belegen, daß mindestens 30 bis 40 mm Regen dafür erforderlich sind. Auf vielen Standorten und in Gebieten mit fehlender Bodenfeuchte im Frühjahr erweist sich das Vorauflaufverfahren folglich als unsicher. Gleichermaßen ist auch der Humusgehalt des Bodens ein begrenzender Faktor. Organische Anteile von über

3 bis 4 % führen in der Regel zur Festlegung des Wirkstoffes und damit zu Wirkungsabfällen. Andererseits können die Wirkstoffe auf leichten Geestböden oder auf schluffreichen Standorten mit geringem Adsorptions- oder Festhaltevermögen nach ergiebigen Niederschlägen in den Wurzelbereich der auflaufenden Rübenpflanzen gelangen und nachhaltige Wuchsbeeinträchtigungen sowie verschiedentlich sogar Ausdünnungen verursachen. Aus diesen Gründen liegt der Schwerpunkt der Unkrautbekämpfung heutzutage nicht mehr im Vorsaat- oder Vorauflaufverfahren, sondern recht eindeutig im gezielten Nachauflaufverfahren. Die mannigfachen Einflußgrößen des gesamten Bodenkomplexes, wie Struktur, Humusgehalt, pH-Wert, Feuchtigkeit, und zwar Dauer und Intensität u. a., verlieren damit in auffälliger Weise an Bedeutung. Schwer kalkulierbare Wirkungsverluste durch die mannigfachen Bodeneinflüsse können somit verringert werden. Die Unkrautbekämpfung in Zuckerrüben muß nicht, wie leider häufig zu beobachten ist, in vorgegebenen Bahnen erfolgen, nämlich vorbeugend und ungezielt, sondern kann flexibel, variantenreicher und situationsbezogener gehandhabt werden. Dies setzt jedoch eine sorgfältige Einschätzung und Beobachtung der tatsächlichen Verunkrautungsgefahr genauso voraus wie detaillierte Kenntnisse im Umgang mit den zur Verfügung stehenden Herbiziden bzw. Herbizidkombinationen.

In gewissen Situationen kann die Anwendung von Bodenherbiziden im Vorauflaufverfahren für den einzelnen Betrieb trotzdem sinnvoll sein. So in Anbaulagen der Mittelgebirge mit höheren Niederschlagsmengen, wo die Befahrbarkeit des Rübenackers und das Auftreten von schwer bekämpfbarer Kamille Probleme bereiten könnten. Aber auch betriebsinterne Gesichtspunkte wie z. B. Arbeitsüberlagerung von Heuernte, Silagebereitung und Rübenpflege sind zu beachten. In solchen Fällen hat sich der Einsatz von verringerten Aufwandmengen der Bodenherbizide Pyramin WG (1,5 bis 2 kg/ha) oder Goltix WG (1,5 bis 2 kg/ha) bewährt. Die Ausbringung kann sofort nach der Ablage des Rübensaatgutes bis kurz vor dem Auflaufen erfolgen. Die Verträglichkeit von Pyramin WG fällt dabei im Vergleich zu Goltix WG leicht ab, je weiter der Termin in die Auflaufphase verlagert wird, während Goltix WG in derart geringen Aufwandmengen ohne Beachtung der Rübenentwicklung ausgebracht werden kann. Auf Standorten mit einer extremen Verunkrautung mit Vogelmiere (anmoorige Böden, Wiesenumbrüche etc.) und Klettenlabkraut empfehlen sich die Tankmischungen Pyramin WG/Goltix WG (1,5 bis 2 kg/ha) + Tramat 500/Nortron 500 (1,0 bis 2,0 l/ha). Die nachhaltig wirksamen Ethofumesat-haltigen Bodenherbizide erfassen diese Problemunkräuter recht zuverlässig. Die Unkräuter laufen zwar teilweise noch auf, zeigen aber infolge Unterbrechung der Zellteilung einen typischen Kümmerwuchs und vertrocknen dann allmählich. Die Anwendung von Rübenherbiziden im Vorauflaufverfahren kann somit auf gewissen Standorten sinnvoll sein. Im Rahmen des gesamten Pflegeverfahrens sollten die Aufwandmengen der Bodenherbizide deutlich verringert werden, um Belastungen der Rübenpflanzen auszuschließen oder in Grenzen zu halten. Die anschließenden Maßnahmen im Nachauflauf können somit in Ruhe abgewartet werden und termingerecht erfolgen. Nach entsprechender Vorlage sollten dann die jungen Rübenpflanzen aus dem Keimblattstadium herausgewachsen sein. Anderenfalls sind durch die Vorlage in ungünstigen Fällen leichte phytotoxische Schäden nicht auszuschließen (Tab. 29).

7.2.3 Nachauflaufanwendung

In den meisten Rübenanbaugebieten erfolgt die Beseitigung von Unkräutern und sonstigen Wachstumskonkurrenten vorwiegend im Nachauflaufverfahren. Die jungen Rübenpflanzen können sich in der empfindlichen Auflauf- und frühen Blattbildungsphase ohne jegliche Herbizidbelastungen frohwüchsig entwickeln. Die vorhandene Verunkrautung wird bei Feldbegehungen exakt erfaßt, die Wahl der Herbizide bzw. Herbizidkombinationen in der optimalen Aufwandmenge flächenbezogen festgelegt. Diese Verfahrensart bietet den Vorteil, daß Problemunkräuter rechtzeitig erkannt und folglich wirkungsvoller niedergehalten werden können. In den meisten Fällen ist dadurch eine deutliche Kostenersparnis bei der Rübenpflege zu erzielen.

Das in den letzten Jahren immer mehr eingeführte Nachauflaufverfahren stellt sich wie folgt dar: Nach den Bestellungsarbeiten werden die Rübenflächen nach ca. 8 bis 12 Tagen einer wiederholten sorgfältigen Kontrolle unterzogen. Sofern der erste Unkrautbesatz im Keimblattstadium erkennbar wird, ist eine gezielte Behand-

Tabelle 29:
Der verminderte Vorauflauf mit gezielter Folgespritzung im Nachauflauf

Unkräuter	Aufwand (l, kg/ha)			
	Vorauflauf	NA-K$_1$	NA-K$_2$	NA-K$_L$
Kamille Vogelmiere Taubnessel	Goltix WG 2,0 Pyramin WG 1,5–2,0 (Teilmenge)		Betanal Progress 1,5 + Goltix WG 1,0	Betanal Progress 1,5 + Goltix WG 2,0
Hellerkraut Knöterich		Betanal Progress 0,75 0,75	Betanal Progress 0,75–1,5 0,75 – 1,5	Goltix WG 1,0–2,0
Stiefmütterchen Ehrenpreis		+ Goltix WG 1,0	+ Goltix WG0,5–1,0 + Oleo Öl 1,0	+ Oleo Öl 2,0

lung (NA-K$_1$) mit Betanal Tandem/Nortron Tandem (1,5 bis 2 l/ha) oder Betanal Progress (1,0 bis 1,5 l/ha) allein oder in Mischung mit Goltix WG (0,5 bis 1 kg/ha) bzw. Pyramin WG (0,5 bis 1,0 kg/ha) zu veranlassen. Dies ist die bekannte sogenannte »Stop-Spritzung«. Der Erfolg wird nach etwa 10 bis 12 Tagen sorgfältig überwacht. Stellt sich ein erneuter Unkrautauflauf ein und sind die nicht völlig erfaßten Altunkräuter leicht ergrünt, ist eine Zweitbehandlung (NA-K$_2$) mit Betanal Progress (1,5 bis 2,0 l/ha) oder Betanal Tandem (2,0 bis 3,0 l/ha) + Goltix WG (1 kg/ha) bzw. Pyramin WG (0,5 bis 1 kg/ha) vorzusehen. Die Aufwandmenge dieser Folgebehandlung muß sorgfältig abgestimmt werden, damit gewährleistet ist, daß der vorhandene Unkrautauflauf umfassend beseitigt wird. Die Rübenpflanzen haben bei der Folgebehandlung etwa das erste echte Laubblattpaar ausgebildet.

Als eventuell weitere Maßnahme im Rahmen des Pflegesystems ist der Bodenherbizidanteil von Goltix WG auf etwa 3 bis 4 kg/ha zu ergänzen, um eine gewisse Dauerwirkung gegen Spätkeimer wie Melde, Nachtschatten, Franzosenkraut zu erreichen. Eigene langjährige Erfahrungen sind dabei zu beachten. Auf Standorten mit geringerer Gefahr einer Spätverunkrautung kann möglicherweise auf diese Vorsorge verzichtet werden.

Diese Abschlußspritzung sollte spätestens im 4- bis 6-Blattstadium der Rübenpflanzen erfolgen. Vielfach ist der Lichteinfluß in den Beständen zu diesem Zeitpunkt noch so intensiv, daß Unkräuter wiederholt in Keimstimmung gelangen können. Als bewährte Abschlußbehandlung hat sich regional auf gleichmäßig sauberen Beständen der Einsatz von Goltix WG (2 kg/ha) + Oleo Öl (2 l/ha) bewährt. Falls eine gewisse Restverunkrautung besteht, kann Betanal Progress (1,0 bis 1,5 l/ha) + Goltix WG (2 kg/ha) + Oleo Öl (1,5 bis 2,0 l/ha) zum Einsatz gelangen (NA-K$_3$), (Tab. 30).

Diese Verfahrensart mit dreimaliger Teilmengenbehandlung kann als sogenanntes Standard-Verfahren bezeichnet werden. Zweifelsfrei gibt es heute sehr viele Kombinationsmöglichkeiten. Anregungen sind den Darstellungen zu entnehmen.

Die einzelnen Maßnahmen (NA-K$_1$) bis NA-K$_3$) sind grundsätzlich im Keimblattstadium der Unkräuter vorzunehmen. Die Wahl der Herbizide sowie insbesondere auch die Festlegung der Aufwandmenge setzt viel Erfahrung sowie Beurteilungsvermögen voraus. Dies ist gerade bei einem massenhaften Besatz von Problemunkräutern wie Klettenlabkraut, Knötericharten, Bingelkraut, Hundspetersilie, Dreiteiliger Zweizahn u. a. wirkungsentscheidend. Als mögliche Einflußgrößen für eine sachgerechte Aufwandmenge sind u. a. anzuführen:

– Entwicklungsstadium der Unkräuter,
– Art und Zusammensetzung der Mischverunkrautung,
– Stärke der Wachsschicht auf den Blättern,
– Witterung zum Zeitpunkt der Behandlung,
– Mischungspartner.

Speziell für das Nachauflaufherbizid Betanal Progress ist von der Herstellerfirma ein sogenanntes »Magisches Dreieck« zur Ermittlung der problemorientierten Aufwandmenge für den jeweiligen Rübenschlag erarbeitet worden. Nachfolgend ist das Prinzip dieser Entscheidungsfindung dargestellt.

In den Bördegebieten mit typischen Schwarzerden ist verbreitet ein vermehrtes Auftreten von Klettenlabkraut, Bingelkraut und Knötericharten gegeben. Bei dieser Verunkrautungssituation empfiehlt es sich, die Aufwandmenge der blattaktiven Rübenherbizide Betanal Progress auf 2 bis 2,5 l/ha oder Betanal Tandem/Nortron Tandem auf 2,5 bis 3 l/ha zu erhöhen.

Die Klettenlabkrautpflanzen können sowohl im Keimblattstadium als auch im ersten Quirl zuverlässig beseitigt werden. Entscheidend ist eine optimale Benetzung der Pflanzen. Noch nicht gänzlich abgestorbene Unkräuter sollten wieder Wachstum erkennen lassen. Anders ist jedoch das massenwüchsige Bingelkraut einzuschätzen. Das Unkraut läßt sich praktisch nur im Keimblatt- sowie ersten Laubblattstadium zuverlässig niederhalten. Da es im Laufe des Jahres in mehreren Wellen aufläuft, sind wiederholte Maßnahmen erforderlich, um hier einen über-

Tabelle 30: Gezielte Herbizid-Anwendung in Zuckerrüben (NA)

Unkräuter	Aufwand (in l, kg/ha)		
	NA-K_1	NA-K_2	NA-K_3-L
Vogelmiere Kamille Taubnessel Ehrenpreis	Betanal Progress 1,0 + Goltix WG 1,0 bzw. Pyramin WG 0,5 – 1,0	Betanal Progress 1,5 + Goltix WG 0,5 – 1,0 bzw. Pyramin WG 0,5 – 1,0	Betanal Progress 1,0 + Goltix WG 1,0 bzw. Pyramin WG 0,5 – 1,0
Gänsefuß Stiefmütterchen u. a.	Betanal Progress 1,5 + Goltix WG 0,5 bzw. Pyramin WG 0,5 – 1,0	Betanal Progress 1,0 + Goltix WG 0,5 + Pyramin WG 0,5 (Oleo Öl)	Betanal Progress 1,0 + Goltix WG 1,0 (2,0) + Pyramin WG 0,5 (Oleo Öl)
	Betanal Progress 0,75 + Goltix WG 0,5 + Oleo Öl 0,5	Betanal Progress 1,0 + Goltix WG 0,5 bzw. Pyramin WG 0,5 + Oleo Öl 0,5	Betanal Progress 0,75 + Goltix WG 1,0 (2,0) bzw. Pyramin WG 0,5 – 1,0 + Oleo Öl 1,0 – 2,0

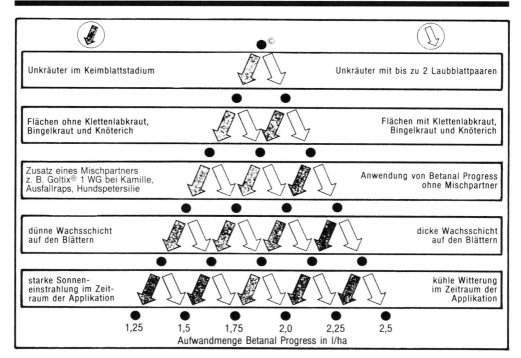

Abbildung 11: »Magisches Dreieck« zur Ermittlung der problemorientierten Aufwandmenge für den jeweiligen Rübenschlag. (© Schering Aktiengesellschaft Pflanzenschutz.)

zeugenden Bekämpfungserfolg zu erreichen (Tab. 31). Die Bodenherbizide Goltix WG und Pyramin WG zeigen hier keine ausreichende Wirkungssicherheit. In gewissem Umfang können sie lediglich die Wirkung der blattaktiven Rübenherbizide verstärken.

Auf Flächen mit erheblichem Auftreten von Flohknöterich, Vogelknöterich und Windenknöterich ergeben sich vergleichbare Probleme. Eine Behandlung mit Betanal Progress bzw. Betanal Tandem/Nortron Tandem + Goltix WG ergibt keinen überzeugenden Abtötungserfolg, da Goltix WG gegen diese Knötericharten in der Wirkung deutlich abfällt. Zur Absicherung der Wirkung sollte demzufolge die Aufwandmenge des Mischungspartners Betanal Progress bzw. Betanal Tandem/Nortron Tandem um 0,5 bis 1,0 l/ha erhöht werden oder Goltix WG durch Pyramin WG völlig oder wenigstens teilweise ersetzt werden. Eine bewährte Kombination wäre somit Betanal Progress (2,0 l/ha) + Goltix WG (0,5 kg/ha) + Pyramin WG (0,5 kg/ha) (s. Tab. 31).

Als weitere Unkräuter sind mit deutlich zunehmender Stetigkeit die Hundspetersilie und auch der Gefleckte Schierling anzutreffen. Die Pflanzen sind un-

Tabelle 31: Problemunkräuter in Zuckerrüben (NA)

Problemunkräuter	Aufwand (l, kg/ha)		
	NA-K_1	NA-K_2	NA-K_3-L
Klettenlabkraut	Betanal Progress 1,5 + Goltix WG 1,0	Betanal Progress 2,0 + Goltix WG 1,0 + Tramat 500 0,3	Betanal Progress 1,5 + Goltix WG 1,0 + Oleo Öl 1,0 – 2,0
	Betanal Progress 1,5 + Goltix WG 1,0	Betanal Progress 2,0 + Goltix WG 1,0 + Oleo Öl 1,0	Betanal Progress 1,5 + Goltix WG 1,0 + Oleo Öl 2,0
Bingelkraut	Betanal Progress 2,0 + Goltix WG 0,5	Betanal Progress 1,5 + Goltix WG 1,0 + Oleo Öl 1,0	Betanal Progress 1,5 + Goltix WG 1,0 – 2,0 + Oleo Öl 2,0
Knötericharten		Betanal Progress 1,0 + Goltix WG 0,5 + Pyramin WG 0,5 + Oleo Öl 1,0	

gemein massenwüchsig und auch Besätze von 400 bis 500 Pflanzen sind keine Seltenheit. Eine erfolgreiche Niederhaltung der Unkräuter ist mit den diskutierten Teil- oder Minimengen abzulehnen und wenig erfolgversprechend. In den letzten Jahren hat sich in vergleichenden Versuchen und Praxiseinsätzen nachfolgende Behandlungsfolge bewährt:

NA-K_1 (Keimblattstadium bis Bildung des ersten Fiederblattes):
Betanal Tandem/Betanal Progress (2,0 l/ha) + Goltix WG (2,0 kg/ha) + Oleo Öl (0,5 l/ha).

NA-K_2 (etwa 10 bis 12 Tage später):
Betanal Tandem/Betanal Progress (2,0 l/ha) + Goltix WG (2,0 kg/ha) + Oleo Öl (1,0 l/ha).

NA-K_3 (14 Tage später):
Betanal Tandem/Betanal Progress (2,0 l/ha) + Goltix WG (2,0 kg/ha) + Oleo Öl (2,0 l/ha).

In den meisten Fällen ist eine weitere Behandlung nicht erforderlich, da die Rüben dann mittlerweile den Bestand schließen. Die Aufwendungen sind aber beachtlich und lassen erkennen, daß Hundspetersilie und Schierling augenblicklich echte Problemunkräuter darstellen.

Auf verhältnismäßig fruchtbaren lockeren Lehm- und Sandböden mit einer gewissen Neigung zur Vernässung ist in letzter Zeit wiederholt Dreiteiliger Zweizahn *(Bidens tripartita)* beobachtet worden. Das Unkraut ist außerordentlich massenwüchsig und überlagert recht schnell den gesamten Rübenbestand. Eine wirkungsvolle Bekämpfung ist ebenfalls nur im Keimblattstadium mit Betanal Tandem/Betanal Progress + Goltix WG möglich. Die Aufwandmenge der selektiven Rübenherbizide ist ebenfalls zu erhöhen. Im Wachstum fortgeschrittene Exemplare dieses Unkrautes sind mit den derzeit zugelassenen Rübenherbiziden nicht bekämpfbar.

Eine nachhaltige Niederhaltung von Ackerkratzdisteln ist ab einer Wuchshöhe von 15 bis 20 cm mit dem Spezialherbizid Lontrel (1,0 bis 1,2 l/ha) möglich. Die Ausbringung darf nur herd- oder nesterweise erfolgen. In Wasserschutzgebieten ist das Herbizid derzeit nicht verwendbar.

Die nachhaltige Ausschaltung von vielerorts völlig neuartigen Unkräutern in Rüben bereitet oft erhebliche Schwierigkeiten. Die Unkrautbekämpfung muß überlegt auf die jeweiligen Besonderheiten abgestimmt werden. Anderenfalls sind Mißerfolge nicht auszuschließen. Die Problemverunkrautung wird durch die Maßnahme anfänglich zwar belastet und zeigt Wachstumshemmungen mit ersten Blattabsterbeerscheinungen, erholt sich dann jedoch meistens recht schnell wieder. In solchen Fällen sind mechanische oder manuelle Maßnahmen der einzige Ausweg.

7.3 Zusatzstoffe

In letzter Zeit hat sich regional die Anwendung von wirkungsverstärkenden Zusätzen, wie den Paraffinölen

Oleo FC und vergleichbaren Mitteln, eingeführt. Die Wirkungsweise der Zusatzstoffe läßt sich wie folgt erklären:
- Verringerung der Oberflächenspannung des Spritztropfens,
- deutlich bessere Benetzung der Blattoberfläche,
- Minderung der Verdunstung und Verflüchtigung der Mittel,
- erhöhte und gesteigerte Aufnahme und Eindringungsgeschwindigkeit in die Pflanze (Penetration).

Inwieweit ein derartiger Zusatz von Additiven eine kostengünstige Absicherung von Herbizidteilmengen im Rübenanbau gewährt, ist äußerst differenziert zu sehen. Zweifellos weisen in Jahren mit großer Frühjahrstrockenheit, wo auf den Pflanzen eine ungewöhnlich dicke Wachsschicht (Kutikula) ausgebildet worden ist, Einsätze mit Paraffinölen Wirkungsvorteile auf. Einschlägige Erfahrungen liegen aus Südeuropa und anderen kontinentalen Rübenanbaugebieten vor. Die Verträglichkeit der Rübenherbizide ist stets relativ zu den Umweltverhältnissen zu sehen. Extreme Schwankungen im Bereich Tages- und Nachttemperatur, Luftfeuchtigkeit und Niederschläge können die Selektivität der Rübenherbizide merklich beeinflussen.

Die auf dem Markt befindlichen Rübenherbizide werden seitens der Industrie so formuliert, aufbereitet und eingestellt, daß die Mittel sowohl in der Unkrautwirkung als auch in der Verträglichkeit ein Optimum erreichen. Das ausgewogene Verhältnis von Wirkstoffmenge und Beistoffen sowie Stabilisatoren (Wirkungsverstärker) etc. der

Kontaktherbizide, wie z. B. Betanal Progress, kann durch eigenmächtiges Zumischen von Stoffen eine Veränderung erfahren. Die Hersteller der blattaktiven Nachauflaufherbizide, wie Betanal Progress, Betanal Tandem/Nortron Tandem, Betanal u. a., lehnen folglich die gleichzeitige Ausbringung mit Paraffinölen grundsätzlich ab. Obgleich der Einsatz zur Verringerung der Kosten für die Rübenpflege seitens des Anwenders äußerst interessant erscheint, müssen die Risiken und Gefahren gesehen werden. Für jegliche Einsätze mit den aufgeführten Kontaktmitteln übernimmt folglich immer der Anwender das Risiko. Lediglich Goltix WG kann zur Verbesserung der Blattaktivität mit Paraffinölen gefahrlos ausgebracht werden. Auch Behandlungen im empfindlichen Keimblattstadium der gerade aufgelaufenen Rüben sind damit vertretbar. Die Ausbringung von Goltix WG (2,0 kg/ha) + Oleo FC (2,0 l/ha) in den Rübenauflauf hat sich in Gebieten bewährt, wo Kamille und Rapsaufwuchs Schwierigkeiten bereiten. Die Maßnahme muß äußerst termingerecht erfolgen. In fortgeschrittenem Wachstumsstadium (Laubblatt) erweist sich der Raps als kaum noch ökonomisch bekämpfbar.

Andere Zusatzstoffe wie Siapton oder das Rapsöl Telmion sind ebenfalls verwendbar. Die Erfahrungen mit den Produkten waren jedoch nicht immer überzeugend.

Die nachhaltige Unkrautbeseitigung in Zuckerrüben mit flexiblen Herbizidteilmengen im gezielten Nachauflaufverfahren hat sich verbreitet eingeführt.

Es steht dabei außer Zweifel, daß diese Behandlungsart erhebliche Ansprüche an das Können und Wissen des Landwirts stellt. Dennoch trägt sie entscheidend dazu bei, schwierige Unkrautfragen zu lösen und die Rübenpflege kostengünstiger zu gestalten.

7.4 Unkrautbekämpfung in Mulchsaaten

In einigen Rübenanbaugebieten mit schluffreichen Böden in Hanglagen sowie auf leichteren Geestböden hat das Mulch- oder Direktsaat-Verfahren Eingang gefunden. Eine derartige Bestelltechnik verlangt ein völliges Umdenken, da die Aussaat des Rübensaatgutes nicht in ein sauber gepflügtes und optimal vorbereitetes Saatbeet, sondern in eine abgestorbene und allmählich sich zersetzende Zwischenfrucht erfolgt. Als nicht winterharte Zwischenfrüchte finden Phacelia sowie Ölrettich und Gelbsenf Verwendung. Die Aussaat erfolgt nach einer möglichst trockenen Pflugfurche etwa Mitte bis Ende August. Die Zwischenfrüchte sollen die Ackerfläche schnell begrünen und beschatten, so daß gleichzeitig auflaufende Unkräuter und eventuell sogar Schadgräser unterdrückt werden. Dies gelingt jedoch leider nicht immer überzeugend. Meistens entwickelt sich eine unterschiedlich starke Verunkrautung im Laufe des Herbstes, die den Winter überdauert und im Frühjahr Probleme bereitet. An typischen winterharten Unkräutern sind Vogelmiere, Klettenlabkraut, Ackerstiefmütterchen, Ackervergißmeinnicht und Getreideauflauf häufig gegeben. Die Pflanzen sind gerade nach milden Wintern im Wachstum weit fortgeschritten. Vielfach sind es kräftige Einzelpflanzen. Eine Altverunkrautung, die mit den gängigen selektiven Rübenherbiziden kaum niedergehalten werden kann. Da wegen des Erosionsschutzes auf jegliche Bodenbearbeitung verzichtet wird, muß eine Bereinigung mit einem nicht selektiven Mittel vorgesehen werden. An geeigneten Herbiziden stehen Round-up oder Durano (3,0 bis 4,0 l/ha) + schwefelsaures Ammoniak (10 kg/ha) und neuerdings auch Swing mit 4,0 bis 5,0 l/ha zur Verfügung. Andere Präparate, wie Basta (5,0 l/ha), haben sich für diesen frühen Einsatz bei noch verhältnismäßig kühlen Bedingungen als nicht vorteilhaft erwiesen. Mischungen mit Flüssigdüngern, wie z. B. AHL, führen zu keiner Wirkungsverbesserung. In langjährigen Untersuchungen ergab sich das Gegenteil, die Unkrautwirkung fiel sogar um 20 bis 30 % ab. Möglicherweise ist die Blattaktivität entsprechender Kombinationen, wie Swing (4,0 l/ha) + AHL (200 l/ha) derart hoch, daß eine Verlagerung des Wirkstoffes in die Pflanze erschwert wird und somit nur Teilwirkungen eintreten. Die Glyphosate-haltigen Mittel dürfen in der Aufwandmenge nicht wesentlich vermindert werden, anderenfalls fällt die Wirkung gegen schwer bekämpfbare Unkräuter, wie Ackerstiefmütterchen und Ackervergißmeinnicht, deutlich ab. Die Herbizide sind 6 bis 8 Tage vor der Rübenbestellung bis kurz vor dem Auflaufen der Rüben verwendbar. Es muß in jedem Fall sichergestellt sein, daß die Unkräuter optimal benetzt werden. Dies ist vor allem bei Nachsaat-Einsätzen sorgfältig zu beachten, da bei der Bestellung eine Bedeckung der Unkräuter mit Erdboden nicht auszuschließen ist.

Gleichzeitig mit den Totalherbiziden sind die Bodenherbizide, wie Goltix WG, Pyramin WG und Tramat 500 anwendbar. Nur in seltenen Fällen erwiesen sich entsprechende Zusätze jedoch als vorteilhaft. Vielfach konnten sogar leichte Wirkungsminderungen beobachtet werden. Auf Mulchsaatflächen laufen die Frühjahrskeimer meistens etwas früher auf, jedoch in geringerer Zahl als im konventionellen Rübenanbau. Die anschließende Unkrautbekämpfung (NA-K$_1$) sollte daher unbedingt termingerecht vorgesehen werden.

Aufgrund der erforderlichen Totalbereinigung liegen die Aufwendungen für die Rübenpflege häufig um 80 bis 120 DM/ha über denen der traditionellen Bestelltechniken.

Die Unkrautbekämpfung in Zuckerrüben erfährt augenblicklich einen Wandel. Das Ziel der anstehenden Maßnahmen muß es sein, die Kosten für die Rübenpflege in Grenzen zu halten. Dabei muß sorgfältig abgewogen werden, ob die Unkrautbekämpfung allein mit selektiven Rübenherbiziden oder Bandbehandlungen mit Einsatz von Hackmaßnahmen vorteilhafter sind. Betriebsinterne und standortbezogene Gegebenheiten sind jeweils sorgfältig zu beachten.

8 Unkrautbekämpfung in Kartoffeln

Die Kartoffel besitzt während der Jugendentwicklung eine nur geringe Konkurrenzkraft gegenüber Unkräutern und kann daher leicht unterdrückt werden. Bereits bei 5 Unkrautpflanzen/m² oder 1 % Unkrautdeckungsgrad, zum Zeitpunkt des Auflaufens der Kartoffeln ermittelt, sind Mindererträge möglich, die eine Bekämpfung rechtfertigen.

Vor allem konkurrenzstarke Unkräuter, wie z. B. Weißer Gänsefuß, Knöterich-arten, aber auch Klettenlabkraut können nicht nur den Ertrag, sondern durch eine geringere Knollengröße auch die Qualität negativ beeinflussen und zu Ernteerschwernissen führen.

Ein nicht zu vernachlässigender Faktor, der eine sorgfältige Bekämpfung von Unkräutern erforderlich macht, ist jedoch auch die Eigenschaft von einzelnen Unkräutern als Zwischenwirt für kartoffelspezifische Schaderreger zu dienen, wie z. B. Hirtentäschelkraut und Ackerstiefmütterchen als Überträger des Rattle-Virus.

Der vergleichsweise geringen Konkurrenzkraft der Kartoffel im Jugendstadium steht eine sehr gute Konkurrenzkraft nach dem Schließen der Reihen gegenüber. Es stellt sich deshalb die Frage, auf welche Art und Weise ein bekämpfungswürdiger Unkrautaufwuchs kontrolliert werden muß.

8.1 Mechanische Unkrautbekämpfung

Auf Sand-, Schotter- und milden Lehmböden sind mit der mechanischen Unkrautbekämpfung gute Erfolge zu erzielen, wenngleich die Witterung die Ergebnisse in entscheidendem Maße beeinflussen kann. Auf schweren Böden ist aber ein zusätzlicher Herbizideinsatz in verringerter Dosis vielfach unverzichtbar.

Bei Durchführung mechanischer Maßnahmen müssen geeignete Witterungs- und Bodenverhältnisse beachtet werden. Dieses sind wichtige Voraussetzungen für eine erfolgreiche mechanische Unkrautbekämpfung. Im Regelfall sind mehrere Arbeitsgänge bis in den Nachauflauf der Kartoffel erforderlich, um eine spätere Verunkrautung zu verhindern.

An Werkzeugen kommen Flach-, Steil- und Scheibenhäufler, Reihenfräsen, Häufler- und Reihenstriegel, Netzeggen und – wenn Wurzelunkräuter vorhanden sind – auch Hackschare allein oder in Kombination mit Striegel oder Netzegge zum Einsatz. Eine sorgfältige, genügend tiefe Pflanzung mit entsprechend guter Dammausbildung wird vorausgesetzt, um Beschädigungen an Wurzeln und Stolonen der Kartoffeln weitgehend zu vermeiden. Andernfalls sind negative Auswirkungen auf die Entwicklung der Kartoffeln nicht auszuschließen.

Im Pflanzkartoffelanbau kann die Verschleppung der mit den Geräten zur mechanischen Unkrautbekämpfung übertragbaren X-, A- und Y-Viren von Bedeutung sein. Bei leichten Verletzungen im Blattbereich können diese Viren durch Berührung über den Pflanzensaft von Pflanze zu Pflanze weitergetragen werden. Verletzungen durch Hackarbeit können auch verstärkten Befall von Rhizoctonia zur Folge haben.

8.2 Chemische Unkrautbekämpfung

Ob mechanischen oder chemischen Bekämpfungsverfahren der Vorzug zu geben ist, hängt neben der Bodenart und dem Produktionsverfahren auch von der maschinellen Ausstattung des Betriebes ab. Mittlerweile spielt in hohem Maße das Vorhandensein geeigneter und zugelassener Herbizide eine wichtige Rolle. Hier sind die Anwendungsverbote für Wasser- und Heilquellenschutzgebiete häufig ein begrenzender Faktor, wie z. B. bei Sencor WG, Basagran und Aresin.

Die Unkrautbekämpfung mit Herbiziden kann, ähnlich wie mechanische Verfahren, bei falscher Handhabung Schäden hervorrufen, entweder durch Einwaschung in den Wurzelbereich oder durch Schädigung der Blätter.

Aufgrund des empfindlichen Blattapparates muß die Mehrzahl der Herbizide zur Vermeidung von Schäden im Vorauflaufverfahren eingesetzt werden. Lediglich Sencor WG, Basagran und die Ungrasherbizide sind nach dem Auflaufen anwendbar.

Beim Einsatz der über den Boden wirksamen Präparate sind verschiedene Dinge zu beachten, um eine gute Wirkung zu erreichen. So ist zunächst wichtig, daß die Dämme zum Anwendungstermin genügend abgesetzt sind. Jede Bodenbewegung nach der Behandlung zerstört den Herbizidfilm auf der Bodenoberfläche und führt zur Wirkungsminderung. Feuchte Bodenverhältnisse sowie Feinkrümeligkeit gehören ebenso zu den Voraussetzungen wie der richtige Anwendungstermin. Soweit die Verträglichkeit der Herbizide es erlaubt, sollte die Applikation möglichst nahe an den Auflauf der Unkräuter verlegt werden, um die Wirkung zu verbessern. Die mögliche Schädigung dann bereits vereinzelt aufgelaufener Kartoffeln macht sich im Regelfall ertraglich nicht bemerkbar. Hiervon ausgenommen ist jedoch das Produkt Racer. Es muß im Zeitraum von ca. 10 Tagen nach der Pflanzung bis spätestens 14 Tage vor dem Durchstoßen der Kultur eingesetzt werden, andernfalls muß mit deutlichen Schädigungen an den Kartoffeln gerechnet werden.

Auf humusarmen Sandböden (<1 % Humus) sind Vorauflaufbehandlungen zu vermeiden, da infolge des geringen Adsorptionsvermögens des Bodens Schäden an den Kartoffeln zu erwarten sind. Auf leichten Sandböden, die durch Winderosion gefährdet sind, kann es zu Über- (Schädigung möglich) und Unterkonzentration (mangelnde Wirkung) der Wirkstoffe kommen. Bei Humusgehalten von über 6 % können dagegen die Wirkstoffe festgelegt und somit unwirksam werden. In diesen Fällen empfiehlt sich die Anwendung überwiegend über das Blatt wirksamer Mittel.

Innerhalb von Wasserschutzgebieten verbleiben nicht mehr viele Einsatzmöglichkeiten. Die Tankmischung aus Basta und Boxer (2 bis 3 l/ha + 3 bis 4 l/ha), kurz vor dem Durchstoßen der Kultur ausgebracht, bietet aufgrund der breiten Wirkung gegen Unkräuter und Ungräser eine Problemlösung. Eine wichtige Voraussetzung dafür ist ein zeitiges Anhäufeln, damit die Unkräuter rechtzeitig zur Keimung gelangen.

Außerhalb dieser Schutzgebiete sind je nach Art der Verunkrautung neben den zuvor genannten Herbiziden auch Basagran oder Sencor WG einsetzbar. Regional mit gutem Erfolg wird die Splitting-Anwendung von Sencor WG beim Auflaufen und nachfolgend bei ca. 10 cm hohen Kartoffeln durchgeführt. Sencor WG und Basagran können jedoch bei ungünstiger Witterung Blattschäden verursachen und sollten daher zur Vermeidung von Anerkennungsproblemen nicht in der Pflanzkartoffelproduktion eingesetzt werden. Bei Sencor WG sind

auch Sorteneinschränkungen zu beachten.

Bei mittleren Humusgehalten (2 bis 5 %) bieten sich Racer, Aresin, Boxer, Sencor WG, Patoran u. a. als geeignete Mittel an. Da die einzelnen Präparate mehr oder weniger große Wirkungslücken haben (Tab. 32), gelangen vermehrt standortspezifische Tankmischungen oder Spritzfolgen zum Einsatz.

Sowohl innerhalb als auch außerhalb von Wasserschutzgebieten bieten sich Kombinationen aus Racer oder Boxer mit W-Auflage-freien Partnern an. Außerhalb dieser Bereiche ist weiterhin noch eine Vielzahl von Variationen möglich, die dann zusätzlich auch die Herbizide Aresin, Sencor WG und Basagran enthalten dürfen. Welche Präparate im einzelnen zur Verfügung stehen und welche Kombinationen möglich sind, kann der Tabelle 33 entnommen werden. Beispielhaft genannt werden sollen:

Boxer + Patoran (4 l/ha + 1,5 kg/ha) als Tankmischung im VA oder Boxer + Sencor WG (4 l/ha + 0,3 kg/ha) als Tankmischung im VA bzw. als Spritzfolge, wobei Sencor WG im frühen NA eingesetzt wird. Der Mischpartner für Boxer ist insbesondere zum Ausgleich der Wirkungsschwäche gegen Kamille- und Knötericharten sowie Ackerstiefmütterchen erforderlich.

Beim Kartoffelanbau unter Folie sind mit Ausnahme von Racer alle zuvor genannten Herbizide in verringerter Aufwandmenge einsetzbar. Die regionalen Empfehlungen sind zu beachten.

Tabelle 32: Wirkung der in Kartoffeln einsetzbaren Herbizide gegen wichtige Unkräuter

Mittel	Aufwand (l, kg/ha)	Kletten-labkraut	Kamille	Vogel-miere	Nacht-schatten	Acker-hohlzahn	Knöte-rich	Weißer Gänsefuß	Hühner-hirse	Flug-hafer
Aresin	1,5 – 4	–	++	++	+	++	++	++	–	–
Basta	3	++	++	++	++	++	++	++	++	++
Basagran	1,5 – 2	++	++	+	+	–	+	–	–	–
Boxer	4 – 5	++	+	++	+	+	+	++	–	–
Patoran	2 – 4	–	++	++	–	+	+	++	–	–
Racer	2 – 3	++	+	++	+	–	+	++	–	–
Sencor WG	0,5 – 1	–	++	++	+	+	+	++	+	+

++ = sehr gut bis gut + = befriedigend bis ausreichend – = nicht ausreichend

Tabelle 33: Unkraut- und Ungrasbekämpfung im Kartoffelbau

I. Unkrautbekämpfung (Ackerfuchsschwanz und Einjährige Rispe werden z. T. mit erfaßt)

Mittel (Wirkstoffe)	Anwendung[2]	Aufwand (l, kg/ha)	Auflagen[3]	Bemerkungen
Aresin[1] (Monolinuron)	VA bis k. v. D.	1,5 – 4	W, B4, 630, Xn	Aufwandmenge an die Bodenart anpassen. Wirkungsschwächen gegen Klettenlabkraut, Kornblume, Erdrauch und Windenknöterich. Als Mischpartner oder in Spritzfolge für Boxer oder Racer geeignet.
Basta (Glufosinat)	k. v. D.	3	B4, Xn	Kontaktherbizid, durchgestoßene Triebe sterben ab, treiben aber wieder durch. Mischpartner für Bodenherbizid, z. B. Boxer.
Basagran (Bentazon)	NA	1,5 – 2	W, B4, 630, Xi	Einsatz häufig in Ergänzung zu einem Bodenherbizid, vorrangig gegen Klettenlabkraut und Kamille. Bei hohen Temperaturen Blattschäden möglich, nicht in Pflanzkartoffeln. Splitting-Einsatz von 2 x 1,0 l/ha empfehlenswert; 1. Behandlung im Keimblattstadium des Klettenlabkrautes, Folgemaßnahmen bei Neuauflauf.
Boxer (Prosulfocarb)	VA bis k. v. D.	4 – 5	B3, 630, Xi	Wirkungsschwächen gegen Kamille, Ackerstiefmütterchen und Knöterich, deshalb geeignete Mischpartner wählen, wie z. B. Basta, Patoran, Sencor WG oder Aresin in reduzierter Dosis.
Patoran (Metobromuron)	VA bis k. v. D.	2 – 4	B4, 630, Xi	Aufwandmengen an Bodenart anpassen. Wirkungsschwächen gegen Klettenlabkraut, Vogelknöterich und Kornblume. Mischpartner für z. B. Boxer und Racer.
Racer (Flurochloridon)	VA	2 – 3	B3, 630, Xn	Anwendungstermin unbedingt beachten, da sonst Kulturschäden auftreten. Wegen Schadgefahr für andere Kulturen unbedingt Abtrift vermeiden. Wirkungsschwächen gegen Kamille, Knöterich und Ackerstiefmütterchen, deshalb Spritzfolge mit Aresin, Sencor WG oder Basagran einplanen. Nicht in Pflanz- und Frühkartoffeln einsetzen.
Sencor WG (Metribuzin)	VA NA	0,5 – 1 0,3 – 0,5	W, B4, 630	Wirkungsschwäche gegen Nachtschatten, Klettenlabkraut und Windenknöterich. Splittinganwendung verbessert Knöterichwirkung. Sortenverträglichkeit beachten. Als Mischpartner geeignet.
Kalkstickstoff (Calciumcyanamid)[1]	k. v. D.	3 – 4	B4, Xi	Anwendung nach dem letzten Häufeln, vorher eventuell mechanische Maßnahmen einplanen. Düngemittel mit Nebenwirkungen gegen Unkräuter.

II. Ungrasbekämpfung

Mittel (Wirkstoffe)	Anwendung[2]	Aufwand (l, kg/ha)	Auflagen[3]		Bemerkungen
Depon Super (Fenoxaprop-P-Ethyl)	NA	1,5 – 2	B4, 630,	Xi	Sichere Wirkung gegen Ackerfuchsschwanz, Hühnerhirse, Flughafer und Ausfallgerste.
Fervinal Plus (Sethoxydim)	NA	2,5	W, B4, 630		Sichere Ungraswirkung, Quecke wird in der Entwicklung gehemmt.
Focus Ultra (Cycloxydim)	NA	1,5 – 2	B4, 630,	Xi	Sichere Wirkung gegen Ackerfuchsschwanz, Hirsearten, Flughafer.
Fusilade 2000 (Fluazifop-P-butyl)	NA	1,25 – 3	(W), B4, 630,	Xi	Sichere Ungraswirkung, Quecken erfordern hohe Aufwandmenge.

III. Unkrautbekämpfung zur Ernteerleichterung

Mittel (Wirkstoffe)	Anwendung[2]	Aufwand (l, kg/ha)	Auflagen[3]		Bemerkungen
Alzodef (Cyanamid)	nach Verfärbung des Kartoffelkrautes	30 – 40	B1,	Xn	Nach Krautschlagen 30 l/ha, bei Bandspritzung Verringerung auf 18 l/ha möglich. Schwächen bei großen Unkräutern.
Basta (Glufosinate)	bei beginnender Abreife	2,5	B4,	Xn	Keine Anwendung in Pflanzkartoffeln.
Reglone (Deiquat)	bei beginnender Abreife od. nach amtl. Festsetzung	2 – 2,5	B4, 630,	Xn	Auf derselben Fläche darf innerhalb von 4 Jahren nur eine Anwendung erfolgen.

[1]: Zur Zeit nicht zugelassen, die Wiederzulassung wird erwartet.
[2]: Siehe Tabelle 14, Seite 56.
[3]: Siehe Tabelle 14, Seite 56.

8.3 Bekämpfung
von Schadgräsern

Für die Beseitigung von Schadgräsern, wie z. B. Flughafer, Ackerfuchsschwanz und Hirsearten, stehen zur Anwendung im 3- bis 4-Blattstadium der Ungräser die Herbizide Focus Ultra, Fusilade 2000, Depon Super und Fervinal plus zur Verfügung.

Gegen Quecken ist nur von Fusilade 2000 ein sicherer Bekämpfungserfolg zu erwarten, die restlichen Produkte führen zu einer mehr oder weniger guten Unterdrückung, die durch frühzeitigen und vollständigen Bestandesschluß der Kartoffel verstärkt werden kann. Zu beachten sind aber die Anwendungsverbote einzelner Herbizide für Wasser- und Heilquellenschutzgebiete.

8.4 Beseitigung von Spätverunkrautung, Unkrautabtötung zur Ernteerleichterung

Nicht selten kommt es bei anfänglichem Bekämpfungserfolg noch zu einer Spätverunkrautung, insbesondere in Bestandeslücken. Vermehrtes Vorhandensein von z. B. Weißem Gänsefuß kann die maschinelle Ernte behindern. Durch Anwendung von Reglone oder Basta zur Krautabtötung wird eine störungsfreie Sammelrodeernte mit schalenfesten Knollen ermöglicht. Je nach betrieblichen Gegebenheiten empfiehlt sich eine Kombination aus mechanischem Krautschlegeln und nachfolgender Anwendung reduzierter Aufwandmengen von Reglone bzw. Basta. Bei Einsatz von Alzodef sollte unbedingt ein vorheriges Krautschlagen erfolgen, da ansonsten ein Wirkungsabfall zu erwarten ist. Für den Pflanzkartoffelanbau sind Basta und Alzodef wegen möglicher Beeinträchtigung des Keimverhaltens nicht ausgewiesen.

Neben der beschriebenen Ernteerleichterung durch die Beseitigung der Spätverunkrautung und des üppigen Kartoffelkrautes kann die Krautabtötung auch das Abwandern der Viren in die Knolle verhindern. Deshalb richtet sich der Behandlungstermin besonders in Pflanzkartoffelbeständen nach dem Blattlausflug und wird im Hinweisdienst des amtlichen Pflanzenschutzdienstes der Länder bekanntgegeben.

9 Unkrautbekämpfung in Ölfrüchten

9.1 Winterraps

9.1.1 Wirtschaftlichkeit der Unkrautbekämpfung

Der Anbau von Winterraps hat Ende der 80er und noch anfangs der 90er Jahre infolge der im Vergleich zu Getreide größeren Wettbewerbskraft eine starke Ausweitung erfahren. Die neue Ölsaaten-Marktordnung, die 1992 für Deutschland umgesetzt wurde, führt mit den damit verbundenen sinkenden Produktpreisen für Winterraps zu Veränderungen im Bereich der gesamten Produktionstechnik. Insbesondere die chemische Unkrautbekämpfung, die im Regelfall deutlich höhere Kosten als beim Getreide verursacht, bedarf einer kritischen Neubewertung. Sie wird aus ökonomischen Gründen künftig auf ein notwendiges Mindestmaß begrenzt werden, wenn nicht sogar völlig entfallen. In verschiedenen Untersuchungen konnte bereits unter den früheren Preisverhältnissen belegt werden, daß aufgrund der guten unkrautunterdrückenden Wirkung eines termingerecht gesäten und gleichmäßig aufgelaufenen Rapsbestandes viele Herbizidanwendungen in bezug auf die Ertragsleistung nicht kostendeckend sind. Zukünftig ist das Hauptaugenmerk noch stärker als bisher auf die Leitunkräuter Klettenlabkraut und Ausfallgetreide zu richten. Arten, welche die Beerntbarkeit sowie die Trocknungs- und Reinigungskosten beeinflussen, sind auch künftig in vielen Fällen bekämpfungswürdig.

Im Gegensatz zum Getreide sind jedoch wirtschaftliche Schadensschwellen für Unkräuter in Raps noch in der Umsetzungsphase. Nach bisherigen Erkenntnissen ist festzustellen, daß nicht die Anzahl der Unkräuter in erster Linie die Ertragsverluste bestimmt, sondern die den Konkurrenzverlauf zwischen Verunkrautung und Kulturbestand beeinflussenden Faktoren. Zu nennen sind hier:

– der Aussaattermin, insbesondere als Kriterium für die Konkurrenzkraft des Rapses,

– der Auflaufzeitpunkt der Unkräuter im Vergleich zur Kultur,

– die Artenzusammensetzung der Verunkrautung.

Zwischen den Unkrautarten bestehen erhebliche Unterschiede hinsichtlich ihrer Schadwirkung auf den Raps. So verursachen 10 Vogelmierepflanzen/m² einen gleich hohen Schaden wie ca. 40 Taubnessel- oder Ackerstiefmütterchen-Pflanzen (s. Tab. 11, S. 40).

Tabelle 34: Herbizide zur Unkraut- und Ungrasbekämpfung in Winterraps

Mittel (Wirkstoffe)	Anwendung[1]	Aufwand (l, kg/ha)	Auflagen[2]	Bemerkungen
Butisan S (Metazachlor)	VA NA-K	1 – 3,5 (W)	B4, Xn	Gegen Ungräser und die wichtigsten Unkräuter wirksam, gegen Klettenlabkraut nicht immer ausreichend, Schwächen gegen Ackerstiefmütterchen und Ausfallgetreide, Splittinganwendung verbessert Verträglichkeit und Wirkung.
Comodor T (Trifluralin + Tebutam)	VS-E	5 – 6	B3, 630, Xi	Gute Breitenwirkung, einschließlich Ausfallgetreide. Kamille nicht immer genügend.
Devrinol (Napropamid)	VS-E	2,5	B3, 630	Wirkungslücken gegen Klettenlabkraut, Taubnesseln, Ackerstiefmütterchen und Ausfallgetreide. Tankmischung mit Elancolan möglich.
Devrinol Kombi, Elancolan K (Napropamid + Trifluralin)	VS-E	4 – 5	B3, 630, Xn	Gute Breitenwirkung, außer Ausfallgetreide. Bei stärkerem Kamillevorkommen nur flache Einarbeitung.
Elancolan, Demeril 480, Scirocco, Zera-Trifluralin (Trifluralin)	VS-E	2 – 2,5	B3, 630, Xn	Gegen Ungräser – außer Ausfallgetreide – Klettenlabkraut, Vogelmiere und Taubnessel. Ungenügend gegen Kamille und Kreuzblütler.
Galtak (Benazolin-Ester)	NA-W	4 – 5	W, B4, 630, Xn	Wirkt nur gegen Vogelmiere und Klettenlabkraut, Einsatz in der Vegetationsruhe.
Kerb 50 W (Propyzamid)	NA-H	1	B4, 630	Gegen Ungräser, Ausfallgetreide, Vogelmiere, Ehrenpreis; schwache Wirkung auf sonstige Unkräuter.
Pradone Kombi (Carbetamid + Dimefuron)	NA-H	3,5 (W)	B4, 630	Gute Breitenwirkung gegen Ungräser, einschließlich Ausfallgetreide und Unkräuter. Schwächen bei größerer Kamille, trotzdem Anwendung nicht vor 6-Blattstadium vornehmen.
Traton (Alachlor + Tebutam)	VA	5 – 7	B3, 630, Xn	Gute Breitenwirkung, Teilwirkung gegen Ausfallgetreide und Klettenlabkraut.

Nur Ungräser und Ausfallgetreide

Mittel (Wirkstoffe)	Anwendung[2]	Aufwand (l, kg/ha)	Auflagen[3]	Bemerkungen
Depon Super (Fenoxaprop-P-ethyl)	NA-F	2	B4, 630, Xi	Sichere Wirkung nur gegen Ackerfuchsschwanz und Flughafer, ausreichend gegen Ausfallgerste.
Fervinal plus (Sethoxydim)	NA-H NA-F	2,5	W, B4, 630	Sichere Ungraswirkung, Quecke wird nur gehemmt.
Fusilade 2000 (Fluazifop-p-butyl)	NA-H NA-F	1 – 3	(W) B4, 630, Xi	Sichere Ungraswirkung, höhere Aufwandmenge gegen Quecken.
Focus Ultra (Cycloxydim)	NA-H NA-F	1,5 – 2,5	W, B4, 630, Xi	Sichere Ungraswirkung, Quecken werden nicht erfaßt.
Gallant (Haloxyfop-Ester)	NA-H	1 – 2	B4, 630, Xi	Sichere Ungraswirkung, höhere Aufwandmenge auch gegen Quecken.
Targa (Quizalofop)	NA-H	1,25	B4, 630, Xn	Sichere Ungraswirkung, Quecken werden nicht ausreichend erfaßt.

[1]: Siehe Tabelle 14, Seite 56.
[2]: Siehe Tabelle 14, Seite 56.

Die genannten Faktoren machen deutlich, daß es keine allgemeingültige Schadensschwelle geben kann, sondern schlagspezifisch für jedes Feld das Ausmaß der tolerierbaren Verunkrautung errechnet werden muß.

Die Entscheidung über die Notwendigkeit einer Herbizidmaßnahme im Raps wird nicht nur zu einem festgelegten Zeitpunkt getroffen, sondern hat gestaffelt im Verlauf der Vegetationsperiode von der Aussaat bis zum Wiederergrünen im Frühjahr zu erfolgen. Ein entsprechendes Entscheidungsmodell mit den dazugehörigen Schadensschwellenkriterien ist bereits dargestellt worden (s. Abb. 6, S. 44).

Eine Verminderung des Auftretens von Schadpflanzen ist über acker- und pflanzenbauliche Maßnahmen möglich. So fördert eine unverzügliche, flache Stoppelbearbeitung nach dem Räumen der Vorfrucht bei ausreichender Bodenfeuchtigkeit das Auflaufen von Ausfallgetreide.

Eine saubere Pflugfurche mit Vorschäler vermindert zusätzlich die Schadenswahrscheinlichkeit.

Optimale Saatbettbereitung, zeitgerechter Saattermin und exakte Saatgutablage bilden eine Voraussetzung für eine zügige Jugendentwicklung und verbessern somit die Konkurrenzkraft des Rapses.

9.1.2 Mechanische Unkrautbekämpfung

Die mechanische Unkrautregulierung hat im Raps verbreitet noch keine große Bedeutung, wird aber in einzelnen Betrieben zunehmend praktiziert. Aber gerade auf stark humosen Standorten in Wasserschutzgebieten, wo die einsetzbaren Herbizide schnell an ihre Wirkungsgrenzen kommen, könnte dieses Verfahren an Bedeutung gewinnen. Nach bisherigen Erfahrungen ist mit Hackgeräten ein besserer Erfolg zu erzielen als beim flächigen Einsatz von Striegel oder Federzahnegge, die auch erhebliche Bestandesausdünnungen verursachen können. Voraussetzung dafür sind aber Reihenabstände von über 20 cm.

9.1.3 Chemische Unkrautbekämpfung vor dem Auflaufen des Rapses

Hier ist zu unterscheiden zwischen der Vorsaatanwendung mit Einarbeitung (VSE) und der Vorauflaufbehandlung (VA). Beide Verfahren sollten unter dem Gesichtspunkt des Integrierten Pflanzenschutzes nur in Wasser- und Heilquellenschutzgebieten mit zu erwartender hoher Allgemeinverunkrautung oder bei stärkerem Klettenlabkrautdruck eingesetzt werden, da alle für einen gezielten Einsatz im Nachauflauf geeigneten Herbizide (Butisan S, Pradone Combi und Galtak) in den genannten Schutzgebieten aufgrund des Anwendungsverbotes nicht einsetzbar sind (Tab. 34).

Comodor T, Devrinol Kombi bzw. Elancolan K, die Trifluralin-Mittel (z. B. Elancolan) und Devrinol fl. müssen vor der Saat eingearbeitet werden. Ein gut abgesetzter Boden und ein feinkrümeliges Saatbett sind ausschlaggebend für eine ausreichende Wirkung. Sehr trockene Witterung nach der Spritzung beeinträchtigt den Bekämpfungserfolg. Die reinen Trifluralinpräparate genügen nicht gegen Kamillearten und Hirtentäschelkraut; die Mischprodukte sind bei Kamille sicherer. Einen Überblick über die Wirkungsspektren der verschiedenen Herbizide gibt Tabelle 35.

Traton, im Vorauflauf eingesetzt, ist das sicherste Mittel gegen Ackerstiefmütterchen. Eine ausreichende Wirkung gegen Klettenlabkraut liegt nicht vor. Auf Flächen mit Klettenlabkraut- und Kamillevorkommen bietet sich die Spritzfolge aus z. B. Elancolan o. ä. und Traton (in reduzierter Menge) an. Der Einsatz von Butisan S sollte vermehrt im Nachauflauf eingeplant werden, da bei den im Vorauflauf einzusetzenden höheren Aufwandmengen in Verbindung mit stärkeren Niederschlägen nach der Ausbringung erhebliche Schäden auftreten können. Häufig verursacht auch der Witterungsverlauf im Herbst und Winter so schwache Bestände, daß ein Umbruch erforderlich ist. Welche Möglichkeiten des Nachbaues bei vorzeitigem Umbruch und bereits erfolgter Herbizidanwendung bestehen, zeigt Tabelle 36.

9.1.4 Unkrautbekämpfung im Nachauflauf

Die gezielte Bekämpfung von Unkräutern im reinen Nachauflauf beschränkt sich nahezu nur auf Bereiche außerhalb von Wasser- und Heilquellenschutzgebieten, wenn man von der nur

Tabelle 35:
Wirkung der in Winterraps einsetzbaren Herbizide gegen wichtige Unkräuter

Mittel	Ackerfuchs-schwanz/ Windhalm	Ausfall-getreide	Kletten-labkraut	Kamille	Vogel-miere	Taub-nessel	Acker-stiefmüt-terchen
Butisan S	+ +	–	+	+ +	+ +	+ +	–
Comodor T	+ +	+	+ +	+	+ +	+ +	+
Devrinol	+ +	–	–	+ +	+ +	–	–
Elancolan K/ Devrinol Kombi	+ +	–	+ +	+ +	+ +	+ +	+
Elancolan Demeril u. a.	+ +	–	+ +	–	+ +	+ +	–
Galtak	–	–	+ +	–	+ +	–	–
Kerb 50 W	+ +	+ +	–	–	+ +	–	–
Pradone Kombi	+ +	+ +	+	+	+ +	+	–
Traton	+ +	+	–	+ +	+ +	+ +	+ +
+ + = sehr gut bis gut + = befriedigend bis ausreichend – = nicht ausreichend							

auf Vogelmiere und Ehrenpreis begrenzten Wirkung des Kerb 50 W absieht. In den letzten Jahren hat sich die Splitting-Anwendung zur Verbesserung der Kulturpflanzenverträglichkeit und Herbizidwirkung bewährt. Unabhängig von der Rapsentwicklung wird im Keimblattstadium der Unkräuter eine Teilmenge Butisan S (1 bis 1,5 l/ha) eingesetzt. Im Abstand von 10 bis 14 Tagen kann dann nochmals die gleiche Dosis eingesetzt werden. Mög-

liche Alternativen stellen in Abhängigkeit von den Leitunkräutern Spritzfolgen aus Traton (2,5 bis 4 l/ha VA) oder Elancolan (2 bis 2,5 l/ha, VSE), gefolgt von Butisan S (1 bis 1,5 l/ha im Keimblattstadium der Unkräuter) dar.
Auf Böden mit wenig Kamillebesatz kann Pradone Kombi das Mittel der Wahl sein. Der günstigste Termin liegt vor, wenn der Raps mindestens 6 Laubblätter ausgebildet hat, die Pfahlwurzel 6 bis 8 mm dick ist und die

Tabelle 36:
Möglichkeiten des Nachbaues bei vorzeitigem Umbruch von Winterraps

Mittel	Nachbau von				
	Hafer So.-Gerste So.-Weizen	Mais	Kartoffeln	Zuckerrüben	Körnerleguminosen
Butisan S	+[1] (außer Hafer)	+[1]	+[1]	+[1]	+[1]
Comodor T	− (So.-Gerste +[2])	−	+	−	+
Trifluralin-Mittel z. B. Elancolan u. ä.	+[2] (außer Hafer)	−	+	−	+
Elancolan K, Devrinol Kombi	− (So.-Weizen +[4])	+[4]	+[3]	−	− (Erbsen +[3])
Galtak	+	+	+	+	+
Kerb 50 W	−	+[3]	+[3]	−	+[3]
Pradone Kombi	+[6]	+[5]	+[6]	+[6]	+[5]
Traton	−	+	+	−	+

Fervinal Plus, Focus Ultra, Fusilade 2000, Gallant, Targa, Depon Super: keine Nachbaueinschränkungen.

+ = möglich
− = nicht empfehlenswert
[1] Boden 15 cm tief durchmischen
[2] Nach einer Wartezeit von 5 Monaten nach der Behandlung und tiefer Pflugfurche (ca. 20 cm)
[3] Nach tiefer Pflugfurche (ca. 20 cm)
[4] Nach einer Wartezeit von mindestens 6 Monaten und tiefer Pflugfurche (> 20 cm) mit Vorschäler
[5] Nach einer Wartezeit von mindestens 2 Monaten und Pflugfurche
[6] Nach einer Wartezeit von mindestens 4 Monaten und Pflugfurche

Temperaturen nicht mehr zu hoch sind. Ausfallgetreide, Klettenlabkraut und Vogelmiere werden sicher erfaßt. Ein Spezialherbizid gegen Klettenlabkraut, das auch Vogelmiere erfaßt, ist Galtak. Der optimale Anwendungstermin liegt in der Vegetationsruhe.

Im Sinne des Integrierten Pflanzenschutzes ist eine Unkrautbekämpfung im Nachauflauf zu begrüßen. Zu diesem Termin, auch bei früher Anwendung, kann der Landwirt Art und Stärke der Verunkrautung erkennen und entscheiden, ob eine Maßnahme notwendig ist und danach bei positiver Entscheidung seine Mittelwahl ausrichten.

9.1.5 Ungrasbekämpfung

Die Beseitigung von Ungräsern sollte bevorzugt im Nachauflauf erfolgen. Mittlerer Besatz von Ackerfuchsschwanz und Windhalm wird relativ problemlos von fast allen zuvor genannten Vor- und Nachauflaufherbiziden ausreichend erfaßt.

Anders sieht es dagegen beim Ausfallgetreide aus. Ein starker Besatz kann nicht nur die Entwicklung des Rapses hemmen, sondern führt auch zu erhöhten Reinigungs- und Trocknungskosten. Dies gilt insbesondere für Weizen und Roggen, die zum Zeitpunkt der Rapsernte noch nicht reif sind.

In Fruchtfolgen, wo Winterraps auf Winterweizen oder Winterroggen folgt, reicht die Bekämpfung des Ausfallgetreides durch Stoppelbearbeitung wegen der kurzen verfügbaren Zeitspanne meist nicht aus.

Von den Standardherbiziden wird ein mittlerer Besatz nur von Comodor T und Traton mehr oder weniger gut bekämpft. Ansonsten ist bei stärkerem Vorkommen der Einsatz von Spezialherbiziden notwendig, von denen auch verbliebener Ackerfuchsschwanz und Windhalm erfaßt werden.

In und außerhalb von Wasser- und Heilquellenschutzgebieten können Targa und Focus Ultra eingesetzt werden. Nach Änderung der Pflanzenschutz-Anwendungs-Verordnung vom 22. März 1991 und entsprechender Streichung der Anwendungsbeschränkung des Wirkstoffes Fluazifop für die genannten Schutzgebiete, ist dann auch das Herbizid Fusilade 2000 dort einsetzbar.

Seit einiger Zeit liegen gute Erfahrungen mit reduzierter Aufwandmenge von ca. 0,5 bis 0,7 l/ha Gallant, Fusilade 2000 oder Targa in Tankmischung mit der zweiten Butisan-Splittinganwendung auf die noch im kleinen Entwicklungsstadium befindlichen Ausfallgetreide- und Ungraspflanzen vor.

Ist neben Ungras auch noch Vogelmiere zu bekämpfen, so kann mit Kerb 50 W gearbeitet werden. Behandlungen sind bis in den Dezember hinein möglich, zu beachten sind aber Nachbauprobleme bei vorzeitigem Umbruch.

Zur Bekämpfung von Quecken empfiehlt sich der Einsatz von Gallant oder Fusilade 2000 mit Aufwandmengen von 1,5 bis 2 l/ha bei einer Wuchshöhe der Quecke von 10 bis 20 cm.

Zeigt sich erst im Frühjahr ein bekämpfungswürdiger Besatz von einkeimblättrigen Schadpflanzen, so bestehen auch dann noch Bekämpfungsmöglichkeiten mit den genannten Ungrasherbiziden; dabei sind dann aber im Regelfall höhere Aufwandmengen erforderlich als im Herbst. Bei einigen Ungrasherbiziden (Targa, Focus Ultra) ist durch Zugabe von 0,5 bis 1,0 l/ha Paraffinöl eine Aufwandmengenreduzierung bei gleichbleibender, sicherer Wirkung möglich, was aus wirtschaftlichen und ökologischen Gründen auch genutzt werden sollte.

9.1.6 Spezielle Unkräuter

Durch Selektionsprozesse regional begünstigt, haben sich entweder ganzflächig oder nur an Ackerrändern einige Unkrautarten so stark vermehrt, daß eine gezielte Bekämpfung gerechtfertigt ist.

Zu ihnen zählt das Hirtentäschelkraut, das in letzter Zeit insbesondere im Feldrandbereich häufig zur Massenvermehrung gelangt ist. Es läßt sich am besten durch Butisan S ab 2 l/ha im VA-Verfahren und mit Einschränkung auch im NA-Verfahren im Keimblattstadium des Unkrauts niederhalten.

Auch der Geschlitzte Storchschnabel kann in Einzelfällen sehr lästig werden, wenn er an Feldrändern massenhaft auftritt und die Mähdruscherernte behindert. Er wird von den Nachauflaufherbiziden nicht ausreichend erfaßt. Auf bekannten Befallsstandorten haben sich Traton und Butisan S im VA-Verfahren gut bewährt. Durch Comodor T und Elancolan K in VSE-Verfahren sind Teilerfolge zu erzielen.

Ein wichtiges Problemungras ist die Taube Trespe auf Schlägen mit pflugloser Bestellung. Um Ertragsminderungen im Raps und Folgeprobleme im nachgebauten Wintergetreide zu verhindern, ist eine praktisch 100%ige Tilgung im Raps anzustreben. Aufgrund unterfränkischer Erfahrungen hat sich bei mittlerer Dichte des Ungrases die Tankmischung Pradone Kombi (3,5 kg/ha) plus Kerb 50 W (0,5 kg/ha) bewährt. Bei hohem Besatz und früher Verunkrautung sind Spritzfolgen mit Spezialgräsermitteln im 2- bis 4-Blattstadium der Trespe (z. B. Fusilade 2000 1,25 l/ha, Gallant 1,0 l/ha oder Targa 1,25 l/ha) gefolgt von Pradone Kombi (3,5 kg/ha) im Spätherbst vorzuziehen. Für die Frühjahrsbehandlung sind Fusilade 2000 (2,0 l/ha), Gallant (2,0 l/ha) oder Targa (2,0 l/ha) geeignet.

In Trockengebieten Unterfrankens, aber auch in Ostdeutschland tritt regional das Sophienkraut als Problemunkraut auf, weil es sich durch die meisten Standardherbizide nicht bekämpfen läßt. Die besten Erfolge sind noch mit Butisan S (2,5 bis 3 l/ha) im VA-Verfahren zu erzielen.

9.2 Sonnenblumen

9.2.1 Allgemeines

In den alten und neuen Bundesländern wurden 1992 etwa 80 000 ha Sonnenblumen angebaut. Bei Erträgen von 35 dt/ha konnten Deckungsbeiträge von 1700 bis 2000 DM/ha erreicht werden.

Der Sonnenblumenanbau war also durchaus wettbewerbsfähig gegenüber Qualitätsweizen, Körnermais oder Braugerste. Durch die neuen Preisbeschlüsse der EG-Kommission kann sich diese Vorzüglichkeit ändern.

9.2.2 Mechanische Unkrautbekämpfung

Gegen Unkräuter und Ungräser sind Sonnenblumen konkurrenzstark. Mittlere bis starke Verunkrautung muß jedoch reguliert werden. Mit der Hackmaschine sind die Unkräuter zwischen den Reihen zu beseitigen. Bei 5 bis 10 cm Höhe der Sonnenblumen ist der erste Hackgang mit Hohlschutzscheiben erforderlich, um Pflanzenschäden zu vermeiden. Nach 14 Tagen sollte der zweite Hackgang erfolgen. Durch Anhäufeln des Bodens in die Sonnenblumenreihen wird durch Verschütten auch eine Unterdrückung kleiner Unkräuter erreicht. Besonders beim zweiten Hackgang ist auf die Gefährdung der 20 bis 30 cm großen Sonnenblumen zu achten.

Die Einhaltung der optimalen Hacktermine ist besonders von der Bodenfeuchtigkeit abhängig. Selbstverständlich sollte nicht auf erosionsgefährdeten Flächen und steinigen Böden gehackt werden.

9.2.3 Chemische Unkrautbekämpfung

Auf stärker verunkrauteten Böden ist auch die Anwendung von Herbiziden einzuplanen.

Zur chemischen Unkrautbekämpfung sind 3 Herbizide zugelassen. Elancolan, Demeril 480 EC bzw. Scirocco (Trifluralin), Stomp SC (Pendimethalin) und Fusilade 2000 (Fluazifop) (Tab. 37). Elancolan, Demeril 480 EC bzw. Scirocco werden mit 2,5 l/ha vor der Saat eingearbeitet. Eine gute Wirkung ist gegen Taubnessel, Vogelmiere, Ehrenpreisarten und auch gegen Klettenlabkraut zu erwarten. Nicht hinreichend werden Kamille, Franzosenkraut und Kreuzblütler wie Ackersenf, Hederich und Ackerhellerkraut erfaßt.

Stomp SC (5 l/ha) wird in Trockengebieten im Vorsaatverfahren mit flachem Einarbeiten und im Vorauflaufverfahren bei normalen Niederschlagsverhalten angewandt. Die Unkrautwirkung erstreckt sich auf die meisten breitblättrigen Unkräuter, einschließlich Klettenlabkraut sowie auf Ackerfuchsschwanz und Einjährige Rispe. Nicht ausreichend bekämpft werden Flughafer, Kamille, Franzosenkraut, Kreuzkraut und die Wurzelunkräuter.

Mit Fusilade 2000 (1,5 l/ha) können die Ungräser, außer der Einjährigen Rispe, im Nachauflaufverfahren bekämpft werden.

Seit Jahren werden in den alten Bundesländern die zugelassenen Herbizide Racer (Fluorochloridon) und Targa (Quizalofop) in Sonnenblumen eingesetzt, ohne daß sie hierfür von der Biologischen Bundesanstalt geprüft und ausgewiesen sind. Deshalb trägt der Anwender das gesamte Risiko. Racer wird je nach Bodenart mit 1,5 bis 2,5 l/ha unmittelbar bis 3 Tage nach der

Tabelle 37: Wirkung der in Sonnenblumen einsetzbaren Herbizide gegen die wichtigsten Unkräuter

Mittel (Wirkstoffe)	Anwendung[2]	Aufwand (l, kg/ha)	Auflagen[3]	Kletten-labkraut	Kamille	Vogel-miere	Knö-terich-arten	Acker-senf	Acker-heller-kraut	Fran-zosen-kraut	Acker-fuchs-schwanz	Flug-hafer, Hirse-arten	Bemerkungen
Elancolan (Trifluralin)	VS-E	2,5	B3, Xn	+	−	++	+	−	−	−	+	−	
Stomp SC (Pendimethalin)	VS-E	5,0	B3, 630	+	−	++	+	+	+	+	+	−	Schäden möglich.
Fusilade 2000 (Fluazifopbutyl)	NA	1,5	(W), B4, Xi	−	−	−	−	−	−	−	++	++	
Racer[1] (Fluorchloridon)	Unmittelbar bis 3 Tage nach der Saat	1,5 – 2,5	B3, Xn	++	±	++	−	++	++	++	−	−	Blattaufhellungen, Auflaufverzögerung. Ausdünnung nicht mit anderen Herbiziden mischen.
Targa[1] (Quizalofop-Ester)	NA	1,25	B4, Xn	−	−	−	−	−	−	−	++	++	

[1]: Von der Biologischen Bundesanstalt für Sonnenblumen nicht geprüft und ausgewiesen. Anwendung erfolgt auf eigenes Risiko.
[2]: Siehe Tabelle 14, Seite 56.
[3]: Siehe Tabelle 14, Seite 56.

++ = sehr gut bis gut   + = befriedigend bis ausreichend   − = nicht ausreichend

Saat angewandt. Die Wirkung richtet sich gegen die meisten breitblättrigen Unkräuter, einschließlich des Kletten-labkrauts. Nicht immer hinreichend werden Ackerstiefmütterchen, Floh- und Vogelknöterich und Kamillearten erfaßt. Unter ungünstigen Bedingungen können an den Sonnenblumen Blattaufhellungen, Auflaufverzögerungen oder auch Ausdünnungen auftreten.

9.2.4 Integrierte Unkrautbekämpfung

Auch in Sonnenblumen ist eine integrierte Unkrautbekämpfung anzustreben. Die Herbizide Stomp SC oder Fusilade 2000 können aus wirtschaftlichen und ökologischen Gründen in Bandspritzung ausgebracht werden; zwischen den Reihen wird das Unkraut mit der Maschinenhacke beseitigt. Bei einem Reihenabstand von 50 bis 60 cm kann etwa die Hälfte der Mittelkosten eingespart werden. Vor- und Nachteile der mechanischen und chemischen Unkrautbekämpfung sind auf Seite 143 beschrieben. Besonders ist auf die nicht hinreichende Wirkung der genannten Herbizide auf die Kamille hinzuweisen.

9.3 Sojabohnen

9.3.1 Allgemeines

Der Anbau von Sojabohnen beschränkt sich auf die klimatisch bevorzugten Gebiete Deutschlands, weil der Wärmeanspruch noch höher als bei Sonnenblumen ist.

Die Anbaufläche von Sojabohnen betrug 1989 in der EG 615 000 ha und 1991 in Deutschland etwa 1000 ha. Aus der Sojabohne wird Sojaöl extrahiert, und die Rückstände der Ölgewinnung wie Sojaschrot, Sojakuchen und Sojamehl sind wertvolle Nahrungsmittel und auch Kraftfutter. Der Deckungsbeitrag liegt etwa bei 1600 DM/ha. Die neuen Preisbeschlüsse der Europäischen Gemeinschaften erfordern eine Überprüfung der bisherigen Intensität der Anwendung von Pflanzenschutzmitteln.

9.3.2 Mechanische Unkrautbekämpfung

Im Jugendstadium ist die Sojabohne konkurrenzschwach. Mit der Maschinenhacke können die Unkräuter zwischen den Reihen beseitigt werden. Das erste Mal soll gehackt werden, wenn die Unkräuter im Stadium der Kleinen Rosette sind und die Hirse das 1- bis 2-Blattstadium noch nicht überschritten hat. Der Boden darf durch die Hackarbeiten nicht uneben werden, weil sonst die tiefer sitzenden Hülsen der Sojabohnen nicht geerntet werden können. Innerhalb der Reihen können Unkräuter nicht bekämpft werden. Bei starkem Unkrautbesatz, besonders mit Weißem Gänsefuß, Klettenlabkraut, Amarant, Bingelkraut und Franzosenkraut, kann deshalb die Anwendung von Herbiziden erforderlich werden.

9.3.3 Chemische Unkrautbekämpfung

Wie in anderen Kulturen mit kleiner Anbaufläche, sind die Herbizide der

Tabelle 38: Wirkung der in Sojabohnen einsetzbaren Herbizide gegen die wichtigsten Unkräuter

Mittel[1] (Wirkstoffe)	Anwendung[2]	Aufwand (l, kg/ha)	Auflagen[3]	Kletten-lab-kraut	Knöterich-arten	Weißer Gänse-fuß	Franzosen-kraut	Ama-rant	Kamille	Vogel-miere	Acker-fuchs-schw.	Flug-hafer	Hirse-arten	Bemerkungen
Afalon (Linuron)	VA	1,0	W, B4, Xn	-	+	+ +	+ +	+	+ +	+ +	-	-	-	Schäden möglich.
Basagran (Bentazon)	NA-Splitting	2,0 oder 1,0 + 1,0	W, B4	+ +	+	-	+	+	+ +	+ +	-	-	-	Splitting in 8tägigem Abstand.
Stomp SC + Basagran (Pendimethalin + Bentazon)	VA / NA	2,5 + 1,5	W, B4, 630, Xi, Xn	+	+	-	+	+	+	+ +	-	-	+	Schäden möglich. Saattiefe von 3–4 cm beachten
Targa (Quizalofop-Ester)	NA	1,25	B4, 630, Xn	-	-	-	-	-	-	-	+ +	+ +	+ +	Nicht mit anderen Herbiziden mischen. Schäden möglich.

[1]: Alle genannten Herbizide sind von der Biologischen Bundesanstalt für Sojabohnen nicht ausgewiesen. Der Anwender trägt das Risiko.
[2]: Siehe Tabelle 14, Seite 56.
[3]: Siehe Tabelle 14, Seite 56.

+ + = sehr gut bis gut   + = befriedigend bis ausreichend   - = nicht ausreichend

Sojabohne von der Biologischen Bundesanstalt für Land- und Forstwirtschaft nicht ausgewiesen, so daß eine Anwendung von Herbiziden allein zu Lasten des Landwirts geht. Die Wahl der Herbizide richtet sich neben der Wirksamkeit nach der Kulturpflanzenverträglichkeit und auch nach der Sortenverträglichkeit.

Afalon (Linuron) kann mit 1,0 bis 2,0 kg/ha im Vorauflauf gegen breitblättrige Unkräuter eingesetzt werden. Klettenlabkraut wird nicht erfaßt. Leichte Schäden an der Kulturpflanze sind in manchen Versuchen aufgetreten.

Gegen breitblättrige Unkräuter, einschließlich Klettenlabkraut, ist Basagran im Nachauflauf als Splitting ab den ersten echten Sojablättern mit 1,0 + 1,0 l/ha (8tägiger Abstand) oder einmalig mit 2 l/ha ab des ersten Sojafiederblattes wirksam.

Stomp SC (2,5 l/ha) beseitigt im Vorauflaufverfahren breitblättrige Samenunkräuter, außer Klettenlabkraut. Da mit Schäden zu rechnen ist, darf die Aufwandmenge auf keinen Fall überschritten werden. Die Spritzbahnen sind deshalb sorgfältig nebeneinander zu legen, ohne daß Überlappungen auftreten. Ist der Bekämpfungserfolg nicht hinreichend, kann als Spritzfolge noch Basagran mit 1,5 l/ha im Nachauflaufverfahren eingesetzt werden.

Mit Targa (1,25 l/ha) können die Ungräser, einschließlich der Hirsearten, im Nachauflaufverfahren bekämpft werden. Dieses Herbizid darf nicht mit anderen Pflanzenschutzmitteln kombiniert werden. Die Anwendung der Herbizide im Bandspritzverfahren, kombi-

niert mit Maschinenhacke, wird bereits praktiziert. In Wasserschutzgebieten können Stomp SC und Targa angewandt werden.

9.4 Flachs

9.4.1 Allgemeines

Die Anbaufläche von Flachs bzw. Lein schwankt jährlich erheblich. Sie betrug 1989 in den alten Bundesländern ca. 2200 ha, 1992 nur noch 900 ha.

In den letzten Jahren konnten einige Erfahrungen zur Unkrautbekämpfung gesammelt werden. Im Jugendstadium reagiert der Flachs mit erheblichen Ertragsausfällen auf eine Verunkrautung. Die gefährlichen Lein-spezifischen Schmarotzerpflanzen wie Leinseide *(Cuscutum epilinum)*, Leinkraut *(Camelina alyssum)* und der Leinlolch *(Lolium linicolum)* sind durch die moderne Reinigungstechnik und die jahrzehntelange Anbaupause von Flachs bedeutungslos geworden. Heute spielen andere Unkräuter eine Rolle, wie Klettenlabkraut *(Galium aparine)*, Weißer Gänsefuß *(Chenopodium album)*, Rote Taubnessel *(Lamium purpureum)*, Ackersenf *(Sinapis arvensis)*, Vogelmiere *(Stellaria media)* und Akkerfuchsschwanz *(Alopecurus myosuroides)*.

9.4.2 Mechanische Unkrautbekämpfung

Eine mechanische Unkrautbekämpfung ist wegen des feinen, empfindlichen Wurzelwerks mit den engen Reihenabständen nicht möglich. Versuchsmäßig sollten deshalb größere Reihenabstände geprüft werden, um die Maschinenhacke anwenden zu können.

9.4.3 Chemische Unkrautbekämpfung

Herbizide sind für die Anwendung in Flachs von der Biologischen Bundesanstalt nicht ausgewiesen. Einige Herbizide sind versuchsmäßig geprüft worden. Alle nachfolgend genannten Mittel können Schäden an der Kultur verursachen. Das Risiko trägt allein der Anwender.

Gegen breitblättrige Unkräuter, einschließlich Klettenlabkraut, können Basagran + Gropper (2,0 + 0,015 kg/ha) im Nachauflaufverfahren angewandt werden. Auch die Kontaktmittel Buctril bzw. Certrol B (0,5 bis 1,5 l/ha) haben eine gute Wirkung, allerdings ist mit Blattverätzungen zu rechnen. Zum Anwendungstermin soll der Flachs etwa 5 bis 10 cm hoch sein.

Gegen Ungräser und breitblättrige Unkräuter, außer Klettenlabkraut, ist Dicuran 700 fl. mit 1,5 bis 2,5 l/ha im Vorauflaufverfahren wirksam. Mit diesen Mitteln traten allerdings an Öllein 1987 Schäden auf.

In Wasserschutzgebieten kann gegen Ungräser Targa (0,75 bis 1,25 l/ha) im Nachauflaufverfahren – nicht in Mischung mit anderen Pflanzenschutzmitteln – eingesetzt werden (Tab. 39).

9.5 Ackerbohnen

9.5.1 Allgemeines

Die Anbaufläche von Ackerbohnen lag 1991 nur bei 20 000 ha. Eine Vergrößerung der Anbaufläche ist bisher nicht gelungen, weil die Ertragsstabilität zu sehr von der Witterung abhängig ist.

Durch die frühe Saat Mitte bis Ende März können sich Unkräuter und Ungräser gut entwickeln, da durch die langsame Jugendentwicklung der Ackerbohne und durch die weite Reihenentfernung genügend Licht, Nährstoffe und Wasser zur Verfügung stehen. Allerdings sind Ackerbohnen sehr konkurrenzstark gegen Unkräuter und Ungräser (Tab. 40). Deshalb muß besonders sorgfältig überlegt werden, ob sich eine Bekämpfung der Unkräuter und Ungräser lohnt. Dies dürfte nur in Ausnahmefällen erforderlich sein, wenn z. B. Klettenlabkraut, Ackerwinde oder Flughafer überhandnehmen und dabei die Abreife bzw. die Erntearbeiten behindert werden.

9.5.2 Mechanische Unkrautbekämpfung

In der Regel kommt man mit Blindstriegeln und anschließender zweimaliger Maschinenhacke oder dem Hackstriegel gegen die Verunkrautung in Ackerbohnen zurecht.

Mit dem Blindstriegel vor dem Auflaufen der Ackerbohnen werden mit viel »Fingerspitzengefühl« die keimenden Unkräuter herausgezogen, so daß sie vertrocknen. Der Federdruck der Zin-

Tabelle 39: Wirkung der in Flachs einsetzbaren Herbizide gegen die wichtigsten Unkräuter

Mittel[1] (Wirkstoffe)	An-wendung[2]	Aufwand (l, kg/ha)	Auflagen[3]	Kletten-lab-kraut	Vogel-miere	Weißer Gänse-fuß	Rote Taub-nessel	Knöte-rich-arten	Acker-fuchs-schwanz, Hirse	Bemerkungen
Basagran + Gropper (Bentazon + Metsulfuron-m.)	NA	2,0 + 0,015	W, B4, Xi	+ +	+ +	+ +	+ +	+	–	Schäden möglich, z. B. Sproß-einkürzungen.
Buctril oder Certrol B (Bromoxynil)	NA	1,0 – 1,5	B4, 630, Xn	+ +	–	+	+	+	–	Blatt-verätzungen möglich.
Dicuran 75 (Chlortoluron)	VA	2,5	W, B3, 630	–	+ +	+	+	+	+	Schäden möglich.
Targa (Quizalofop-Ester)	NA	0,75 – 1,25	B4, 630, Xn	–	–	–	–	–	+ +	Nicht mit anderen Herbiziden mischen.

[1]: Alle genannten Mittel sind von der Biologischen Bundesanstalt für Flachs nicht ausgewiesen. Der Anwender trägt das Risiko.
[2]: Siehe Tabelle 14, Seite 56.
[3]: Siehe Tabelle 14, Seite 56.

+ + = sehr gut bis gut   + = befriedigend bis ausreichend   – = nicht ausreichend

Tabelle 40:
Überprüfung der Kulturverträglichkeit von Herbiziden in Ackerbohnen (1975)
Zusammenfassung der Relativerträge von 9 Versuchen aus 2 Jahren

	Unbe- handelt	Hand- hacke	Afalon	Gesatop	Tribunil	Topogard	Aretit
Korn- ertrag relativ	104	100 (23,72 dt/ha)	95	95	95	96	98

Unkrautbesatz: 20 – 40 % (mittelstark)

ken soll niedrig sein, damit die aus 5 cm keimenden Ackerbohnensamen nicht geschädigt werden. Mit der Maschinenhacke kann bei 5 bis 10 cm Höhe der Ackerbohnen und ein zweites Mal bei 30 bis 50 cm Höhe das Unkraut zwischen den Reihen beseitigt werden. Die Unkräuter sollen das Stadium der Kleinen Rosette und die Ungräser das 1- bis 2-Blattstadium möglichst nicht überschritten haben. Da eine zu hohe Bodenfeuchtigkeit den Einsatz der mechanischen Geräte hinauszögern oder in manchen Jahren sogar verhindern kann, ist auch die Anwendung von Herbiziden rechtzeitig zu bedenken und gegebenenfalls einzuplanen.

9.5.3 Chemische Unkrautbekämpfung

Für die relativ kleine Anbaufläche sind die Herbizide Afalon (Linuron), Avadex 480 (Triallat), Boxer (Prosulfocarb), Fusilade 2000 (Fluazifop), Illoxan (Dichlofop-methyl) und Stomp SC (Pendimethalin) ausgewiesen. Mit diesen Mitteln ohne Wasserschutzgebietsauflage, außer Afalon, können Ungräser und Unkräuter auch in den Wasserschutzgebieten bekämpft werden.

Gegen Flughafer, Ackerfuchsschwanz, Einjährige Rispe und Windhalm kann das preiswerte Avadex 480 (2,5 l/ha) im Vorsaatverfahren mit sofortigem Einarbeiten angewandt werden. Das Mittel soll möglichst früh – wenn die Felder befahrbar sind – ausgebracht werden, damit die keimenden Ungräser die 2 cm dicke Herbizidschicht im Boden durchstoßen müssen und dabei über das Hypokotyl abgetötet werden. Zum Applikationszeitpunkt bereits aufgelaufene Ungräser werden nicht erfaßt. Mögliche Spätfröste nach der Anwendung beeinflussen die Wirkung des Mittels nicht.

Ist das Auftreten von Flughafer, Ackerfuchsschwanz und Windhalm unsicher, dann kann zugewartet werden, um gegebenenfalls im Nachauflaufverfahren Fusilade 2000 mit 1,5 l/ha einzusetzen. Die Ungräser sollen sich dabei im 2- bis 4-Blattstadium befinden.

Speziell gegen Hirsearten ist Illoxan (3 l/ha) im Nachauflauf ausgewiesen, wobei auch noch der Flughafer beseitigt wird. Die Hirsearten sollten das 1- bis 4-Blattstadium und der Flughafer das 2- bis 4-Blattstadium nicht überschritten haben.

Gegen die breitblättrigen Unkräuter, einschließlich Klettenlabkraut und den Ackerfuchsschwanz sind Boxer und Stomp SC mit 5 l/ha ausgewiesen. Die Herbizide werden nach der Saat bis zum Auflaufen der Ackerbohnen eingesetzt. Durch diesen frühzeitigen Anwendungstermin bei noch niedrigen Temperaturen und meist feuchtem Boden ist die Unkrautwirkung recht sicher. Allerdings ist auf Wirkungslücken bei beiden Mitteln zu achten (Tab. 41). Um Schäden zu vermeiden, sollte die Saattiefe mindestens 5 cm betragen.

Afalon (1,5 bis 2,0 l/ha) ist im Vorauflaufverfahren wirksam gegen breitblättrige Unkräuter, außer Klettenlabkraut.

9.5.4 Integrierte Unkrautbekämpfung

Bei einem zünftigen Ackerbohnenanbau mit vorhandenen technischen Einrichtungen ist durchaus die Bandbehandlung mit Afalon, Boxer, Fusilade 2000, Illoxan oder Stomp SC kombiniert mit einer Maschinenhacke möglich (siehe Seite 148 ff.). Avadex 480 kann wegen der erforderlichen Einarbeitung aus technischen Gründen noch nicht im Bandverfahren angewandt werden.

9.6 Futtererbsen

9.6.1 Allgemeines

Der Anbau von Futtererbsen hat nach einem flächenmäßigen Anstieg in den 80er Jahren wieder abgenommen und lag 1991 bei 15 000 ha. Ausschlaggebend für diesen Rückgang sind die Ertragseinbrüche in den nassen Jahren 1986/87 durch Pilzbefall, aber auch durch erhebliche Verunkrautung.

Erfolgreicher Erbsenanbau ist nur in Verbindung mit einer sicheren, langanhaltenden Beseitigung der Unkräuter möglich. Dabei spielt die Unkrautkonkurrenz im Jugendstadium der Erbse wohl eine Rolle, doch ausschlaggebend ist die Spätverunkrautung, vor allem durch Klettenlabkraut und Kamille, wenn durch die Abreife günstige Lichtverhältnisse mit feuchtem Boden das Wachsen dieser Unkräuter fast explosionsartig fördern. Diese Spätverunkrautung beeinträchtigt die gleichmäßige Abreife, aber auch die Erntearbeiten sowie die Qualität, weil die Kamilleköpfchen nicht aus den Erbsen herauszureinigen sind.

9.6.2 Mechanische Unkrautregulierung

Durch die engen Säreihen und die frühzeitige Verankerung der Erbsenranken sind Hackarbeiten nicht möglich, der Einsatz des Striegels führt zu Bestandesausdünnungen bis zu 15 % mit entsprechenden Verletzungen der Erbsen. Diese Verletzungen können Eingangspforten für Pilze sein. Des-

Tabelle 41: Wirkung der in Ackerbohnen einsetzbaren Herbizide gegen die wichtigsten Unkräuter

Mittel (Wirkstoffe)	Anwendung[1]	Aufwand (l, kg/ha)	Auflagen[2]	Kletten-labkraut	Kamille	Knöte-rich-arten	Vogel-miere	Acker-fuchs-schwanz	Flughafer	Hirsen
Afalon (Linuron)	VA	1,5 – 2,0	W, B4, 630, Xn	–	++	+	++	–	–	–
Boxer (Prosulfocarb)	VA	5,0	B3, 630, Xi	++	–	+	++	+	–	–
Stomp SC (Pendimethalin)	VA	4,0 – 5,0	B4, 630	+	–	+	++	+	–	–
Tribunil (Metabenzthiazuron)	VA	3,0 – 4,0	B4, 630	–	++	+	++	+	–	–
Avadex 480 (Triallat)	VS-E	2,5	B3, 630	–	–	–	–	++	++	–
Fusilade 2000 (Fluazifop-butyl)	NA	1,5	(W), B4, 630, Xi	–	–	–	–	++	++	++
Illoxan (Diclofop-methyl)	NA	3,0	B4, Xi	–	–	–	–	–	++	++

[1]: Siehe Tabelle 14, Seite 56.
[2]: Siehe Tabelle 14, Seite 56.
++ = sehr gut bis gut   + = befriedigend bis ausreichend   – = nicht ausreichend

Tabelle 42: Wirkung der in Erbsen einsetzbaren Herbizide gegen ein- und zweikeimblättrige Unkräuter

Mittel (Wirkstoffe)	Anwendung[1]	Aufwand (l, kg/ha)	Auflagen[2]	Kletten-labkraut	Kamille	Knöte-rich-arten	Vogel-miere	Acker-fuchs-schwanz	Flug-hafer	Hirsen
Afalon (Linuron)	VA	1,5	W, B4, 630, Xn	-	++	+	++	-	-	-
Basagran (Bentazon)	5 – 10 cm Kulturhöhe	2,0	W, B4, Xi	++	++	+	++	-	-	-
Boxer (Prosulfocarb)	VA	5,0	B3, 630, Xi	++	-	+	++	+	-	-
Igran 500 (Terbutryn)	VA	3,0	B4, 630	-	++	+	++	+	-	-
Stomp SC (Pendimethalin)	VA	5,0	B4, 630	+	-	+	++	+	-	-
Tribunil (Metabenzthiazuron)	VA	3,0 – 4,0	B4, 630	-	++	+	++	+	-	-
Avadex 480 (Triallat)	VS-E	2,5	B3, 630	-	-	-	-	++	++	-
Fervinal Plus (Sethoxydim)	NA	2,5	W, B4	-	-	-	-	++	++	++
Fusilade 2000 (Fluazifop-butyl)	NA	1,5	(W), B4, 630, Xi	-	-	-	-	++	++	++

[1]: Siehe Tabelle 14, Seite 56.
[2]: Siehe Tabelle 14, Seite 56.

++ = sehr gut bis gut   + = befriedigend bis ausreichend   – = nicht ausreichend

halb ist die Anwendung von Herbiziden unverzichtbar, um die Unkräuter in den Erbsen zu beseitigen.

9.6.3 Chemische Unkrautbekämpfung

Die Herbizidpalette ist ausreichend, um die wichtigsten Unkräuter und Ungräser zu bekämpfen. Dazu gehören Afalon (Linuron), Avadex 480 (Triallat), Basagran (Bentazon), Boxer (Prosulfocarb), Fervinal Plus (Sethoxydim), Fusilade 2000 (Fluazifop), Igran 500 bzw. Terbutryn (Terbutryn), Tribunil (Methabenzthiazuron) und Stomp SC (Pendimethalin).

Gegen Flughafer, Ackerfuchsschwanz, Einjährige Rispe und Windhalm kann im Vorsaatverfahren mit sofortiger Einarbeitung das preiswerte Avadex 480 mit 2,5 l/ha angewandt werden. Die besonderen Hinweise zur Anwendung sind auf Seite 101 beschrieben. Sind diese Ungräser nicht sicher zu erwarten, können noch im Nachauflaufverfahren Fusilade 2000 und Fervinal Plus im 2- bis 4-Blattstadium der Ungräser, außer der Einjährigen Rispe, eingesetzt werden.

Gegen Ackerfuchsschwanz und breitblättrige Unkräuter sind Boxer, Stomp SC, Igran 500 bzw. Terbutryn fl. und Tribunil ausgewiesen.

Boxer wird im Vorauflaufverfahren mit 5 l/ha angewandt. Die Wirkungsstärke liegt beim Klettenlabkraut, weniger beim Ackerfuchsschwanz.

Stomp SC wird mit 5 l/ha nach der Saat bis zum Auflaufen der Erbsen angewandt; auf feuchtem Boden und bei niedrigen Temperaturen ist die Wirkung gegen Ackerfuchsschwanz und Klettenlabkraut sowie gegen andere breitblättrige Unkräuter recht sicher. Eine Wirkungsschwäche liegt bei der Kamille, deren Bekämpfung in Erbsen jedoch von großer Bedeutung ist, weil die Samenköpfchen nicht von den Erbsen getrennt werden können.

Tribunil mit 4 kg/ha oder Igran 500 bzw. Terbutryn fl. mit 3,0 kg/ha wirken gegen Ackerfuchsschwanz und breitblättrige Unkräuter außer Klettenlabkraut. Die Kamille wird jedoch hinreichend bekämpft.

Nur gegen breitblättrige Unkräuter, einschließlich Klettenlabkraut, ist Basagran mit 2 l/ha im Nachauflaufverfahren bei 5 bis 10 cm Pflanzenhöhe wirksam. Afalon ist im Vorauflaufverfahren ebenfalls gegen breitblättrige Unkräuter wirksam, allerdings nicht gegen Klettenlabkraut.

10 Grassamenbau

Die Notwendigkeit zur Bekämpfung von Unkräutern und Ungräsern im Samenbau der Kulturgräser ergibt sich aus folgenden Gründen:
- Sicherung der Samenerträge,
- Ausschaltung qualitätsmindernder Einflüsse der Verunkrautung, insbesondere im Hinblick auf die Einhaltung der Reinheitsnormen nach den Vorschriften des Saatgutverkehrsgesetzes (Saatgutverordnung Landwirtschaft),
- Sicherstellung einer störungsfreien Ernte.

Besondere Beachtung verdienen die »Normunkräuter«, für die bei der Feldbesichtigung bzw. bei der Saatgutbeschaffenheitsprüfung spezielle Mindestanforderungen hinsichtlich Reinheit bestehen. Neben der in Deutschland fast ausgestorbenen Kleeseide sind dies die Ungräser Ackerfuchsschwanz, Quecke und Flughafer sowie Ampfer. Bei der Beschaffenheitsprüfung darf im zertifizierten Saatgut kein Flughafersamen und keine Kleeseide in einer Probe von 25 000 Samen vorhanden sein. Darin werden maximal 5 Ampfersamen toleriert.

Ackerfuchsschwanz darf einen Gewichtsanteil von 0,3 %, Quecke von 0,3 bis 0,5 % nicht überschreiten. An Samen anderer Pflanzarten insgesamt ist nur ein Gewichtsanteil von höchstens 1,5 bis 3,0 % je nach Gräserart erlaubt. Durch moderne, leistungsfähige Reinigungstechnik können zwar die meisten Unkrautsamen aus den Saatgutpartien herausgereinigt werden, jedoch ist dies stets mit einem je nach Technik mehr oder weniger hohen Verlust an wertvollem Saatgut verbunden. Einige Arten wie Ackerfuchsschwanz können, wenn überhaupt, nur mit sehr großem Aufwand bereinigt werden. Ähnliches gilt für bestimmte Fraktionen von Unkrautsamen, die sich in Größe und Form nur wenig von den Kultursamen unterscheiden (z. B. Flughafer in Glatthafer). Daraus folgt, daß schon im Feldbestand ein möglichst hohes Maß an Unkrautfreiheit angestrebt werden muß.

Nach repräsentativen Untersuchungen bayerischer Grassamenproben aus Vermehrungsvorhaben durch die Bayerische Landesanstalt für Bodenkultur und Pflanzenbau im Jahre 1982 wurden im Zuge der Saatgutbeschaffenheitsprüfung als häufigste Ungräser Windhalm, Quecke, Ackerfuchsschwanz, Taube Trespe und Flughafer, als häufigste Unkräuter Kamille, Vergißmeinnicht, Ampfer und Gänsefuß festgestellt. Zur Aberkennung führte am häufigsten Besatz mit Ampfer und

Flughafer mit einer Rate bis 12 % (Flughafer in Glatthafer).

10.1 Vorbeugende Unkrautregulierung

Grundlage der Unkrautbekämpfung sind die zahlreichen indirekten, vorbeugenden Maßnahmen wie Standortwahl, Fruchtfolgegestaltung, Ansaat- bzw. Einsaattermin, Düngung und Bestandespflege wie sofortiges Räumen der Deckfrucht, Abmähen längerer Stoppeln und alter Unkräuter sowie Schröpfschnitt. In vielen Fällen kann darüber hinaus auf den gezielten Einsatz chemischer Unkrautbekämpfungsmittel, die Sachkenntnis und Sorgfalt erfordern, nach genauer Bestandsbeobachtung nicht verzichtet werden. Da einige der genannten Problemunkräuter nicht oder nur sehr schwierig in den Grassamenbeständen zu bekämpfen sind, sollte zunächst versucht werden, auf nicht befallene Flächen auszuweichen oder diese Arten vor der Grassamensaat oder in anderen Kulturen zu bekämpfen. So sollte die Quecke grundsätzlich vor der Grassamenansaat entweder acker- oder pflanzenbaulich, mechanisch oder chemisch mit einem standortgerechten zugelassenen Verfahren ausgeschaltet werden, da eine selektive Bekämpfung im Bestand mit Ausnahme von Rotschwingel nicht möglich, bei mehrjähriger Grassamenerzeugung sogar mit einer deutlichen Zunahme der Verqueckung zu rechnen ist. Ähnliches gilt für den Ackerfuchsschwanz, der nur unter größten

Schwierigkeiten aus dem Saatgut herausgereinigt werden kann und daher schon im Bestand möglichst vollständig zu beseitigen ist.

10.2 Chemische Unkrautbekämpfung

Obwohl zur chemischen Bekämpfung grundsätzlich dieselben Präparate wie im Getreidebau Verwendung finden, erfordert eine sachgerechte Bekämpfung von Unkräutern und Ungräsern im Grassamenbau ein wesentlich höheres Maß an Sachkenntnis, Erfahrung und Einfühlungsvermögen. Der wahllose Einsatz irgendwelcher Getreideherbizide kann zu erheblichen Mißerfolgen führen, da die Kulturgräser in Abhängigkeit vom Entwicklungsstadium eine sehr unterschiedliche Verträglichkeit gegenüber den einzelnen Wirkstoffen aufweisen.

Die Wirkung der Herbizide ist von vielen Faktoren abhängig. Bodenherbizide versagen bei hohem Humusgehalt der Böden und oft auch bei Trockenheit. Im folgenden sind einige Faktoren, die bei der chemischen Unkrautbekämpfung einzuhalten sind, aufgeführt:

– Klären, ob Grasart, Sorte und Entwicklungsstand eine Behandlung zulassen!
– Keine mechanische Bearbeitung kurz vor oder nach der Behandlung mit Herbiziden!
– Optimale Enwicklungsbedingungen für die Gräser schaffen, da gut entwickelte Pflanzen eine Herbizidbehandlung stets besser vertragen!

Die Mittelwahl richtet sich grundsätzlich wie im Ackerbau nach der vorhandenen Unkrautflora. Bei der nachstehenden Abhandlung der wichtigsten, für den Grassamenbau geeigneten Präparate wurden vorrangig bewährte zugelassene Verfahren berücksichtigt. Wo derzeit für einige wichtige Indikationen noch keine amtliche Zulassung vorliegt, wurden jene Mittel aufgeführt, die sich an mehreren Stellen über mehrere Jahre hinweg als brauchbar erwiesen haben. Dabei ist zu beachten, daß manchmal nichtkalkulierbare Einflüsse schwerwiegende Wirkungsveränderungen herbeiführen können. Im Zweifelsfall sollte die einschlägige Fachberatung zugezogen werden. In jedem Fall ist es ratsam, eine kleine Parzelle unbehandelt zu belassen, damit man sich vom Erfolg oder Mißerfolg überzeugen kann.

10.3 Ungräserbekämpfung in Getreidedeckfrüchten

Bei Frühjahrseinsaaten von Kulturgräsern in Wintergetreide als Deckfrucht sollte die Bekämpfung von Ackerfuchsschwanz und Windhalm im Herbst im VA- bzw. NAK-Verfahren (1- bis 2-Blattstadium der Kultur) durchgeführt werden. Geeignet sind Herbizide mit relativ kurzer Dauerwirkung wie Igran 500 im VA, Boxer im VA bis NAK-Stadium und Isoproturonmittel im NA-Verfahren bis Mitte Oktober. Neuere Erfahrungen haben gezeigt, daß Isoproturonmittel auch bei Vegetationsbeginn im Frühjahr von nachfolgenden Untersaaten

ausreichend vertragen werden, wenn der Abstand zwischen Spritzung und Einsaat der Gräser ca. 2 bis 3 Wochen beträgt. Als Faustzahl kann 1 Woche je kg Isoproturon angesetzt werden. Während Weidelgräser kaum geschädigt werden, reagieren Lieschgras und Rotschwingel empfindlicher.

10.4 Breitblättrige Samenunkräuter

10.4.1 Kontaktherbizide

Aufgrund ihrer guten Kulturpflanzenverträglichkeit verdienen die Kontaktherbizide vorrangige Empfehlung auf Standorten ohne Wurzelunkräuter. Nachdem die langjährigen Standardmittel Aretit fl. und Faneron fl. verschwunden sind und das Ioxynil-Mittel Trevespan nicht zur Verfügung steht, beschränkt sich das Angebot auf die Bromoxynil-Mittel Buctril bzw. Certrol B und auf Basagran (W-Auflage!). Sie weisen nur ein begrenztes Wirkungsspektrum (Kamille, Klettenlabkraut) auf und sind auf helles, wüchsiges Wetter angewiesen. Sie können im Ansaatjahr sowohl bei Blanksaat (ab 3- bis 4-Blattstadium) als auch bei Ansaat unter der Getreidedeckfrucht entweder bis kurz vor der Einsaat oder ab 3-Blattstadium der Gräser mit den für Getreide zugelassenen Aufwandmengen eingesetzt werden.
Bei Blanksaaten sind Maßnahmen zur Unkrautregulierung wegen der geringen Konkurrenzkraft der Gräser zur Ertrags- und Qualitätssicherung be-

sonders wichtig. Als Beispiel seien die Ergebnisse eines Versuches zur Aufwuchsbehandlung bei Einjährigem Weidelgras aus Schleswig-Holstein durch Schröpfschnitt, Kalkstickstoff und Kontaktmittel aufgeführt (Tab. 43). Auch im Samenjahr (Herbst oder Frühjahr) sind Kontaktmittel bei Beachtung der Unkrautentwicklung und Witterungsbedingungen weitgehend problemlos. Im Frühjahr des Samenjahres ist darauf zu achten, daß keine zu starken Blattschädigungen hervorgerufen werden. Daher keine Anwendung bei zu hohen Temperaturen und unter Bedingungen, die eine schwache Ausbildung der Wachsschicht auf den Blattspreiten der Gräser erwarten lassen.

10.4.2 Sulfonylharnstoffmittel

Neueste Erfahrungen mit Präparaten aus dieser Wirkstoffgruppe wie Gropper, Concert und Pointer belegen, daß deren Anwendung im Grassamenbau nur sehr begrenzt vertreten werden kann. Die meisten Grasarten reagieren sehr empfindlich. Dies gilt insbesondere für die Anwendung im frühen Entwicklungsstadium der Kulturgräser (bis zum 3- bis 5-Blattstadium). Vertretbar sind nur stark reduzierte Aufwandmengen im Herbst und im Frühjahr des Samenjahres. Innerhalb der Kulturgräser reagiert der Wiesenschwingel am empfindlichsten, weshalb auch geringe Mengen nicht unbedenklich sind. In Weidelgräsern, Wiesenfuchsschwanz, Gold- und Glatthafer können bis Ende der Bestockung (EC 29) geringe Aufwandmengen von 8 bis 10 g Gropper zur gezielten Bekämpfung der Kamille vertretbar sein. Etwas robuster sind Lieschgras und Rotschwingel, relativ wenig empfindlich reagieren Knaulgras und Wiesenrispe, die auch im Samenjahr bis EC 29 höhere Mengen von Gropper, Concert und Pointer vertragen.

10.4.3 Wuchsstoffherbizide und wuchsstoffhaltige Breitbandmittel

Bei der Anwendung von Wuchsstoffherbiziden bzw. wuchsstoffhaltigen Kombinationspräparaten, die vor al-

Tabelle 43: Einfluß der Unkrautbekämpfung auf den Samenertrag bei Einjährigem Weidelgras

	Anerkennungsfähige Ware	
	dt/ha	rel.
Unbehandelt	5,65	100
Schröpfschnitt	7,00	124
Kalkstickstoff	6,48	115
Kontaktmittel	8,14	144

lem bei gleichzeitigem Auftreten von Samen- und Wurzelunkräutern wie Akkerdistel, Löwenzahn u. a. in Frage kommen, sind einige Besonderheiten zu beachten.

Relativ unproblematisch ist die Behandlung im Ansaatjahr unter Getreidedeckfrucht. In der Regel wird die Grasuntersaat entweder nach Herbstsaat (Wintergetreidearten) oder Frühjahrssaat (Sommergetreide) im Frühjahr durchgeführt. Dabei können alle im Getreidebau zugelassenen Wuchsstoffherbizide ab 3- bis 4-Blattstadium der Gräser eingesetzt werden, ohne im Samenjahr Ertragsminderungen befürchten zu müssen. Bei einzelnen Grasarten ist allerdings ein vorübergehender Wachstumsschock möglich. Bei Blanksaaten im Spätsommer nach Getreide (Weidelgräser, Wiesenschwingel) können Wuchsstoffe mit Ausnahme von Dichlorprop und Dicamba (Banvel M) ab 3- bis 5-Blattstadium der Gräser bis ungefähr Mitte September, Mecoprop und MCPA auch bis zum Einsetzen der Frostperiode gefahrlos verwendet werden. Dieselben Grundsätze gelten auch für die Wuchsstoffbehandlung im Herbst nach der Deckfruchternte und nach der Samenernte. Besondere Vorsicht ist jedoch bei Anwendung dieser Mittel im Frühjahr des Samenjahres geboten. Da Wuchsstoffe aufgrund ihrer systemischen Wirkung in den Stoffwechsel der Pflanzen eingreifen, kann es bei Anwendung in der Phase der Differenzierung der Samenanlage zu starken Deformationen und Schädigungen der Ährenanlagen und dadurch zu erhebli-

chen Ertragsminderungen kommen. Wuchsstoffe dürfen daher grundsätzlich erst nach Abschluß der Differenzierung zum Einsatz gelangen. Bei Herbstanwendung vor dem Samenjahr ist die Wuchsstoffanwendung zeitlich so zu begrenzen, daß die Wirkstoffe bei Beginn der Differenzierungsphase inaktiviert sind. Obwohl sich die einzelnen Arten und Sorten in Abhängigkeit von der Standort- und Klimabedingungen unterschiedlich verhalten können, kann als Orientierungshilfe für den Abschluß der Differenzierung allgemein (ca. 12 Tage vor Beginn des Rispen- bzw. Ährenscheibens) bei den wichtigsten Arten folgendes gelten:

Mitte bis Ende April:
Wiesenrispe

Anfang Mai:
Knaulgras, Glatthafer, Goldhafer, Rotschwingel, Wiesenschwingel, Deutsches Weidelgras mit früher und mittlerer Reifezeit, Welsches Weidelgras

Mitte bis Ende Mai:
Weißes Straußgras, Lieschgras, Deutsches Weidelgras mit später Reifezeit

Allgemein sollte zwischen Abschluß der Bestockung und Beginn des Halmschiebens behandelt werden. Da aber auch zu diesem Termin Kontaktmittel den wuchsstoffhaltigen Präparaten in der Kulturverträglichkeit meist überlegen sind, sollten letztere nur dann eingesetzt werden, wenn die Verunkrautungsart dazu zwingt. Die einzelnen Wirkstoffgruppen weisen je nach Grasart und -sorte unterschiedliche Kulturverträglichkeit auf. Auszuschließen von der Behandlung sind Dicamba-Mittel (Banvel M) sowie Dichlorprop in voller Aufwandmenge. Als relativ gut verträglich erwiesen sich vor allem Präparate auf Basis von MCPP und MCPA. Im übrigen sind die örtlichen Erfahrungen bei den einzelnen Arten zu berücksichtigen. Von den breitwirksamen, wuchsstoffhaltigen Kombinationspräparaten liegen neuerdings positive Erfahrungen mit Foxtril und Bifenal, insbesondere bei Herbstbehandlung nach der Deckfruchternte vor.

Relativ gute Verträglichkeit wurde bei Starane 180 (0,8 bis 1,0 l/ha) im Frühjahr des Samenjahres bei Weidelgräsern, Wiesenrispe, Wiesenschwingel und Rotschwingel beobachtet.

10.5 Ungräser

10.5.1 Flughafer

Eine gezielte Flughaferbekämpfung kann sowohl im Ansaatjahr unter Deckfrucht als auch im Frühjahr des Samenjahres erforderlich sein.

In Weizen und Roggen mit Herbstuntersaat von Weidelgräsern und Wiesenschwingel ist nach bisheriger Erfahrung die Anwendung von Ralon möglich, wenn die Gräser das 3- bis 4-Blattstadium erreicht haben und der Flughafer sich im 2- bis 6-Blattstadium befindet.

In Weizen und Sommergerste mit Untersaat von Rotschwingel kann die Flughaferbekämpfung mit Illoxan (2,5 l/ha) im 2- bis 4-Blattstadium des Flughafers ohne Schädigung der Untersaat durchgeführt werden. Im Frühjahr des Samenjahres wäre der größte Bedarf einer gezielten Flughaferbekämpfung beim Glatthafer gegeben, da das Herausreinigen der Samen aus dem Saatgut größte Schwierigkeiten bereitet. Leider stehen derzeit keine geeigneten Präparate zur Verfügung. Sofern die Wiederzulassung von Avenge und Barnon vorliegt, können nach langjährigen Praxiserfahrungen Avenge im Wiesenschwingel und Barnon in Weidelgräsern ohne Schädigungsrisiko eingesetzt werden. Beim Rotschwingel kann auf das zugelassene Fusilade 2000 zurückgegriffen werden. Auf manuelle Nachbereinigung wird angesichts der nicht 100%igen Wirkung der Präparate in vielen Fällen nicht zu verzichten sein.

10.5.2 Ackerfuchsschwanz

Der Ackerfuchsschwanz bereitet immer noch erhebliche Sorgen. Die praktisch vollständige Tilgung dieses Ungrases ist bei den meisten Grasarten, wenn überhaupt, nur unter Inkaufnahme eines nicht unerheblichen Schädigungsrisikos zu erreichen. Die besten Möglichkeiten, das gesteckte Ziel durch Herbizideinsatz zu erreichen, bieten sich bis jetzt beim Rotschwingel, der auch aufgrund geringer Konkurrenzkraft von den wichtigsten Kulturgräsern am stärksten durch Ackerfuchsschwanz bedroht ist. Auf Lehmböden hat sich aufgrund mehrjähriger Prüfungen die Doppelbehandlung mit Tribunil (4 kg/ha), das auch die meisten Samenunkräuter miterfaßt, als eine brauchbare Lösung erwiesen, wobei die erste Behandlung im Spätsommer nach der Deckfruchternte, die zweite kurz vor bzw. bei Vegetationsbeginn im Frühjahr zu erfolgen hat. Dieser Sondereinsatz sollte aber nur nach genauer Bestandesbeobachtung und nicht ohne örtliche Beratung durchgeführt werden. Gleiches gilt auch für die Anwendung von Tribunil (5 bis 6 kg/ha) nach der Deckfruchternte im Herbst, eine Methode, die sich in den letzten Jahren lokal auf Lehmböden bewährt hat. Wirkungsgrade von 95 bis 99 % sind auch durch zeitige Frühjahrsanwendung von Fusilade 2000 (1,5 bis 2,0 l/ha) zu erzielen, insbesondere nach Herbstanwendung von Tribunil zur allgemeinen Unkrautbekämpfung. Dabei ist zu beachten: Keine Tankmischung mit anderen Herbiziden! Anwendung möglichst bei warmem, wüchsigem Wetter!

Ungünstiger ist die Situation bei Weidelgräsern und Wiesenschwingel. Während die Doppelbehandlung mit Tribunil bei Wiesenschwingel noch vertretbar ist, erscheint die Schädigungsgefahr bei Weidelgras zu groß. Positive Erfahrungen liegen mit dem Wirkstoff Ethofumesate (Nortron 500, Tramat 500) vor, auch wenn der erforderliche Wirkungsgrad von nahezu 100 % nicht zu erreichen ist. Die Anwendung von Tramat 500 (3 l/ha) bei feuchtem Boden im Spätherbst verspricht den besten Erfolg. Der Ackerfuchsschwanz sollte aber das 2- bis 3-Blattstadium nicht überschritten haben. Auch in Blanksaaten von Weidel-

gräsern und Lieschgras ist ab dem 3-Blattstadium eine Ackerfuchsschwanzbekämpfung mit einer Aufwandmenge von 2,5 bis 3,0 l/ha des Präparates möglich. Wegen der begrenzten Bekämpfungsmöglichkeiten sollten Vermehrungsvorhaben möglichst auf noch ackerfuchsschwanzfreie Standorte begrenzt werden.

10.5.3 Windhalm, Rispenarten

Wesentlich einfacher sind Windhalm, Einjährige und Gemeine Rispe in den wichtigsten Kulturgräsern zu bekämpfen.

Nach der Deckfruchternte kommt in erster Linie das in Rotschwingel zugelassene Tribunil (3 bis 4 kg/ha) in Frage, das auch im Deutschen Weidelgras und Wiesenschwingel eingesetzt werden kann und mit 4 kg/ha auch eine gute Teilwirkung gegen Ackerfuchsschwanz besitzt. Einjährige Rispe wird meist schon durch 2 bis 3 kg/ha ausreichend erfaßt. Gemeine Rispe und Ackerfuchsschwanz sollten möglichst früh gespritzt werden, was ab 2 bis 3 Wochen nach der Deckfruchternte möglich ist. Schwach entwickelte, flach bewurzelte und lückige Bestände dürfen erst behandelt werden, wenn Kräftigung eingetreten ist. Unter süddeutschen Verhältnissen erreicht der Rotschwingel häufig erst 4 bis 6 Wochen nach der Deckfruchternte eine ausreichend kräftige Bestandesentwicklung. Bei schwachen Beständen kann auch ein Splitten der Aufwandmenge vorteilhaft sein, wobei die zweite Behandlung ca. 3 bis 4 Wochen nach der ersten erfolgen sollte. Die Anwendung ist nur bei feuchtem Boden sinnvoll. Gegen Windhalm sind spätere Behandlungen zweckmäßig, wobei auch Frühjahrsbehandlungen kurz vor oder bei Vegetationsbeginn geeignet sind.

Nach der Samenernte und im Frühjahr des zweiten Samenjahres können die Ungräserprobleme auf dieselbe Weise mit noch geringerem Schädigungsrisiko gelöst werden. Dabei kann Tribunil auch zu der im jungen Entwicklungstadium empfindlichen Wiesenrispe eingesetzt werden, die nach Ausbildung der Ausläufertriebe voll widerstandsfähig ist.

In Banksaaten von Weidelgräsern haben sich aufgrund mehrjähriger Versuchserfahrungen folgende Varianten zur Ungräser- und Unkrautbekämpfung bewährt:

- die Tankmischung von Tramat 500 (1,2 l/ha) + Stomp SC (2,5 l/ha) im 1- bis 2-Blattstadium der Kultur mit Schwächen gegen Kamille (Nachbehandlung nach Bedarf mit Foxtril u. a.),
- die Spritzfolge von Flexidor (0,15 l/ha) vor dem Auflaufen und Tramat 500 (1,2 l/ha) im 1- bis 2-Blattstadium der Kultur.

10.5.4 Quecke

Vereinzelt auftretende Queckennester lassen sich in allen Kulturgräsern durch gezielte Anwendung von Roundup, möglichst mit Rückenspritze (Einzeldüse) unter Inkaufnahme der Schädigung mitgetroffener Kulturgräser, nachhaltig bekämpfen. Die Behandlung ist am günstigsten mit einer 0,5%igen Lösung bzw. 4 bis 5 l/ha nach Ernte der Deckfrucht bzw. der Kulturgräser bei ausreichender Entwicklung der Queckenblattmasse durchzuführen. Eine selektive Queckenbekämpfung ist nur im Rotschwingel möglich. Durch Anwendung von Fusilade 2000 mit 2,5 l/ha gegen Ende der Bestockung im Frühjahr des Samenjahres kann die Samentriebbildung verhindert werden. Warmes, wüchsiges Wetter begünstigt die Wirkung und die Kulturverträglichkeit.

10.6 Ausfallgetreide

Ein weiteres, schwieriges Problem stellt die Bekämpfung des Ausfallgetreides, das die jungen Gräser bei starkem Auflaufen in erheblichem Maße zu unterdrücken vermag und auch Belastungen bei der Saatgutaufbereitung mit sich bringen kann, nach der Deckfruchternte dar. Da es sich in erster Linie um eine Mengenfrage handelt, sind zunächst alle Maßnahmen der Technik auszuschöpfen, die eine möglichst verlustarme Ernte gewährleisten. Chemische Maßnahmen haben bisher nur gebietsweise bei der Bekämpfung von Sommer-, und mit etwas geringerem Erfolg, von Wintergerste zu einem befriedigenden Ergebnis durch Anwendung von 3 bis 4 kg/ha Tribunil, besonders in Verbindung mit nachfolgendem Frost, geführt. Neben Bodentrockenheit bereitet auch das verzettelte Auflaufen des Getreides Schwierigkeiten. Am sichersten wirkte noch die Behandlung im 1- bis 3-Blattstadium des Ausfallgetreides. Zweizeilige Wintergerstensorten zeigten sich gegen Tribunil empfindlicher als mehrzeilige. In Rotschwingel lassen sich alle Ausfallgetreidearten durch Fusilade 2000 (1,5 l/ha, ausgewiesene Indikation) ausreichend und sicher bekämpfen. Günstigster Termin ist das 2- bis 5-Blattstadium des Ausfallgetreides im Spätsommer. Dabei darf keine Tankmischung mit anderen Herbiziden verwendet werden; diese sind im Abstand von 1 bis 2 Wochen auszubringen.

10.7 Fremde Kulturgräser

Erhebliche Schwierigkeiten kann auch der Besatz mit fremden Kulturgräsern in den Vermehrungsbeständen verur-

Tabelle 44: Zusammenstellung der in Gräsern zur Samengewinnung verwendeten Wirkstoffe und Handelspräparate

Wirkstoffe	Handelspräparate	Auflagen[1]		
Bromoxynil-Ester	Buctril, Centrol B	–	B4, 631,	Xn
Bromoxynil + DP	Certrol DP, Trevespan DP	–	B4, 630,	Xn
2,4-D + MCPA	Eigenmischung	W,	B4, 630,	Xn
Diclofop-methyl	Illoxan		B4, 630,	Xi
Dichlorprop	Duplosan DP	–	B4, 630,	Xn
Ethofumesate	Tramat 500, Nortron 500	–	B4, 630	–
Fenoxapropethyl + Fenchlorazol-ethyl	Ralon		B4, 630,	Xi
Fluazifop-butyl	Fusilade 2000	(W)	B4, 630,	Xi
Fluroxypyr	Starane 180	–	B4, 630,	Xi
Glyphosate	Roundup		B4, 630,	Xi
Haloxyfop	Gallant	W,	B4, 630,	Xi
Isoproturon	Arelon fl.	–	B3, 631,	Xn
Isoxaben	Flexidor	–	B3, 630	–
MCPA	z. B. U 46 M-Fluid		B4, 630,	Xn
Mecoprop	Duplosan KV, Astix CMPP		B4, 630,	Xn
Methabenzthiazuron	Tribunil	–	B4, 630	
Metsulfuron-methyl	Gropper	–	B4	–
Metsulfuron + Thifensulfuron	Concert	–	B4	–
Pendimethalin	Stomp SC	–	B4, 630	
Tribenuron-methyl	Pointer	–	B4, 630	

[1]: Siehe Tabelle 14, Seite 56.

sachen, die meist aus früherem Anbau mit diesen Arten resultieren. Seit einigen Jahren können Weidelgräser selektiv in Rotschwingelkulturen mit Illoxan 3 bis 4 l/ha, das mit einer spezifischen Wirkung gegen Weidelgräser ausgestattet ist und den Rotschwingel vollständig schont, bekämpft werden.

Mit noch breiterer Wirkung ausgestattet ist Fusilade 2000, mit dessen Hilfe fast alle Fremdgräser, mit Ausnahme von *Poa annua* in Rotschwingel, selektiv beseitigt werden können. Optimaler Anwendungstermin dürfte, ebenso wie bei Illoxan, das 2- bis 5-Blattstadium der »Schadgräser« sein.

Zur gezielten Bekämpfung der Einjährigen Rispe in Rotschwingel hat sich Gallant in einer Aufwandmenge von 1,5 l/ha sowohl im Spätherbst als auch nach Vegetationsbeginn im Frühjahr bewährt. Wichtiger als die Aufwandmenge ist dabei ausreichend Boden- und hohe Luftfeuchtigkeit. Keine Anwendung bei ausgeprägter Trockenperiode!

Auch im Frühjahr des Samenjahres kann gegen überwintertes Ausfallgetreide Fusilade 2000 (1,5 l/ha) bei wüchsigem Wetter eingesetzt werden. In Wiesenschwingel und Weidelgräsern wurde eine ausreichende Bekämpfung von Gersten- und Weizenausfall durch Tramat 500 (3,0 l/ha) bei Anwendung im Spätherbst festgestellt. Voraussetzung ist eine ausreichende Bodendurchfeuchtung.

11 Feldfutterpflanzen

Die Unkrautbekämpfung in Feldfutterpflanzen erfolgt vornehmlich mit vorbeugenden, mechanischen und pflanzenbaulichen Maßnahmen. Dabei sind vor allem die verschiedenen Ansprüche an Standort, Aussaatzeit, Nutzungsform und Fruchtfolge zu berücksichtigen. Denn ungünstige Wachstumsbedingungen führen zu Lücken im Bestand, der dann sehr schnell verunkrautet. Die Anwendung von Herbiziden in Feldfutterpflanzen, die nur zur Futtergewinnung bestimmt sind, ist aus wirtschaftlichen Überlegungen nur selten notwendig. Es sind auch nur wenige Mittel auf dem Markt, die für den Einsatz im Feldfutterbau zugelassen sind.

Die Unkrautbekämpfung in Gräsern zur Samengewinnung wurde bereits in Kapitel 10 behandelt.

11.1 Rotklee

Rotklee gedeiht am besten auf mittelschweren Böden in feuchtkühlen Lagen. Anbaupausen von 5 bis 6 Jahren müssen eingehalten werden. Unter ungünstigen Wachstumsbedingungen entstehen lückige Stellen im Rotkleebestand, die dann rasch verunkrauten können.

Bei Blanksaaten genügt im allgemeinen ein Schröpfschnitt, um die Unkräuter in Schach zu halten.

In der Regel wird Rotklee unter eine Getreidedeckfrucht eingesät. Bei der Unkrautbekämpfung im Getreide ist zu beachten, daß nur bestimmte Verfahren die Rotkleeuntersaat ausreichend schonen. Am besten hat sich die Anwendung der Kontaktmittel Basagran (2 l/ha), (W-Auflage!) oder Buctril bzw. Certrol B (1,5 bis 2,0 l/ha) 3 Tage vor der Aussaat des Klees bewährt. Bei starker Distelverunkrautung kann auch das Wuchsstoffmittel MCPA nach Bildung des dritten Laubblattpaares bei guter Abschirmung des Klees durch Getreide bzw. Unkraut verwendet werden.

Nach der Getreideernte wächst Rotklee zügig. Er sollte Anfang Oktober geschnitten werden. Beweiden mit Schafen ist möglich, dagegen können Rinder mit ihrem Tritt größeren Schaden anrichten. Bei feuchtem Boden dürfen Rotkleebestände nicht mit schweren Maschinen befahren werden. Sind im März lückige Stellen im Gemisch von Einjährigem Weidelgras mit Perserklee, muß breitwürfig nachgesät und eingeeggt werden.

In den folgenden Nutzungsjahren können vor allem in lückigen Beständen

Ungräser, Quecken, mehrjährige Unkräuter wie Löwenzahn und in bestimmten Gebieten auch Ampferarten überhandnehmen. Eine chemische Bekämpfung ist allgemein nur gegen die Ampferarten, die stark verdrängend wirken können, sinnvoll. Bewährt hat sich das Ampferspezialmittel Asulox (Asulam) mit 4 l/ha, das auch bei Luzerne und Kleegras eingesetzt werden kann. Der günstigste Anwendungstermin ist der Spätsommer (Ende August bis Ende September) oder der erste Aufwuchs im Frühjahr. Die Behandlung darf nicht bei sehr hohen Temperaturen (über 25 °C) erfolgen. Die Wartezeit von 3 Wochen ist einzuhalten.

Asulox ist von der Biologischen Bundesanstalt für den Einsatz in Klee, Luzerne und Kleegras nicht ausgewiesen, so daß der Anwender das Risiko zu tragen hat.

Nehmen Ungräser und mehrjährige Unkräuter im Bestand stark überhand, dann ist letztlich ein Umbruch notwendig.

11.2 Luzerne

Für Gebiete mit regelmäßigen und anhaltenden Trockenperioden ist die Luzerne eine wertvolle und ertragssichere Futterpflanze. Um lückige Bestände zu vermeiden, müssen Anbau, Pflege und Nutzung besonders beachtet werden. Luzerne sollte einmal im Jahr blühen; der letzte Schnitt darf nicht zu spät erfolgen, damit die Luzerne etwa 10 cm hoch in den Winter kommt. Auf

Bodenverdichtungen stirbt die Luzerne ab. Im Frühjahr verträgt sie einen Eggenstrich auf abgetrocknetem Boden. Bei der bevorzugten Blanksaat kann Mitte Juni bis Mitte Juli ein Reinigungsschnitt erfolgen, der viele Unkräuter schon vor der Samenreife vernichtet. In den weiteren Nutzungsjahren ist die Verwendung von Sencor 1,0 kg/ha in der Vegetationsruhe gegen die Unkräuter, außer Klettenlabkraut und Löwenzahn, möglich. Löwenzahn kann mit 2 bis 3 dt/ha granuliertem Kalkstickstoff, der im April ausgebracht wird, zu etwa 50 % vermindert werden.

Gegen Ampfer kann Asulox mit 4 l/ha auf eigenes Risiko eingesetzt werden, weil es nicht von der Biologischen Bundesanstalt für diesen Anwendungsbereich ausgewiesen ist. Bei starker »Vergrasung« bzw. bei erheblicher Verunkrautung mit mehrjährigen Unkräutern ist Umbruch des Bestandes ratsam.

11.3 Kleegrasanbau

Während reine Kleebestände stärker unkrautgefährdet sind, können Kleegrasbestände auch ungünstige Wachstumsbedingungen besser ausgleichen und neigen deshalb nur wenig zum Verunkrauten. Sie können sogar im Intensivanbau das Unkraut stark unterdrücken, mit Ausnahme der Quecke und des Ampfers.

Maßnahmen zur Unkrautbekämpfung werden deshalb kaum für erforderlich gehalten.

12 Zwischenfrüchte

Zwischenfrüchte sind je nach Art mehr oder weniger konkurrenzfähig gegenüber Unkräutern. Raps, Ölrettich und Senf in engen Reihenabständen von 12 bis 15 cm oder gar breitwürfig ausgesät unterdrücken das Unkraut recht sicher.

Werden Zwischenfrüchte als Gründüngung angebaut, ist in aller Regel keine Unkrautbekämpfung erforderlich. Eine geringfügige Beeinträchtigung der Grünmasse durch Unkräuter rechtfertigt im allgemeinen keine zusätzlichen Kosten für eine Unkrautbekämpfung.

Anders ist es, wenn die Zwischenfrüchte der Futtergewinnung dienen. Erwartet werden hohe Massenerträge pro Flächeneinheit, die maschinell ohne Verunreinigungen geerntet werden können. Ein Beispiel dafür sind Stoppelrüben, die in Reihenabständen von 45 bis 65 cm ausgesät und mit Rübenziehmaschinen geerntet werden. Durch die Verunkrautung bedingte niedrige Erträge wären noch hinzunehmen, aber nicht die Verschmutzung des Futters durch den Boden, der an den mit den Rüben gemeinsam ausgezogenen Wurzelballen der Unkräuter haftet. In Stoppelrüben sind verschiedene Herbizide ausgewiesen. Gegen Ackerfuchsschwanz, Windhalm, Einjährige Rispe und zweikeimblättrige Unkräuter ist Butisan S mit 2 l/ha im Vorauflaufverfahren wirksam. Die Wartezeit beträgt 70 Tage.

Nur gegen Weißen Gänsefuß, Spreizende Melde und Vogelmiere sind die Trifluralin-Mittel Demeril 480 EC, Elancolan bzw. Scirocco mit 2 l/ha auf leichten und mittleren Böden mit Einarbeitung geprüft und ausgewiesen. Die Wartezeit beträgt 60 Tage.

Im Spätsommer kann der Wirkstoff Dalapon mit den Herbiziden Aadipon, Basfapon und Basinex P mit 15 kg/ha gegen die Quecke angewandt werden. Die Kosten der Herbizide belasten eine Zwischenfrucht allerdings erheblich, so daß von dieser Seite wirtschaftliche Beschränkungen gegeben sind. Es ist deshalb auch zu prüfen, ob die Unkräuter wirtschaftlicher mit mechanischen Verfahren bekämpft werden können, beispielsweise mit der Maschinenhacke.

In grasartigen Zwischenfrüchten sind derzeit keine Pflanzenschutzmittel ausgewiesen. Bei Aussaaten in einer kühlen Witterungsperiode auf feuchten Standorten sind zum Beispiel Vogelmiere, Knötericharten und Ackerhohlzahn durchaus eine ernstzunehmende Konkurrenz, die eine Futtergewinnung in Frage stellen.

13 Queckenbekämpfung

Die Quecke *(Elymus repens,* früher *Agropyron repens)* ist mehr oder weniger gleichmäßig über das gesamte Gebiet der Bundesrepublik Deutschland verbreitet und findet auf fast allen Standorten – besonders gut aber auf humosen Sandböden, wo sie die gesamte Ackerkrume mit ihren Rhizomen durchwachsen kann – ansprechende Wachstumsbedingungen. Das Schadgras zählt demzufolge seit jeher zu den unangenehmsten Schadpflanzen. Wie kaum ein anderes Ungras konkurriert sie mit der Kulturpflanze um Standraum, Wasser, Licht und Nährstoffe und kann Notsituationen durch ihr weit verzweigtes Wurzelwerk wesentlich besser ausgleichen als alle Kulturen. Schon ein Deckungsgrad von 5 bis 10 % oder etwa 30 ährentragende Queckenhalme pro m² kurz vor der Getreideernte sind als kritisch anzusehen.

Die Quecke kann sich durch Samen fortpflanzen, ihre Ausbreitung geschieht aber hauptsächlich auf vegetativem Wege mittels Ausläufer (Rhizome). Schlechthin zählt die Quecke zu den schwer bekämpfbaren Wurzelunkräutern. Einschlägige Untersuchungen ergaben, daß auf einer stark verqueckten Ackerfläche bis zu 2890 g Wurzelmasse je m² ermittelt wurden.

Diese Ausläufer aneinandergelegt, ergeben eine Gesamtlänge von 459 m mit nahezu 26 000 Brutknospen, aus denen sich neue Triebe und somit Pflanzen entwickeln können. Das Ausbreitungs- und Regenerationsvermögen der Quecke ist folglich schon beachtlich und vielfach kaum vorstellbar.

Der wirtschaftliche Schaden durch einen stärkeren Queckenbesatz ist beträchtlich und bewirkt vor allem eine Minderung des Ertrages und verschlechtert die Qualität des Erntegutes. Die Korrelationen zwischen Queckenbesatz und Mengenertrag sind hoch gesichert, d. h., mit steigender Queckenverseuchung fällt der Kornertrag der Getreidekultur.

Gleichermaßen sind jedoch auch indirekte Schäden als Folge einer Verqueckung nicht zu vernachlässigen. Dazu zählen u. a. erschwerte und kostspielige Bestell-, Pflege- und Erntearbeiten. Darüber hinaus ist die Quecke Wirtspflanze für verschiedene Krankheiten und Schädlinge, die auch Getreide befallen, wie z. B. Halmbruchkrankheit *(Pseudocercosporella herpotrichoides),* Schwarzbeinigkeit *(Ophiobolus graminis),* Rostkrankheiten oder die Sattelmücke *(Haplodiplosis marginata).*

In den letzten Jahren hat die Verquekkung der Ackerflächen deutlich zugenommen. Mehrere Ursachen sind dafür verantwortlich zu machen:

- zunehmender Getreideanteil in den Fruchtfolgen;
- eingeschränkte Bodenbearbeitung, und zwar durch kurzfristigen Nachbau von Haupt- und Zwischenfrüchten, d. h. Einschränkung der Stoppelbearbeitung mit Grubber oder Schälpflug sowie Einsatz von Gerätekombinationen;
- erhöhte Düngergaben, insbesondere mit Stickstoff; sie führen zu einer Verbesserung der Durchsetzungsfähigkeit;
- verstärkte Hereinnahme von Grünbrache- bzw. Brachflächen;
- allgemeine Extensivierungstendenzen bei der Ackernutzung.

13.1 Mechanische Bekämpfung

Die landwirtschaftliche Nutzung der Böden ist darauf auszurichten, daß einer Vermehrung des gefährlichen Wurzelunkrautes möglichst vorbeugend begegnet wird. Jegliche ackerbaulichen Arbeiten sollten entsprechend mit Sorgfalt durchgeführt werden. Dazu gehören eine saubere und gleichmäßig tiefe Pflugarbeit sowie optimale Bestellbedingungen. Unzulänglichkeiten oder sogar Fehler können das Auftreten von Quecken entscheidend begünstigen.

Sofern schon eine gewisse Verquekkung gegeben ist, empfiehlt es sich, die Fläche nach der Ernte flach umzupflügen (10 bis 15 cm) oder eine Schälfurche von ca. 8 bis 10 cm vorzunehmen und nachfolgend mit Grubber oder schwerer Egge zu bearbeiten. Die im oberen Bodenbereich befindlichen Rhizome werden somit freigelegt. Bei anhaltend trockener Witterung vertrocknen die Queckentriebe. Im Bedarfsfall ist nach 8 bis 10 Tagen die oberflächliche Bodenbearbeitung zu wiederholen. Der Erfolg der mechanischen Bekämpfung ist jedoch sehr witterungsabhängig. Bei nachfolgenden Niederschlägen kann das Lockern und Zerreißen der Ausläufer zu einem vermehrten Neuaustrieb anregen. Der Einsatz der Fräse hat sich allgemein nicht bewährt. Lediglich bei extremer Trockenheit kann darauf zurückgegriffen werden. Das bevorzugte Stoppelbearbeitunsgerät ist heutzutage in vielen Ackerbaubetrieben der Grubber. Die Arbeit des Tiefengrubbers ist jedoch nicht immer überzeugend. Die mechanischen Maßnahmen finden eine bemerkenswerte Unterstützung durch den Anbau stark beschattender Zwischenfrüchte, wie z. B. Raps, Ölrettich etc.

13.2 Chemische Bekämpfung

In feuchten Jahren sowie in extremen Verqueckungssituationen ist eine ausreichende Beseitigung des Ungrases nur mit Hilfe hochwirksamer Queckenbekämpfungsmittel, wie z. B. Roundup oder Durano (Wirkstoff Glyphosate), erfolgversprechend. Dabei handelt es sich um nicht selektive Herbizide, die aber vollsystemisch sind. Der Wirkstoff Glyphosate wird folglich über die grünen Teile der Pflanze aufgenommen und im Saftstrom in der gesamten Pflanze verteilt. Die Bekämpfung von perennierenden Wurzelunkräutern ist somit möglich. Der Wirkstoff zeigt seine höchste Aktivität in den Pflanzenteilen mit vermehrter Zellteilung, nämlich in den Sproß- und Rhizomspitzen. Der Aufbau essentieller Aminosäuren wird unterbunden und ein langsames Verfärben und Absterben der behandelten Pflanzen eingeleitet.

13.3 Stoppelbehandlung

Eine äußerst günstige Möglichkeit mit Glyphosate-haltigen Blattherbiziden, wie z. B. Roundup, eine Queckenbekämpfung vorzunehmen, ist die sogenannte Stoppelbehandlung. Nach der Getreideernte sollte die verqueckte Fläche unverzüglich von Strohresten geräumt werden, damit ein zügiger und gleichmäßiger Aufwuchs der Quecken gewährleistet ist. Das Abbrennen oder auch Häckseln des Strohes haben sich nicht bewährt. Ferner ist zu beachten, daß das Mähwerk möglichst hochgestellt wird, insbesondere bei einer späteren Getreideernte, um den vorhandenen Queckenaufwuchs weitgehend zu erhalten. Die erwünschte Ergrünung und Blattneubildung des Ungrases wird damit beschleunigt. Der optimale Zeitpunkt für eine Maßnahme ist etwa erreicht, wenn die Quecke bis zu einer Höhe von 15 bis 25 cm aufgewachsen ist und

dabei mindestens 3 Laubblätter ausgebildet hat. Die Aufwandmenge von Roundup bzw. Durano sollte 3 l/ha betragen. Ein Zusatz von schwefelsaurem Ammoniak (SSA), (10 kg/ha), ist dazu erforderlich. Wasseraufwandmengen von 200 l/ha haben sich bewährt. Nach etwa 10 bis 14 Tagen verfärbt sich die Quecke deutlich gelb bis rötlich und trocknet langsam ein. Bei kühlen Witterungsbedingungen kann sich der Absterbeprozeß verzögern. Wenn das Schadgras deutliche Symptome zeigt bzw. abgestorben ist, kann eine Bodenbearbeitung vorgenommen werden. Die Queckenbekämpfungsmittel verfügen über keine nachhaltige Bodenwirkung. Nachbauprobleme ergeben sich folglich nicht.

13.4 Vorerntebehandlung zur Ernteerleichterung

Eine weitere Möglichkeit, Quecken sowie auch Unkrautdurchwuchs in lagerndem Winter- und Sommergetreide zu bekämpfen, besteht in der Vollreife des Getreides (EC 91). Die Kornfeuchte sollte etwa 30 bis 35 % betragen. In Vermehrungsbeständen ist eine derartige Vorerntebehandlung nicht zu empfehlen. Sie ist auch in Braugerste zu unterlassen, da es zu Problemen mit der Keimfähigkeit und Triebkraft kommen kann.

Die Maßnahme bietet sich insbesondere an, wenn die Quecken noch voll ergrünt sind und somit frische Blätter ausgebildet haben. Die Wirkstoffaufnahme ist dann gewährleistet. Eine optimale Benetzung ist sicherzustellen. In Trockenjahren, wo die Quecken möglicherweise teilweise abgestorben sind, ist von entsprechenden Behandlungen abzusehen. Die Aufwandmenge von Roundup sollte 3 l/ha + 10 kg/ha schwefelsaures Ammoniak betragen. Sofern die Wartezeit von 14 Tagen eingehalten wird, ergeben sich keine Rückstandsprobleme.

Die Erfahrungen mit der Vorerntebehandlung gegen Quecken sind in der breiten Praxis höchst unterschiedlich.

Nicht selten bereitet die Terminfindung Schwierigkeiten, und ferner wird das Wuchsverhalten und damit die Aufnahmefähigkeit der Quecken überschätzt. In Späterntegebieten ist sie aber häufig die einzige Möglichkeit einer effektiven Bekämpfung.

Auf die Möglichkeiten einer wirkungsvollen Queckenbeseitigung in anderen Kulturen, wie z. B. Mais, Zuckerrüben, Raps und Gemüsekulturen, wird in den einschlägigen Kapiteln eingegangen.

14 Unkrautbekämpfung im Feldgemüsebau

Als Feldgemüsebau soll hier in erster Linie das in überwiegend landwirtschaftlich orientierten Betrieben erzeugte Gemüse verstanden werden.

14.1 Auflaufdauer und Konkurrenzkraft

Hinsichtlich der Unkrautbekämpfung stellen sich für den Feldgemüsebau allgemein zwar ähnliche Fragen wie für landwirtschaftliche Kulturen, doch zeigen sich schon bei näherer Betrachtung der einzelnen Gemüsearten viele Probleme. Die Konkurrenzkraft der einzelnen Gemüsearten gegenüber Unkräutern ist sehr unterschiedlich ausgeprägt. So gelten die Kohlarten, die Buschbohnen, die Dicke Bohnen und der Sellerie als gut konkurrenzfähig, der Porree und die Zwiebeln als konkurrenzschwach. Möhren sind in der ersten Kulturhälfte wenig, aber in der zweiten gut konkurrenzfähig. Bei gepflanzten Kulturen verschafft man der Kultur einen besonderen Wachstumsvorsprung und damit erheblichen Vorteil gegenüber der konkurrierenden Unkrautflora.

Bei Zwiebeln dauert es beispielsweise bei früher Aussaat unter ungünstigen Witterungsbedingungen 3 bis 4 Wochen bis zum Auflaufen. Frühkeimende Unkräuter hingegen haben auch unter diesen ungünstigen Bedingungen Zeit genug, den Boden mehr oder weniger abzudecken, bis die dünnen, sehr feinen Zwiebelkeimlinge das Erdreich durchstoßen, dann aber nicht mehr in der Lage sind, sich gegenüber der wesentlich stärkeren Unkrautkonkurrenz durchzusetzen. Hier ist es unbedingt notwendig, Aufgang und Weiterentwicklung der Kulturpflanze durch ein nach der Saat einzusetzendes Herbizid zu schützen. Das gleiche trifft auch für Möhren oder Karotten zu, denn im Feldanbau ist Handarbeit aus Mangel an Arbeitskräften und aus Kostengründen kaum noch durchführbar, die maschinelle Bearbeitung aber bei derart empfindlichen Kulturen so früh nur selten möglich.

14.2 Flächenauswahl

Um so mehr ist es notwendig, bereits bei der Auswahl der Anbauflächen für den Gemüseanbau, insbesondere für gesäte Kulturen und den Anbau von Spargel, auf Ackerflächen zurückzugreifen, die einen geringen Besatz an Unkrautsamen und -rhizomen aufweisen, wobei besonders auf schwer bekämpfbare Unkräuter wie beispielsweise Hirsearten, Kamille, Klettenlabkraut, Knötericharten, Schwarzer Nachtschatten und Wurzelunkräuter wie Ackerminze, Ackerschachtelhalm, Ackerziest, Giersch, Gemeine Quecke und Waldsumpfkresse zu achten ist.

14.3 Kulturvorbereitung

Auch die Bodenbearbeitung zur Kulturvorbereitung bietet gute Möglichkeiten, Probleme erst gar nicht aufkommen zu lassen. So kann durch frühzeitiges Pflügen und mehrmalige mechanische Bearbeitung vor der Saat bzw. vor dem Pflanzen ein wesentlicher Teil des Unkrautsamenbesatzes unwirksam gemacht werden. Dieses Verfahren ist besonders günstig im Buschbohnenanbau anzuwenden, weil die Aussaat der wärmeliebenden Bohnen witterungsbedingt nicht vor Mitte Mai erfolgen kann.

14.4 Ernteerschwernis

Beim Anbau bestimmter Gemüsekulturen ist bereits bei der Anbauplanung das Ernteverfahren einzubeziehen. Probleme ergeben sich beispielsweise, wenn zum Erntezeitpunkt noch störende Unkräuter in den Beständen stehen und den Einsatz der Vollerntemaschinen erschweren oder unmöglich machen. Dies gilt u. a. für einen nennenswerten Besatz mit Klettenlabkraut, Schwarzen Nachtschatten, Franzosenkraut und Kamille in Buschbohnen und Gemüseerbsen.

14.5 Toxische Unkrautinhaltsstoffe in der Ernteware

Eine stärkere Verunkrautung kann letztlich aber auch zur Verweigerung der Ware durch die Konservenindustrie führen. Ein Beispiel dafür ist der Besatz mit Schwarzem Nachtschatten in Buschbohnen, Gemüseerbsen und Spinat, da die Gefahr droht, daß giftige Pflanzenteile, insbesondere die Beeren, die erhebliche Mengen des Alkaloids Solanin enthalten, bei der Verarbeitung in die Konserve gelangen.

14.6 Mechanische Bodenbearbeitung

Wie in den folgenden Absätzen näher ausgeführt, gewinnen physikalische Unkrautbekämpfungsverfahren und insbesondere die mechanische Unkräutbekämpfung immer mehr an Bedeutung, weil entweder ausgewiesene Herbizide in einzelnen Kulturen vollständig fehlen oder nur Teilprobleme abdecken.

So bemühen sich die Landmaschinenhersteller, für den Gemüsebau geeignete Hackmaschinen und Striegelgeräte anzubieten, die den Anforderungen der Feldgemüseanbauer gerecht werden. Daneben etablieren sich in einigen Gemüsekulturen zur Unkrautbekämpfung auch Reihen-Bürstenmaschinen oder Kombinationen wie beispielsweise Reihenhack-Bürstenmaschinen. Bei der Anwendung mechanischer Verfahren ist zu bedenken, daß die Maßnahmen im allgemeinen größere Unkräuter nicht hinreichend erfassen. Auch ist das Wetter während und nach der Bearbeitung für den Erfolg ausschlaggebend. Das beste Ergebnis wird erreicht, wenn eine Fläche, auf der noch kein Unkraut zu sehen ist, bei trockenem sonnigen Wetter bearbeitet wird, um die Keimung anzuregen. Dies gilt insbesondere für den Striegel oder die Zinkenegge. Auf die Anwendung mechanischer Verfahren wird bei der Abhandlung der einzelnen Kulturen Bezug genommen.

14.7 Abflammtechnik

Bei der Abflammtechnik werden im Feldgemüsebau Geräte benutzt, bei denen Propan-Gas verbrannt und die offene Flamme auf den Boden und die auflaufenden Unkrautkeimlinge gerichtet wird. Die Anwendung von Propan ist zwar nicht billig, hat aber den Vorteil einer rückstandsfreien Verbrennung zu Kohlendioxid und Wasser. Die Wirksamkeit der thermischen Bekämpfung hängt von mehreren Faktoren ab:

- der Brennereinstellung,

- den Bodeneigenschaften,

- der Morphologie der Unkräuter,

- der Arbeitsgeschwindigkeit.

Je gröber und unebener der Boden ist, desto unwirksamer ist die Wärmewirkung. Grundsätzlich dringt die Erwärmung nur bis 1 cm in den Boden ein, so

daß tiefer liegende Unkrautsamen nicht erreicht werden. Möglicherweise erfolgt durch die Wärmebehandlung auch eine Keimstimulation auf nicht geschädigte Unkrautsamen, was sich durchaus auch negativ auswirken kann. Auch kann die an der Bodenoberfläche beheimatete Fauna empfindlich gestört werden. Die Unkrautkeimlinge sollen zum Zeitpunkt der Bekämpfung trocken sein. Bei feuchten Blättern und Vorhandensein von stark behaarten Unkräutern sowie solchen mit starker Wachsschicht muß langsamer gefahren werden, wodurch mehr Energie verbraucht wird. Ungräser, Quecken und andere Wurzelunkräuter werden nicht nachhaltig bekämpft.

14.8 Mulchfolien und -papiere

In bestimmten Intensivgemüsekulturen wie beispielsweise Kopfsalat und Gurken werden derzeit viele Versuche zum Einsatz von Mulchfolien durchgeführt. Neben anderen Kulturvorteilen spielt dabei die Unkrautbekämpfung eine erhebliche Rolle. Durch vollflächiges Abdecken der Kulturfläche mit selbstauflösenden oder unzersetzbaren, wasserdurchlässigen, meist schwarzen Materialien, in die nur Öffnungen für die Kulturpflanzen gestanzt werden, kann eine sehr gute Unkrautbekämpfung erzielt werden. Dieses Verfahren spielt aus Kostengründen derzeit im Feldgemüsebau nur bei Einlegegurken eine Rolle und wird dort näher behandelt.

14.9 Herbizidanwendung

Vermeidung der Unkrautkonkurrenz, Verwendung von Vollerntemaschinen und Qualitätserzeugung machen in den meisten Fällen den Einsatz chemischer Unkrautbekämpfungsmittel im Feldgemüsebau nahezu unerläßlich.

Hilfreich ist in den letzten Jahren die Entwicklung einiger neuer Nachauflauf-Herbizide gegen Ungräser und Ausfallgetreide gewesen. Dadurch wurde in vielen Fällen erst der Gemüsenachbau in landwirtschaftlichen Fruchtfolgen nach der Getreideernte ermöglicht. Ein Beispiel hierfür ist der Anbau von Chinakohl nach Wintergerste. Gegenüber anderen Kulturen wie Getreide und Zuckerrüben usw. nimmt der Feldgemüsebau flächenmäßig nur einen recht bescheidenen Anteil der landwirtschaftlichen Nutzfläche ein. Umfangreiche gesetzliche Vorgaben lassen die Entwicklung und Ausweisung von Herbiziden für den kleinflächigen Gemüsebau aus Sicht der Pflanzenschutzmittelindustrie weitgehend unrentabel werden.

Hierdurch bedingt, bieten sich in vielen Kulturen keine oder nur sehr beschränkte Auswahlmöglichkeiten – und diese nur selten im Hinblick auf die gezielte Bekämpfung bestimmter Unkräuter – an.

14.10 Schadensschwellen

Wegen dieser schwierigen Situation der Unkrautbekämpfung im Gemüsebau spielen wirtschaftliche Schadensschwellen nur eine untergeordnete Rolle, denn wenn hochwertige Qualität erzeugt werden soll, können solche Schwellenwerte nur sehr niedrig angesetzt werden.

14.11 Herbizidrückstände

Die Praxis aber muß nicht nur mit diesem Tatbestand fertig werden. Gemüse unterliegt als Lebensmittel qualitätsmäßig strengen gesetzlichen Bestimmungen, die sich u. a. aus dem Lebensmittel- und Bedarfsgegenständegesetz und der Höchstmengenverordnung Pflanzenschutz, pflanzliche Lebensmittel – in der jeweils gültigen Fassung – herleiten. Der Anbauer ist damit gesetzlich verpflichtet, seine Ware dem Abnehmer so anzudienen, daß sie diesen Bestimmungen gerecht wird. Um dieser Forderung nachzukommen, kann er praktisch nur auf die jeweils von der Biologischen Bundesanstalt für die betreffende Kultur ausgewiesenen Pflanzenschutzmittel – unter Beachtung der vorgeschriebenen Aufwandmenge, des Einsatzzeitpunktes und der Einhaltung der geschriebenen Wartezeit – zurückgreifen. Nur so ist gewährleistet, daß die erntereife Ware auch in Hinblick auf eventuell mögliche Rückstände den Anforderungen der Höchstmengenverordnung Pflanzenschutz entspricht.

14.12 Abtrift

Gefahr droht den Gemüsekulturen in landwirtschaftlich orientierten Anbaugebieten auch durch Abtrift von Pflanzenschutzmitteln bei der Behandlung von Nachbarfeldern. Einerseits wird bei Spritzbehandlungen die Windgeschwindigkeit und die damit verbundene Abtrift unterschätzt, andererseits ist manchen Landwirten die große Empfindlichkeit der benachbarten Gemüsekulturen nicht hinreichend bekannt. Letzteres gilt besonders bei der Anwendung von Wuchsstoff-haltigen Herbiziden im Getreidebau, gegen die alle Kruziferen, also auch die Kohlarten, hochgradig empfindlich sind.

14.13 Bodenbelastung durch Herbizide

Werden Gemüsearten auf landwirtschaftlich genutzten Ackerflächen angebaut, ist den Herbizidrückständen aus der Vorkultur besonderes Augenmerk zu schenken. Bekannt ist vor allem das Nachbauproblem nach Venzar-Anwendung im Spinatanbau. Ob Schäden zu erwarten sind, hängt vom Abbauzeitraum, der Art der Bodenbearbeitung und den Witterungsverhältnissen ab. Grundsätzlich verringert eine gute mischende Bodenbearbeitung vor der Gemüsekultur die Gefahr der Schädigung durch vorausgegangene Herbizidanwendungen.

14.14 Anwendungsbedingungen

Um eine Schädigung der Kultur durch ein im Vorauflauf eingesetztes Herbizid weitgehend zu vermeiden, muß die Saat ausreichend tief gelegt werden. Außerdem ist qualitativ hochwertiges Saatgut zu verwenden und grundsätzlich mit einem organischen Fungizid (z. B. AAtiram, Polyram-Combi) nach Vorschrift zu beizen, um eine höhere Auflaufsicherheit zu erreichen. Wie oben bereits erwähnt, ist bei Herbizidbehandlungen ganz besonders auf geeignete Witterung zu achten (Temperatur, Windgeschwindigkeit). Allgemein sind 400 l/ha Spritzflüssigkeit mit einem Spritzdruck von 3 bar üblich. Im übrigen sind die speziellen Hinweise in den Gebrauchsanleitungen zu beachten. Einige Bodenherbizide werden in Abhängigkeit vom Boden in verschiedenen Aufwandmengen empfohlen: Für leichte Böden die geringste, für mittlere Böden die etwas höhere Menge und für schwere Böden die obere Dosierung, wobei mitunter auch der Humusgehalt zu berücksichtigen ist.

14.15 Integrierte Unkrautbekämpfung

Die Vorbemerkungen zur Konkurrenzkraft der Gemüsekulturen, zur Flächenauswahl und Kulturvorbereitung sowie zur mechanischen, thermischen und chemischen Unkrautbekämpfung zeigen die Spannbreite der Probleme, die bei der Unkrautbekämpfung zu bewältigen sind. Vorrangig hat sich die Entscheidung für eine bestimmte Unkrautbekämpfungsstrategie an den Grundsätzen des Integrierten Pflanzenschutzes zu orientieren (siehe Kapitel 2). Danach sind unter Einbeziehung wirtschaftlicher Überlegungen

Tabelle 45: Wirkung der im Feldgemüsebau einsetzbaren Herbizide gegen die wichtigsten Unkräuter

Mittel	An-wendung[2]	Aufwand (l, kg/ha)	Acker-fuchs-schwanz	Brenn-nessel (kl.)	Erd-rauch	Fran-zosen-kraut	Gänse-fuß	Hirse-arten	Hirten-täsch.	Ka-mille	Kletten-lab-kraut	Knöte-rich-arten	Kreuz-kraut	Nacht-schat-ten	Vogel-miere
Afalon	VA	1,5 – 2,0	+	++	+	++	++	+	++	++	-	+	++	+	++
Afalon	NA/NP	1,5 – 2,0	-	++	-	++	++	+	++	+	+	+	+	+	++
Alzodef	NA	40	-	++	++	++	++	-	++	++	-	++	++	++	++
Aresin[1]	VA	1,5	+	++	-	++	++	-	++	++	-	+	+	++	++
Asulox	VA	7,0	+	+	-	++	++	-	++	+	+	+	++	-	+
Basagran	NA	4,0	-	+	++	++	++	-	++	++	++	++	-	-	+
Basta	VA/SV/UB	3,0 – 5,0	-	++	+	++	++	+	+	++	++	+	+	++	++
Betanal[1]	NA	6,0	-	+	+	++	++	-	++	-	-	+	++	+	++
Butisan S	NP	2,5	++	+	+	++		++	+	++	+	+	+	++	++
Elancolan	VS/VP	2,0 – 3,0	++	++	-	-	++	-	-	-	++	++	-	-	++
Igran 500 fl.	VA	3,0	+	++	++	++	++	-	++	++	-	++	++	-	++
Kalkstickstoff[1]	VP/NP	300 – 450	-	+	+	++	++	-	++	+	+	+	++	+	+
Pyramin WG[1]	VS/VA/NA	3,0 – 4,0	-	++	+	++	++	-	++	++	+	+	+	++	++
Sencor WG	SV/SN	1,0	++	++	++	++	++	++	++	++	-	+	+	+	++
Stomp SC	VA	5,0	++	++	++	-	++	+	++	+	++	++	-	+	++
Tribunil	VA	3,0 – 4,0	+	++	+	++	++	-	++	++	-	+	++	++	++
Venzar[1]	VA	1,5 – 2,0	+	+	++	++	++	-	++	++	-	++	++	++	++

[1]: Zur Zeit nicht zugelassen, die Wiederzulassung wird erwartet.
[2]: Siehe Tabelle 14, Seite 56.
++ = sehr gut bis gut   + = befriedigend bis ausreichend   - = nicht ausreichend

alle Möglichkeiten zur Reduzierung der Unkrautflora in die Strategie einzubeziehen, wobei dem Einsatz von Herbiziden nicht automatisch der Vorrang einzuräumen ist. Dies gilt nicht nur für Wasser- und Heilquellenschutzgebiete!

Integrierte Unkrautbekämpfung im Gemüsebau bedeutet in erster Linie eine Kombination von mechanischer Unkrautbekämpfung mit reduziertem Herbizideinsatz. Als Beispiel kann in gepflanzten Kulturen eine Maschinenhacke zwischen den Reihen mit einer Bandbehandlung eines Herbizides in den Reihen dienen.

In einigen Gemüsekulturen sind derzeit von der Biologischen Bundesanstalt keine Herbizide ausgewiesen, so daß dort ausschließlich eine Kombination nichtchemischer Verfahren zum Einsatz kommen kann, wobei häufig allerdings die Wirtschaftlichkeit nicht mehr gegeben ist, wenn im benachbarten Ausland bessere Rahmenbedingungen herrschen. Wird der Einsatz nicht ausgewiesener Herbizide erwogen, besteht für den Gemüseanbauer die Gefahr unerlaubter Rückstandswerte in der Ernteware, erheblicher Kulturschäden und ungenügender Wirkung. Das Risiko trägt dabei jeweils der Anwender.

14.16 Buschbohnen

Unter Berücksichtigung der Kulturansprüche bevorzugt die Buschbohne *(Phaseolus vulgaris)* leichte bis mittelschwere, humose Böden. Auf diesen Standorten war früher ausschließlich die mechanische Unkrautbekämpfung durch Striegel und Hackmaschine üblich. In den letzten Jahren wird der Buschbohnenanbau mehr und mehr auf schweren Böden als Hauptfrucht – seltener als Zweitfrucht nach Dicken Bohnen, Gemüseerbsen, Frühkartoffeln oder Frühkohl – mit Erfolg betrieben. Wenn die Anbaufläche bis zum Saattermin nicht anderweitig genutzt

Tabelle 46: Wirkung der im Feldgemüsebau einsetzbaren Herbizide gegen wichtige Ungräser und Ausfallgetreide

Mittel	An-wendung[1]	Aufwand (l, kg/ha)	Acker-fuchs-schwanz	Ein-jährige Rispe	Flug-hafer	Hirse-arten	Gem. Quecke	Wind-halm	Aus-fallge-treide
Depon Super	NA	1,5 – 2,0	+ +	–	+ +	+ +	–	+ +	+ +
Fervinal Plus	NA	2,5	+ +	–	+ +	+ +	–	+ +	+ +
Fusilade 2000	NA/NP	1,5	+ +	–	+ +	+ +	–	+ +	+ +
Illoxan	NA	3,0	+	–	+ +	+ +	–	–	–

[1]: Siehe Tabelle 14, Seite 56.
+ + = sehr gut bis gut   + = befriedigend bis ausreichend   – = nicht ausreichend

wird, kann durch frühzeitiges Pflügen und mehrmalige mechanische Bearbeitung vor der Saat ein wesentlicher Teil des Unkrautsamenbesatzes unwirksam gemacht werden. Ansonsten ist, abgesehen von der bei der Saatbettbereitung erfolgenden mechanischen Vernichtung der Unkräuter, der Einsatz chemischer Präparate heute wegen der sicheren Wirkung und aus arbeitswirtschaftlichen Gründen zu einer Standardmaßnahme geworden. Sie erfordert jedoch vom Praktiker in dieser Kultur ein ausgesprochenes Fingerspitzengefühl.

14.16.1 Sortenempfindlichkeit

Eine gewisse Sortenempfindlichkeit gegenüber Herbiziden muß vor allem in der ersten Entwicklungsphase und beim Zusammentreffen mehrerer ungünstiger Faktoren berücksichtigt werden, insbesondere wenn stärkere Niederschläge nach der Behandlung folgen und wenn trotz später Aussaat der Buschbohnen ab der zweiten Maidekade niedrige Temperaturen unter 10 °C die Keimung verzögern oder Temperaturen unter 5 °C nach dem Durchstoßen Blattschäden auslösen.

Bei den jährlich in größerer Zahl hinzukommenden neuen Sorten, von denen viele für den Feldanbau interessant sind, hat sich deshalb bewährt, diese vor dem großflächigen Anbau versuchsmäßig auf ihre Herbizidverträglichkeit zu testen. Dabei erwiesen sich allgemein die gelbhülsigen Wachsbohnensorten als deutlich empfindlicher, so daß hier bei einigen Sorten auf den Herbizideinsatz verzichtet werden sollte. Nähere Informationen zur Sortenempfindlichkeit gegenüber Herbiziden findet man in der Gebrauchsanleitung.

Tabelle 47: Präparate mit derselben Zusammensetzung und Zulassung

Ausgangsprodukt	Übertragungen auf
Basta	Celaflor Unkrautfrei (nur in Kleinpackungen)
Basagran	Herbenta
Betanal	Betosip
Elancolan	Demeril 480 EC, Scirocco
Igran 500 fl.	HORA-Terbutryn 500 fl., HORA-Tryn 500 fl. FALI-Terbutryn 500 fl., Stefes-Terbutryn 500 fl. ZERA-Terbutryn 500 fl.
Pyramin WG	Terlin WG

Zur chemischen Unkrautbekämpfung in Buschbohnen sind zur Zeit folgende Präparate ausgewiesen:

Im Vorauflaufverfahren   **Wartezeit**
Aresin[1)]   1,5 kg/ha   F

Im Nachauflaufverfahren
Fervinal Plus   2,5 l/ha   42 Tage
Basta (Unterblatt-
behandlung)   5,0 l/ha   14 Tage

Aresin[1)] ist ein Bodenherbizid mit begrenzter Blattwirkung. Es wird unmittelbar nach der Saat bis spätestens am folgenden Tage angewandt. Um Schäden zu vermeiden, müssen Buschbohnen möglichst gleichmäßig und mindestens 3 cm tief gesät und die Drillreihen zugestrichen werden. Nach einer Ganzflächenbehandlung ist jede Bodenbearbeitung zu unterlassen. Kommt es witterungsbedingt (z. B. durch Niederschläge) vor dem Auflaufen der Buschbohnen zur Verkrustung der Erdoberfläche, kann der Boden vorsichtig mit der Ringelwalze gebrochen werden. Die Sortenempfindlichkeit, die Bodenart, der Humusgehalt, die Witterungsbedingungen sowie die örtlichen Erfahrungen sind bei der Herbizid-Aufwandmenge zu berücksichtigen. Deshalb werden von vielen Gemüseanbauern statt der ausgewiesenen 1,5 kg/ha Aresin[1)] häufig nur 0,6 bis 1,2 kg/ha angewandt. Besondere Vorsicht ist bei verschiedenen Wachsbohnensorten geboten.
Schwierigkeiten ergeben sich auf einigen Standorten durch die unbefriedigende Wirkung gegenüber Klettenlabkraut und Erdrauch. Weitere Bodenherbizide mit Wirkung gegen die genannten Unkräuter sind allerdings zur Zeit nicht ausgewiesen. In Versuchen von Pflanzenschutzdienststel-

len erwiesen sich einige Wirkstoffe als einigermaßen verträglich. Eine Empfehlung kann wegen ungeklärter Rückstandserhältnisse zur Zeit jedoch nicht ausgesprochen werden.

14.16.2 Ungräser

Gegen Ungräser wie Ackerfuchsschwanz, Windhalm und Einjährige Rispe ist Aresin[1)] in der Regel ausreichend wirksam. Sollten unter ungünstigen Umständen Ungräser oder Ausfallgetreide auflaufen, kann eine Bekämpfung im Nachauflauf mit Fervinal Plus (2,5 l/ha) erfolgen. Das Wirkungsspektrum dieses über Blatt wirkenden Herbizides umfaßt Ackerfuchsschwanz, Flughafer, Weidelgräser, Windhalm, Hirsearten und Ausfallgetreide. Die Gemeine Quecke wird nur leicht gehemmt. Gegen die Einjährige Rispe wird keine Wirkung erzielt. Der Zeitpunkt des Herbizideinsatzes wird von der Entwicklung der Ungräser bestimmt. Der optimale Bekämpfungstermin liegt vor, wenn sich die Masse der aufgelaufenen Ungräser im 2- bis 4-Blattstadium befindet. In der Bestockungsphase getroffene Ungräser – insbesondere Ausfallgetreide – können nach oberflächlicher Abtötung wieder austreiben, so daß grundsätzlich eine Behandlung vor diesem Zeitpunkt anzustreben ist.

14.16.3 Unterblattbehandlung

Basta ist zur Unterblattspritzung gegen spät auflaufende Unkräuter ab einer Höhe der Buschbohnen von etwa 10 bis 15 cm

---

[1)] Zur Zeit nicht zugelassen, die Wiederzulassung wird erwartet.

Tabelle 48: Zusammenstellung der im Feldgemüsebau verwendeten Präparate und Wirkstoffe

Wirkstoffe	Handelspräparate	Auflagen[3]			Anwendung in:
Asulam	Asulox	W,	B4,	630	Spinat
Bentazon	Basagran	W,	B4,	630, Xi	Erbsen
Calciumcyanamid	Kalkstickstoff[1]		B4	Xi	Buschbohnen, Erbsen, Kohl, Porree, Spargel, Zwiebeln
Chloridazon	Pyramin WG Terlin WG	W,	B4,	630	Rote Rüben
Cyanamid	Alzodef		B1 –	T	Porree, Zwiebeln
Diclofop als Ester	Illoxan		B4,	630, Xi	Kopfkohl, Rote Rüben
Fenoxaprop-P	Depon Super		B4,	630, Xi	China-, Kopfkohl
Fluazifop-p-butyl	Fusilade 2000	(W),	B4,	630, Xi	Gemüsekohl, Möhren
Glufosinat	Basta		B4	Xn	Buschbohnen, Möhren, Porree, Spargel, Zwiebeln
Lenacil	Venzar[1]		B4,	630	Spinat
Linuron	Afalon	W,	B4,	630, Xn	Erbsen, Möhren, Porree, Sellerie
Metazachlor	Butisan S	(W),	B4	Xn	Blumen-, Rot-, Weißkohl, Wirsing, Kohlrabi
Methabenzthiazuron	Tribunil		B4,	630	Erbsen, Dicke Bohnen, Porree, Zwiebeln
Metribuzin	Sencor WG	W,	B4,	630	Spargel
Monolinuron	Aresin[1]	W,	B4,	630, Xn	Buschbohnen
Phenmedipham	Betanal		B4,	630, Xi	Rote Rüben
Pendimethalin	Stomp SC		B4,	630	Zwiebeln
Sethoxydim	Fervinal Plus	W,	B4,		Buschbohnen, Erbsen, Gemüsekohl, Möhren, Spinat
Terbutryn	Igran 500 fl. FALI-Terbutryn 500 fl. HORA-Terbutryn 500 fl. HORA-Tryn 500 fl. Stefes-Terbutryn 500 fl. ZERA Terbutryn 500 fl.		B4,	630	Erbsen
Trifluralin	Elancolan Demeril 480 EC Scirocco		B3,	630, Xn	Blumen-, Gemüsekohl

[1] Zur Zeit nicht zugelassen, die Wiederzulassung wird erwartet.
[2] Siehe Tabelle 14, Seite 56.

ausgewiesen. Die Anwendung muß mit einem speziellen Unterblattspritzgerät erfolgen. Wichtig ist, daß die volle Abschirmung der Buschbohnenblätter bei der Anwendung erreicht wird. Hierzu ist eine sehr genaue Höheneinstellung des Gerätes notwendig. Es ist zu beachten, daß die Unkräuter gut benetzt werden. In der Regel ist dies bei einer Unkrauthöhe über 10 cm nicht mehr ausreichend möglich.

Nach der Verordnung über Anwendungsverbote und -beschränkungen ist der Einsatz von Aresin[1] und Fervinal Plus in Wasser- bzw. Heilquellenschutzgebieten verboten. Vor allem beim Anbau von Buschbohnen in diesen Gebieten muß versucht werden, durch mehrfache mechanische Bodenbearbeitungsgänge vor der Aussaat und Verwendung von Striegel und Hackmaschine nach dem Auflaufen und einer eventuell zusätzlich notwendigen Basta-Anwendung eine ausreichende Unkrautbekämpfung zu erreichen.

14.17 Chicorée

Der Anbauumfang von Chicorée ist in Deutschland im Gegensatz zu Frankreich, Belgien und den Niederlanden relativ gering. In Spezialbetrieben erfolgt der Anbau jedoch immer feldmäßig und hat Ähnlichkeit mit dem Zuckerrübenanbau. Chicorée wird in der Regel auf lehmigen Böden, die tiefgründig sind und keine Bodenverdichtungen aufweisen sowie eine gleichmäßige Wasserversorgung be-

sitzen, in der Fruchtfolge mit Getreidearten angebaut. Dadurch besteht nach der Getreideernte vor dem Chicoréeanbau im Folgejahr eine günstige Möglichkeit zur mechanischen und chemischen Unkrautbekämpfung, um den Unkrautbesatz auf der vorgesehenen Fläche zu reduzieren.

14.17.1 Flächenvorbereitung

Die Aussaat von Chicorée erfordert eine sorgfältige Saatbeetvorbereitung. Am besten ist eine Winterfurche und mehrmalige, flache Vorwegbearbeitung mit Gerätekombinationen im März bis April geeignet, um eine gut abgesetzte, ebene Bodenoberfläche zu erreichen und insbesondere auch die früh auflaufenden Unkräuter zu beseitigen.

Eine Ausweisung von Herbiziden ist in Deutschland offensichtlich wegen des noch geringen Anbauumfanges bisher nicht erfolgt. In den benachbarten Ländern der EG mit größerem Anbauumfang sind Herbizide im Vorauflauf ausgewiesen. Nach hiesigen Versuchen waren Kerb 50 W mit 3,0 kg/ha und in begrenztem Umfang auch Asulox mit 1,0 bis 3,0 l/ha kulturverträglich.

Kerb 50 W wirkt aber nicht ausreichend gegen Erdrauch, Franzosenkraut, Gänsedistel, Hirtentäschel, Kamille und Kreuzkraut. Wegen dieser Wirkungslücken kann der Anbau auf Standorten mit erheblichem Besatz an Franzosenkraut, Kamille und Kreuzkraut sehr

---

[1] Zur Zeit nicht zugelassen, die Wiederzulassung wird erwartet.

problematisch sein. In diesen Fällen wird versucht, in Tankmischungen mit Asulox eine größere Wirkungsbreite zu erreichen, wobei zu beachten ist, daß Asulox auf Böden mit geringem Ton- und Humusgehalt bei Chicorée erhebliche Qualitätsbeeinträchtigungen durch Beinigkeit verursachen kann.

14.18 Dicke Bohnen

Dicke Bohnen *(Vicia faba major),* auch bekannt als Große Bohnen und Puffbohnen, sind allgemein – auch gegenüber Herbiziden – unempfindlicher als Buschbohnen. Da die Aussaat sehr früh (ab März) erfolgt, muß der Bestand verhältnismäßig lange so weit unkrautfrei gehalten werden, daß die maschinelle Beerntung und der Drusch ohne Schwierigkeiten erfolgen können.

In Dicken Bohnen sind ausgewiesen:

Im Vorauflaufverfahren **Wartezeit**
Tribunil 3,0–4,0 kg/ha F

Im Nachauflaufverfahren
zur Zeit keine Anwendung

Tribunil wird bis 3 Tage nach der Saat in Aufwandmengen von 3,0 kg/ha auf leichten und 4,0 kg/ha auf mittleren und schweren Böden ausgebracht. Das über Wurzeln und Blätter wirkende Präparat deckt zwar ein weit gefächertes Unkrautspektrum – einschließlich Ungräser wie Ackerfuchsschwanz (teilweise), Windhalm und Einjährige Rispe – ab, befriedigt jedoch nicht gegen Ehrenpreis, Taubnessel, Win-

denknöterich, Ackerwinde und Ackerstiefmütterchen; auch Klettenlabkraut und Flughafer werden nicht hinreichend bekämpft.

Die in Ackerbohnen ausgewiesenen Herbizide sind im allgemeinen hinsichtlich der Rückstandssituation auf Dicke Bohnen übertragbar. Die Verträglichkeit ist jedoch nicht getestet. Entsprechendes gilt auch für Körnererbsen.

Nähere Erläuterungen zu diesen Herbiziden sind in den jeweiligen Kapiteln nachzulesen. Nicht in Dicken Bohnen, aber in Ackerbohnen sind zur Zeit folgende Präparate ausgewiesen:

Im Vorsaatverfahren **Wartezeit**
Avadex 480 2,5 l/ha F

Im Vorauflaufverfahren
Afalon 2,0 kg/ha 90 Tage
Stomp SC 5,0 l/ha F

Im Nachauflaufverfahren
Basagran 1,0 l/ha F
Fusilade 2000 1,5 l/ha F
Illoxan 3,0 l/ha 90 Tage

In Wasser- und Heilquellenschutzgebieten sind Tribunil, Stomp SC und Avadex 480 einsetzbar. Weiterhin ist der Einsatz von Striegel, Hackstriegel und Hackmaschinen möglich. Nähere Erläuterungen dazu können dem Abschnitt »Mechanische Unkrautbekämpfung in Ackerbohnen« entnommen werden. Auch kann Kalkstickstoff[1] mit 2,0 bis 3,0 dt/ha nach der Saat bis kurz vor dem Auflaufen gestreut werden.

[1] Zur Zeit nicht zugelassen, die Wiederzulassung wird erwartet.

14.19 Gemüseerbsen

Der Anbau von Gemüseerbsen gehörte jahrelang zum festen Bestandteil einer ausgewogenen Blatt/Halmfrucht-Rotation vieler Betriebe. Marktpolitische Veränderungen ließen den Gemüseerbsenanbau sehr rasch schrumpfen, so daß er heute nur noch in bestimmten Anbaugebieten angesiedelt ist. Körnererbsen werden dagegen – gemessen am Gemüseerbsenanbau – in nicht unerheblichem Umfang angebaut (siehe Kapitel Körnererbsen). Auf kleinen Flächen wird die Unkrautbekämpfung überwiegend noch mechanisch durchgeführt.

Im großflächigen Anbau ist jedoch die Anwendung chemischer Präparate im Vorauflauf- und Nachauflaufverfahren üblich.

In Gemüseerbsen sind zur Zeit folgende Präparate ausgewiesen:

Im Vorauflaufverfahren   Wartezeit

Afalon	1,5 kg/ha	60 Tage
Igran 500 fl.[1]	3,0 l/ha	F
Tribunil	3,0–4,0 kg/ha	F

Im Nachauflaufverfahren

Basagran	2,0 l/ha	40 Tage
Fervinal Plus	2,5 l/ha	42 Tage
Kalkstickstoff[1]	2,0–3,0 dt/ha	F

In Wasser- und Heilquellenschutzgebieten sind Afalon, Basagran und Fervinal Plus nicht erlaubt. Mit dem Wirkstoff Terbutryn lassen sich – bei sonst guter Allgemeinwirkung dieser Bodenherbizide – Klettenlabkraut und Wurzelunkräuter nicht ausreichend bekämpfen.

Gute Saatbeetvorbereitung und ausreichende Bodenfeuchte sind Vorbedingungen für die volle Wirksamkeit.

Weit verbreitet ist die Anwendung von Tribunil, bei der jedoch wegen der kurzen Kulturdauer von Gemüseerbsen für die Nachfrucht unbedingt eine Pflugfurche erforderlich ist. Kreuzblütler, z. B. Markstammkohl, Ölrettich, Raps und Senf, dürfen auch dann keinesfalls nachgebaut werden.

Neben Terbutryn und Tribunil kommt der Einsatz von Striegel, Hackstriegel und Hackmaschinen in Frage. Kalkstickstoff[1] wird im Zeitraum vom Durchspitzen bis 10 cm Wuchshöhe angewandt. Für die maschinelle Beerntung muß aber ein weitgehend unkrautfreier Bestand gewährleistet sein.

Die Spritzbehandlungen im Vorauflauf werden bis zu 3 Tagen nach der Saat empfohlen. Der Einsatz von Afalon setzt optimal vorbereitete Böden in gut durchfeuchtetem Zustand voraus. Auf Sand-, Moor- oder anmoorigen Böden wird von der Anwendung abgeraten, ebenso auf nassen, verschlämmten grobscholligen und ausgetrockneten Böden. Das Präparat wirkt über den Boden und kann mit gutem Erfolg gegen einjährige zweikeimblättrige Unkräuter eingesetzt werden. Gegen Ackerhohlzahn, Erdrauch, Hirsearten und Saatwucherblume erweist sich Afalon in der vorgeschriebenen Aufwandmenge als unbefriedigend; Klettenlabkraut, Wicken und Wurzelunkräuter werden nicht bekämpft.

Behandlungen im Nachauflauf mit Basagran werden vor allem dann notwen-

---

[1] Zur Zeit nicht zugelassen, die Wiederzulassung wird erwartet.

dig, wenn die im Vorauflauf eingesetzten Herbizide wegen ungünstiger Verhältnisse nicht hinreichend wirksam werden konnten oder wenn Standorte mit erheblichem Vorkommen an Klettenlabkraut und Kamille gewählt wurden. Basagran hat zwar eine große Breitenwirkung, es muß jedoch berücksichtigt werden, daß die Wirkung gegen Ehrenpreis, Hohlzahn, Mohn, Ackerstiefmütterchen, ältere Taubnessel, Vogelknöterich und Wicken nicht immer ausreichend ist. Wurzelunkräuter und Ungräser werden nicht erfaßt. Das Präparat wird bei einer Wuchshöhe der Gemüseerbsen von 5 bis 10 cm eingesetzt, kann nach Praxiserfahrungen jedoch mit einer Aufwandmenge von 1 l/ha auch schon in der Auflaufphase angewandt werden. Die Temperaturen sollten unter 20 °C liegen und der Himmel sollte bedeckt sein, um Verbrennungsschäden an der Kultur zu vermeiden. Einige Gemüseerbsensorten reagieren recht empfindlich, so daß empfohlen wird, bei neuen Sorten auf kleiner Fläche Testbehandlungen durchzuführen.

Der Vollständigkeit halber sei gesagt, daß folgende Präparate zwar nicht in Gemüseerbsen, aber in Körnererbsen ausgewiesen sind:

Im Vorsaatverfahren		Wartezeit
Avadex 480	2,5 l/ha	F

Im Vorauflaufverfahren		
Stomp SC	5,0 l/ha	F

Im Nachauflaufverfahren		
Fusilade 2000	1,5 l/ha	F
Illoxan	3,0 l/ha	90 Tage

Nähere Erläuterungen zu diesen Herbiziden sind in dem Kapitel Körnererbsen nachzulesen.

14.20 Einlegegurken

Der Anbau von Einlegegurken im Freiland hat sich in den letzten Jahren vom Direktsaatverfahren zum Anbau mit Mulchfolie hin verlagert. Dabei wird mit einem Folienlegegerät schwarze Folie in etwa 1 m breiten Bahnen ausgebracht und an den Seiten in Furchen festgelegt, so daß nackter Boden nur auf einem 0,5 bis 1,0 m breiten Weg zwischen den Reihen vorhanden ist. Die Aussaat erfolgt von Hand oder maschinell in Löcher, die im Abstand von 0,3 m gestanzt sind. Gerade unter etwas kühleren Anbauverhältnissen ergeben sich durch die erhöhten Bodentemperaturen bessere Keim- und Auflaufbedingungen sowie eine deutliche Ernteverfrühung.

Der Aufwand zur Unkrautbekämpfung ist unter diesen Anbaubedingungen erheblich reduziert. Der noch nicht von den Gurken eingenommene Wegebereich kann im allgemeinen durch Hakken unkrautfrei gehalten werden. Sollte dennoch eine ganzflächige chemische Unkrautbekämpfung in Erwägung gezogen werden, so ist zu beachten, daß die Spritzbehandlung vor dem Ausstanzen der Löcher vorgenommen wird, um das Eindringen von Wirkstoff in die Saatzone zu verhindern. Da derzeit für diese Indikation keine Herbizide ausgewiesen sind, sollte gegebenenfalls eine Beratung durch den amtlichen Pflanzenschutzdienst eingeholt werden. Dies gilt um so mehr, wenn der Anbau ohne Mulchfolie erfolgt, da unter diesen Voraussetzungen das Verträglichkeitsrisiko ungleich höher ist.

14.21 Kohl

Die verschiedenen Kohlarten nehmen flächenmäßig im Feldgemüsebau den größten Anteil ein. Kohlkulturen werden heute überwiegend gepflanzt. In einigen Gegenden hat die Direktsaat trotz vielfältiger Probleme (z. B. Taubenschäden) erhebliche Bedeutung.

14.21.1 Mechanische Unkrautbekämpfung

Bei gepflanztem Kohl hat die Maschinenhacke noch immer eine große Bedeutung, da der Bestand bis zum relativ späten Schließen der Reihen mit dem Schlepper durchfahren werden kann, ohne nennenswerte Kulturschäden zu verursachen. Vielfach begnügt man sich hier mit einer Bandspritzung, insbesondere bei früh räumenden Arten.

14.21.2 Kalkstickstoff[1]

Hinzu kommt, daß zur Unkrautbekämpfung bereits durch die Düngung und Kohlherniebekämpfung mit Kalkstickstoff[1] viel zu erreichen ist. Voraussetzung ist allerdings das Vorhandensein genügender Bodenfeuchtigkeit, damit nach Umsetzung des Kalkstickstoffes das Calciumcyanamid seine herbizide Wirkung entfalten kann. Dieser Prozeß spielt sich überwiegend in der oberen Bodenschicht ab, so daß flachkeimende bzw. flachwurzelnde Unkräuter besser bekämpft werden als tiefkeimende. Da auch Kulturpflanzen geschädigt werden können, muß dies sowohl beim Saat- oder Pflanztermin als auch bei der Saattiefe berücksichtigt werden. Je nach Aufwandmenge, Temperatur, Feuchtigkeit und Bodenart ist beim Kalkstickstoff[1] mit einer phytotoxischen Phase von etwa 1 bis 3 Wochen zu rechnen. Die von der Biologischen Bundesanstalt für Gemüse festgesetzten Aufwandmengen betragen für Kalkstickstoff gemahlen[1] 3,0 dt/ha, für Perlka[1] 4,5 dt/ha und für Spezialkalkstickstoff 3,5 dt/ha.

Im gepflanzten Kohl erfolgen die Gaben gestaffelt – etwa 2 bis 3 Wochen vor dem Pflanzen und ca. 2 bis 3 Wochen nach dem Pflanzen –, wobei in der Praxis, je nach Erfahrungen bei den verschiedenen Kohlarten und unter Berücksichtigung der örtlichen Verhältnisse, die oben genannten Mengen z. T. überschritten werden.

14.21.3 Herbizide im gesäten Kohl

Zur Unkrautbekämpfung in gesätem Kohl sind ausgewiesen:

Im Vorsaatverfahren   **Wartezeit**
Demeril 480 EC   2,0 – 2,5 l/ha
Elancolan
Scirocco
    Grün-, Rosenkohl,   120 Tage
    Kohlrabi, Wirsing

---

[1] Zur Zeit nicht zugelassen, die Wiederzulassung wird erwartet.

Im Vorsaatverfahren Wartezeit
  Rot-, Weißkohl 100 Tage
  Blumenkohl F

Im Nachauflaufverfahren
Depon Super 1,5 – 2,0 l/ha
  China-, Rot-,
  Weißkohl, Wirsing 42 Tage
Fusilade 2000 1,5 l/ha 49 Tage

Elancolan und die gleichartigen Präparate Demeril 480 EC und Scirocco (Wirkstoff: Trifluralin) werden vor der Saat angewandt und sofort 5 bis 10 cm tief eingearbeitet. Dabei ist gründliches Durchmischen mit dem Boden durch Einsatz von z. B. Kombi-krümler, Fräse oder Grubber mit Egge erforderlich. Die Unkräuter Amarant, Ehrenpreis, Gänsefuß, Klatschmohn, Klettenlabkraut, Knötericharten, Taubnessel sowie einjährige Samenungräser, wie z. B. Ackerfuchsschwanz, Hirsearten, Rispengräser und Windhalm werden gut erfaßt. Weniger sicher wirksam ist dieser Wirkstoff gegen Flughafer, Ackerstiefmütterchen, Kleine Brennessel, Franzosenkraut, Kreuzkraut und Rainkohl (s. Tab. 45, S. 177). Gegen Kreuzblütler und Kamille ist die Wirkung unzureichend und gegen Ackerdistel, Quecke und Wurzelunkräuter nicht vorhanden. In der Dosierung ist – im Gegensatz zum gepflanzten Kohl – darauf zu achten, daß je nach Bodenart nur 2,0 bis max. 2,5 l/ha eingesetzt werden dürfen. Da nahezu alle im Kohl anwendbaren Herbizide zwangsläufig mehr oder weniger große Wirkungslücken gegen Kreuzblütler aufweisen, ist es im allgemeinen ratsam, wenn möglich, auf Flächen auszuweichen, die einen relativ geringen Besatz solcher Unkräuter aufweisen.

Fusilade 2000 (Wirkstoff: Fluazifop-butyl) ist ein spezielles Herbizid gegen Ungräser und Ausfallgetreide, die über die Blätter aufgenommen werden. Es wird eingesetzt, wenn sich die Masse der Ungräser im 2- bis 4-Blattstadium befinden. Eine gute Bekämpfung läßt sich bis zur Bestockung der Ungräser erzielen. Der Wirkstoff ist in allen Kulturpflanzenstadien verträglich. Einjährige Rispe und Quecke sind bei der Ausweisung ausgenommen und werden nicht hinreichend bekämpft.

14.21.4 Herbizide im gepflanzten Kohl

Zur Unkrautbekämpfung in gepflanztem Kohl sind ausgewiesen:

Vor dem Pflanzen Wartezeit
Demeril 480 EC 2,0 – 3,0 l/ha
Elancolan
Scirocco
  Blumenkohl F

Nach dem Pflanzen Wartezeit
Butisan S 2,5 l/ha
  Blumen-, Weiß-, Rotkohl,
  Wirsing, Kohlrabi F
Depon Super 1,5 –2,0 l/ha
  China-, Rot-,
  Weißkohl, Wirsing 42 Tage
Fusilade 2000 1,5 l/ha
  Gemüsekohl 49 Tage
Fervinal Plus 2,5 l/ha
  Blumen-, Grün-, Weiß-,
  Rotkohl, Wirsing 42 Tage
Illoxan 3,0 l/ha 42 Tage
Kalkstickstoff[1] 3,0 – 4,5
  dt/ha F

---

[1] Zur Zeit nicht zugelassen, die Wiederzulassung wird erwartet.

Für gepflanzten Kohl haben Elancolan, Demeril 480 EC und Scirocco – trotz guter Verträglichkeit in anderen Kohlkulturen – nur eine Ausweisung in Blumenkohl. Abweichend von anderen Präparaten muß es vor der Pflanzung ausgebracht und unmittelbar danach 5 bis 10 cm unter gründlicher Durchmischung eingearbeitet werden.

Fervinal Plus, Fusilade 2000 und Illoxan sind Spezialherbizide gegen Ungräser. Die drei erstgenannten Präparate können nach dem Pflanzen gegen Ungräser und Ausfallgetreide – ausgenommen Einjährige Rispe und Quecke eingesetzt werden. Illoxan ist speziell gegen Flughafer und Hirsearten ausgewiesen. Der Spritzzeitpunkt richtet sich auch hier nach der Entwicklung der Ungräser, die im 2- bis 4-Blattstadium, maximal im 6-Blattstadium getroffen werden sollten. Häufig kann eine spezielle Maßnahme gegen Ungräser unterbleiben, weil in gepflanztem Kohl selten eine Ertragsminderung durch Ungräser zu erwarten ist.

Butisan S ist in Blumen-, Rot-, Weißkohl sowie in Wirsing und Kohlrabi gegen Hirsearten, Ackerfuchsschwanz, Einjähriges Rispengras und zweikeimblättrige Unkräuter mit einer Aufwandmenge von 2,5 l/ha ausgewiesen. Die Anwendung erfolgt 8 bis 10 Tage nach dem Pflanzen. Beim Blumenkohl und Kohlrabi sind unter ungünstigen Bedingungen bei dieser Aufwandmenge Schäden möglich, so daß es sich empfiehlt, die Aufwandmenge auf 1,5 bis 2,0 l/ha herabzusetzen.

Butisan S ist gegen eine große Zahl von zweikeimblättrigen Unkräutern wirksam, jedoch nicht ausreichend gegen Ackerhellerkraut, Ackerstiefmütterchen, Hederich, Kleine Brennessel, Senf und Vogelknöterich. Flughafer, Ausfallgetreide und Wurzelunkräuter lassen sich ebenfalls nicht ausreichend bekämpfen.

14.22 Möhren, Karotten

Der großflächige Möhrenanbau ist ohne chemische Unkrautbekämpfung praktisch kaum noch durchführbar und rentabel. Als Spätkeimer liegen Möhrensamen bei ungünstiger Witterung sehr lange im Boden, währenddessen sich bereits zahlreiche Unkrautarten zügig entwickeln. Um dies zu verhindern, ist eine Vorauflaufbehandlung zumindest bei Frühmöhren notwendig.

14.22.1 Abflammtechnik

Das Abtöten der früh aufgelaufenen Unkräuter kann vor dem Auflauf der Möhren auch durch Abflämmen mit entsprechenden Geräten erfolgen. Die Abflammtechnik ist derzeit aufgrund der relativ hohen Energiekosten und der geringen Flächenleistung allerdings vorwiegend im alternativen Anbau von Bedeutung (siehe Seite 32).

14.22.2 Anwendung von Herbiziden

Bei nicht ausreichender Wirkung oder bei Verzicht auf eine Vorauflaufbehandlung besteht in Möhren zusätzlich aber auch noch eine gute Möglichkeit, eine Unkrautbekämpfung im Nachauflauf zu erreichen. Folgende Herbizide sind einsetzbar:

Im Vorauflaufverfahren   **Wartezeit**
Afalon   1,5 – 2,0 kg/ha 70 Tage
Basta   3,0 l/ha   F

Im Nachauflaufverfahren
Afalon   1,5 – 2,0 kg/ha 70 Tage
Fervinal Plus 2,5 l/ha   42 Tage
Fusilade 2000 1,5 l/ha   49 Tage

Von den genannten Präparaten darf in Wasserschutzgebieten nur das Präparat Basta eingesetzt werden. Wegen der fehlenden selektiven Wirkung von Basta muß die Anwendung vor dem Auflaufen der Kultur spätestens bis zum Durchstoßen des Keimlings durch die Samenhülle erfolgen. Basta ist ein teilsystemisches Kontaktherbizid, das ein sehr breites Wirkungsspektrum, aber keine Dauerwirkung über den Boden besitzt. Daher ist der Anwendungszeitraum relativ stark eingeengt und spät auflaufende Unkräuter können in der Regel nicht erfaßt werden. Bei Trockenstreß der Pflanzen und bei Temperaturen unter 10 °C tritt die Wirkung mit Verzögerung ein.

Afalon gilt seit Jahren als Standardpräparat im Möhrenanbau. Zur Vorauflaufbehandlung ist es nach der Saat bis zum Beginn der Keimung anzuwenden. Während der Keimung und des Auflaufens reagieren die Möhren sehr empfindlich. Gleichmäßig tiefe Saat ist für eine Behandlung unbedingte Voraussetzung. Auf reinen Sandböden, Moor- und anmoorigen Böden sollte Afalon nicht im Vorauflauf eingesetzt werden. Die Nachauflaufanwen-

dung darf erst nach Entfaltung des dritten bis vierten gefiederten Möhrenblattes erfolgen. Bei hohen Temperaturen und starker Sonne kann es im Nachauflauf zu Verbrennungsschäden kommen. Die Wirkung ist gut gegen Ackerhellerkraut, Ackerhohlzahn, Kleine Brennessel, Franzosenkraut, Weißer Gänsefuß, Hederich, Hirtentäschel, Knöchericharten, Taubnessel und Vogelmiere. Nicht immer ausreichend werden Ackerfuchsschwanz, Ackerehrenpreis, Ackersenf, Ackerstiefmütterchen, Hirsearten, Kamille, Klettenlabkraut, Kreuzkraut und Schwarzer Nachtschatten erfaßt. Nicht bekämpft werden Erdrauch, Wicken und Wurzelunkräuter.

14.22.3 Ungräser

Fervinal Plus und Fusilade 2000 sind Spezialherbizide gegen Ungräser. Die genannten Präparate können im Nachauflauf gegen Ungräser und Ausfallgetreide – ausgenommen Einjährige Rispe und Quecke – eingesetzt werden, soweit die Behandlungen mit Afalon keinen ausreichenden Erfolg erbracht haben. Der Spritzzeitpunkt richtet sich nach der Entwicklung der Ungräser, die im 2- bis 4-Blattstadium, maximal im 6-Blattstadium getroffen werden sollten. Tankmischungen dieser Präparate mit anderen Herbiziden sollte man möglichst unterlassen und die entsprechenden Hinweise der Hersteller in den Gebrauchsanleitungen beachten.

Das seit vielen Jahren in Deutschland im Vor- wie auch im Nachauflauf angewandte Präparat Dosanex ist hier seit einiger Zeit nicht mehr ausgewiesen, wird jedoch im benachbarten Ausland nach wie vor eingesetzt.

14.23 Porree

Porree wird zunehmend in landwirtschaftlich orientierten Betrieben angebaut und soll daher hier als Feldgemüse Berücksichtigung finden. Zum nicht unerheblichen Teil wird Porree großflächig zur industriellen Verarbeitung angebaut.

Die Direktsaat spielt bei Porree nur eine untergeordnete Rolle, da nicht die Qualitäten und Schaftlängen erreicht werden wie bei der Pflanzung.

14.23.1 Lochpflanzung

In letzter Zeit hat sich neben der ebenerdigen Pflanzung oder Pflanzung in Furchen die sogenannte Lochpflanzung weiter durchgesetzt. Dabei werden die Pflanzen in ausgestanzte Löcher von 3 cm Durchmesser und 20 cm Tiefe eingelegt und durch Beregnung leicht angeschwämmt, die Löcher jedoch nicht verschlossen. Für diese Anbauform kommen nur mittelschwere Böden in Frage.

14.23.2 Direktsaat

Bei der Direktsaat muß größte Sorgfalt auf eine gute Saatbeetvorbereitung gelegt werden, um eine genaue Ablagetiefe und einen gleichmäßigen Aufgang der Saat zu erreichen. Bei der langen Keimphase, der geringen Konkurrenzkraft und der anfangs geringen Bodenbedeckung ist es wie bei Zwiebeln notwendig, sowohl im Vorauflauf als auch im Nachauflauf Herbizide einzusetzen. Von der Anbausituation und der Herbizidverträglichkeit kann hier weitgehend auf den Zwiebelanbau verwiesen werden (siehe Kapitel 14.28).

In gesätem Porree sind ausgewiesen:

Vor der Saat		Wartezeit
Kalkstickstoff[1]	3,0 – 4,5 dt/ha	F

Im Vorauflaufverfahren

Basta	3,0 l/ha	F

Im Nachauflaufverfahren

Alzodef	40,0 l/ha	7 Tage

14.23.3 Pflanzung

Bei der Pflanzung von Porree kann weitgehend auf eine chemische Unkrautbekämpfung verzichtet werden, wenn der Unkrautsamenbesatz der vorgesehenen Felder relativ gering ist. In diesen Fällen können durch mehrmaliges maschinelles Hacken die zwischen den Reihen auflaufenden Unkräuter hinreichend bekämpft werden.

Durch Anwendung von Kalkstickstoff[1], etwa 2 bis 3 Wochen nach dem Pflanzen, kann unter günstigen Umständen auch das in den Reihen stehende auflaufende Unkraut hinreichend eleminiert werden.

Alternativ ist nach der Pflanzung auch der Einsatz von Afalon und Tribunil möglich:

Nach dem Pflanzen		Wartezeit
Afalon	1,5 kg/ha	90 Tage
Tribunil	3,0 kg/ha	70 Tage
Kalkstickstoff[1]	3,0 – 4,5 dt/ha	F

[1] Zur Zeit nicht zugelassen, die Wiederzulassung wird erwartet.

Die beiden ersten Präparate decken eine breite Palette von Ackerunkräutern (s. Tab. 45, S. 177) ab, so daß kaum Probleme bleiben, zumal in der Spätphase der Kultur zusätzlich immer noch die Maschinenhacke eingesetzt werden kann. Zu beachten ist jedoch, daß Afalon in Wasser- bzw. Heilquellenschutzgebieten verboten ist.

Nicht ganz unproblematisch ist die Anwendung von Kalkstickstoff[1], Afalon und Tribunil bei der Lochpflanzung von Porree, wenn die Porreewurzeln in den noch offenen Pflanzlöchern nicht oder nur unzureichend mit einer Erdschicht zugedeckt sind und das Granulat des Kalkstickstoffes oder Spritzflüssigkeit durch Beregnung oder Niederschläge direkt auf die Porreewurzeln gelangen können. Vor einem derartigen Herbizideinsatz sollte also geprüft werden, ob die Porreewurzeln in den Pflanzlöchern mit Boden zugedeckt und die Pflanzen gut angewachsen sind.

Bei der Normalpflanzung und meist auch bei der Lochpflanzung wird ab August ein- bis zweimal angehäufelt, um möglichst lange, weiße Schäfte zu erhalten. Auch hierdurch wird eine zusätzliche mechanische Unkrautbekämpfung erzielt.

14.24 Rote Rüben (Rote Bete)

In Roten Rüben sind einige von der Unkrautbekämpfung in Zuckerrüben her bekannte Präparate zur Vorsaatanwendung mit Einarbeitung oder im Vorauflauf- oder im Nachauflaufverfahren ausgewiesen:

Im Vorsaatverfahren

		Wartezeit
Pyramin WG	3,0 – 4,0 kg/ha	F
Terlin WG	3,0 – 4,0 kg/ha	F

Im Vorauflaufverfahren

Pyramin WG	3,0 – 4,0 kg/ha	F
Terlin WG	3,0 – 4,0 kg/ha	F

Im Nachauflaufverfahren

Betanal	6,0 l/ha	F
Illoxan	3,0 l/ha	60 Tage

Im allgemeinen ist die Vorauflaufanwendung bis 3 Tage nach der Saat – auf feuchtem Boden – üblich. Trotz guter Verträglichkeit dürfen die Vorauflauf-Präparate ab beginnendem Auflaufen der Rüben bis zum Sichtbarwerden der ersten Laubblätter (etwa Erbsengröße) nicht angewandt werden. Es darf keine Anwendung in Wasserschutzgebieten erfolgen.

Illoxan ist ein Spezialherbizid gegen Flughafer und Hühnerhirse im Nachauflaufverfahren und wird bis spätestens 4 Wochen nach der Saat eingesetzt (siehe Seite 188).

Betanal ist ein reines Blattherbizid und wirkt nur gegen auflaufende Unkräuter im 2- bis 4-Blattstadium. Die Rüben müssen mindestens 2 echte Laubblätter gebildet haben. Einzelheiten zu Pyramin und Betanal sind im Kapitel 7 zu finden.

14.25 Sellerie

Sellerie gedeiht am besten auf gut strukturierten, mittelschweren Böden mit hoher Wasserkapazität und guter Kalkversorgung. Sellerie wird in aller Regel gepflanzt. Die Unkrautbekämpfung ist auf unkrautarmen Standorten ausschließlich durch den Einsatz der Maschinenhacke möglich. Gelegentlich werden auch Reihen-Bürstenmaschinen eingesetzt, wenn auf die Anwendung von Herbiziden verzichtet werden soll. Zur chemischen Unkrautbekämpfung ist nach dem Pflanzen zur Zeit folgendes Herbizid ausgewiesen:

Nach dem Pflanzen		Wartezeit
Afalon	1,5 – 2,0 kg/ha	
Blattsellerie		49 Tage
Knollensellerie		80 Tage

Afalon wird etwa 2 bis 3 Wochen nach dem Pflanzen angewandt. Eine gute Wirksamkeit ist nur gegeben, wenn zum Zeitpunkt der Ausbringung eine ausreichende Bodenfeuchtigkeit vorhanden ist. Das Wirkungsspektrum ist bereits im Kapitel Möhren näher erläutert worden. Zu beachten ist die je nach Bodenart zu differenzierende Aufwandmenge. In Wasserschutzgebieten ist die Anwendung verboten.

14.26 Spargel

Spargel, als Delikatesse und Heilmittel seit altersher bekannt und geschätzt, nimmt heute in der Bundesrepublik Deutschland inkl. der neuen Länder eine Fläche von etwa 7500 ha (1991) ein. Davon sind 5500 ha Ertragsanlagen und ca. 2000 ha Neupflanzungen. Als idealer Standort für diese Kultur gelten leichtere, warme Böden, meistens Sandböden, die jedoch humusreich und tiefgründung durchwurzelbar und keinesfalls steinig sein sollten. Der Grünspargelanbau ist auch auf leichten bis mittleren, manchmal auf schweren Böden anzutreffen.

14.26.1 Kulturvorbereitung

Bei den hohen Investitionskosten für eine Neuanlage sind sorgfältige Vorbereitungen hinsichtlich Standortwahl, Vorfrucht, mineralischer und organischer Düngung, Humusanreicherung und Bodenbearbeitung erforderlich, um später auf ein anhaltend rentables Ertragsniveau zu kommen. Letzteres läßt sich nur erreichen, wenn bereits frühzeitig genug, – d. h. vor der Neuanlage –, Wurzelunkräuter wie beispielsweise die Quecke, die Disteln, die Ackerwinde und der Ackerschachtelhalm beseitigt und dann die jährlichen Unkrautbekämpfungsmaßnahmen regelmäßig und sorgfältig durchgeführt werden, um die Ansiedlung von Wurzelunkräutern und eine Anreicherung der Böden mit Unkrautsamen, insbesondere des Schwarzen Nachtschattens, weitgehend zu vermeiden.

14.26.2 Kulturdauer

Durch die lange Kulturdauer von etwa 10 Jahren ist eine Unkrautbekämpfung durch Fruchtfolgemaßnahmen ausgeschlossen, so daß bei der Auswahl der

Kulturfläche möglichst auf unkrautarme Standorte ausgewichen werden sollte. Gute Spargelböden sind häufig auch sehr unkrautwüchsig. Ein üppiger Unkrautbestand aber schmälert die Nährstoffversorgung erheblich, tritt als Konkurrent um die in Sandböden geringen Wasserreserven auf und kann auch die Stecharbeit stark behindern, da durchbrechende Spargelspitzen unter dem Unkrautbestand nicht rechtzeitig erkannt werden. Quantitäts- und Qualitätsminderungen sind die Folge. Hinzu kommt, daß ein starker Unkrautbesatz die Durchlüftung der nach der Ernte aufwachsenden Spargelreihen behindert und damit Pilzkrankheiten wie z. B. Stemphylium und Botrytis begünstigt.

14.26.3 Unkrautbekämpfung in Junganlagen

In Junganlagen, besonders im ersten Standjahr, sollte die Unkrautbekämpfung mechanisch durchgeführt werden, da die jungen, noch relativ flach wurzelnden Spargelpflanzen sehr empfindlich auf Herbizideinwirkung, einschließlich Kalkstickstoff[1], reagieren. Nur bei ausreichender Bodenabdeckung der Wurzeln mit mindestens 10 cm Höhe und guter Ablagerung des Bodens ist eine reduzierte Anwendung vertretbar.

Im zweiten Anbaujahr, in dem bereits eine vollständige Einebnung erfolgt und damit eine erhebliche Bodenschicht über den Wurzeln liegt, ist eine Herbizidanwendung mit verminderten Aufwandmengen vertretbar. Eine Ausweisung oder Herstellerempfehlung besteht für Junganlagen jedoch nicht.

14.26.4 Ertragsanlagen

Sofern bereits im zweiten Anbaujahr eine kurze Stechperiode erfolgt, kann unmittelbar danach die übliche Herbizidanwendung wie in älteren Ertragsanlagen erfolgen.

In Ertragsanlagen sind folgende Herbizide ausgewiesen:

Nach dem Aufrichten der Dämme und vor dem Stechen

		Wartezeit
Aresin[1]	3,0 kg/ha	7 Tage
Basta	3,0 l/ha	F
Sencor WG	1,0 kg/ha	7 Tage

Nach dem Stechen

Sencor WG	1,0 kg/ha	7 Tage

14.26.5 Unkrautbekämpfung vor der Ernte

Häufig ist eine Anwendung von Bodenherbiziden nach dem Aufrichten der Dämme und vor Erntebeginn wenig sinnvoll, weil im Laufe der Stechperiode – abhängig von der Bodenart und der Stabilität der Bodenkrume – in der Regel mehrmaliges Aufdämmen erforderlich ist, wodurch ein vorhandener Herbizidfilm auf der Bodenoberfläche zerstört werden würde. Andererseits wird durch das Aufdämmen eine recht beachtliche mechanische Unkrautbekämpfung erreicht. Diese Wirkung wird verstärkt, wenn vor dem Aufdämmen

---

[1] Zur Zeit nicht zugelassen, die Wiederzulassung wird erwartet.

mit einer Netzegge leicht abgeegt wird. Wurzelunkräuter wie beispielsweise Quecke und Ackerwinde können allerdings auf diese Weise nicht hinreichend bekämpft werden. Die vor der Ernte anwendbaren Herbizide sind der aufgeführten Übersicht zu entnehmen. Das Herbizid Basta ist ein teilsystemisches Kontaktherbizid, das ein sehr breites Wirkungsspektrum, aber keine Dauerwirkung über den Boden besitzt (siehe auch unter Abschnitt »Zwiebeln«. Näheres zur Wirkungsweise von Aresin[1] finden Sie im Kapitel 14.16 und zum Sencor unter Kapitel 14.27.9).

14.26.6 Spargel unter Folie

Werden die Spargeldämme zur Ernteverfrühung mit einer Antitaufolie (Klarsichtfolie) abgedeckt, ist allerdings gleichzeitig mit dem Verlegen der Folie eine Behandlung mit einem bodenwirksamen Herbizid angebracht, um den verstärkten Unkrautwuchs unter der Folie, der sich aufgrund der höheren Bodentemperaturen ergibt, während der Erntephase einigermaßen einzudämmen. Aresin[1] und Sencor können für diesen Zweck eingesetzt werden. In Wasserschutzgebieten ist ihre Anwendung jedoch verboten.

Während des Stechens muß eine chemische Unkrautbekämpfungsmaßnahme sowohl aus Rückstandsgründen als auch aus optischen Gründen grundsätzlich unterbleiben. Denkbar ist jedoch eine thermische Unkrautbekämpfung mit Spezialgeräten, die der Form der Spargeldämme entsprechend angepaßt sind. Sie dürften derzeit wohl aus Kostengründen noch nicht zum Einsatz kommen.

14.26.7 Unkrautbekämpfung nach der Ernte

Nach der Ernte werden heute in der Regel die Dammflanken abgepflügt. Ein Teil der Betriebe läßt die Dämme auch in vollem Umfang bis in den Spätherbst stehen. Nur in einigen wenigen Gebieten werden die Dämme vollständig abgepflügt. Im ersten und letztgenannten Fall wird durch die Bearbeitungsmaßnahme frischer Unkrautsamen aus der Bodentiefe an die Oberfläche gebracht, wo er zur Keimung gelangt, wenn eine hinreichende Bodenfeuchte vorliegt.

Wird der Damm vollständig stehengelassen, ist es in der Regel notwendig, unmittelbar nach Ernteende, bevor einzelne Spargelstangen die Bodenoberfläche durchbrochen haben, die während der Ernte aufgewachsenen Unkräuter »abzubrennen«. Dies kann auch mit einem thermischen Verfahren erfolgen, wenn geeignete Abflammgeräte für den Spargelanbau zur Verfügung stehen.

Nach der Beseitigung des vorhandenen Unkrautaufwuchses erfolgt meist nur ein spärlicher Neuauflauf, wenn die Bodenoberfläche nicht durch mechanische Bearbeitung verändert wird.

---

[1] Zur Zeit nicht zugelassen, die Wiederzulassung wird erwartet.

14.26.8 Mechanische Unkrautbekämpfung

Eine ausschließlich auf mechanische Maßnahmen ausgerichtete Unkrautbekämpfung ist in Spargel möglich, aber sehr kostenintensiv. Da bei den üblichen Feldgrößen eine ausschließliche Bearbeitung durch die Handhacke wohl in den meisten Fällen ausscheidet, muß eine jederzeitige Befahrbarkeit mit Schlepper und Bodenfräse oder Egge gewährleistet sein. Deshalb existieren inzwischen in vielen Betrieben Schmalspur- oder Hochradschlepper.

14.26.9 Herbizideinsatz nach der Ernte

Bei günstigen Bedingungen und ausreichender Bodenfeuchte können nach der Ernte durch Anwendung von Kalkstickstoff[1] die keimbereiten und gekeimten Unkrautsamen an der Bodenoberfläche abgetötet werden. Leider ist in dem Zeitraum von Ende Juni bis Mitte Juli häufig nicht die hinreichende Bodenfeuchte für eine ausreichende Wirkung gegeben, es sei denn, daß die Spargelanlage beregnet werden kann. Bei der Stickstoff-Düngung ist die durch Kalkstickstoffanwendung bedingte Stickstoffmenge zu berücksichtigen.
Soll die Unkrautbekämpfung mit einem Herbizid erfolgen, so muß die Spritzbehandlung unmittelbar nach Ernteende erfolgen, weil das Spargelfeld zu diesem Zeitpunkt noch mit einem üblichen Feldspritzgerät überfahren werden kann. Sind nach 1 bis 2 Wochen die ersten Spargelstangen bereits bis über 70 cm durchgewachsen, kann die Fläche nur noch mit speziellen Hochrad- oder Schmalspurschleppern und senkrecht angeordneten Spritzgestängen in Form einer Zwischenreihenbehandlung behandelt werden, soweit die Kulturverträglichkeit der möglichen Herbizide zu diesem Zeitpunkt gegeben ist. Eine Ausweisung hat für den Einsatz nach der Ernte zur Zeit nur das Präparat Sencor. Es weist ein breitgefächertes Wirkungsspektrum auf. So lassen sich gut bekämpfen: Bingelkraut, Kleine Brennessel, Ehrenpreis, Erdrauch, Franzosenkraut, Ackerfuchsschwanz, Gänsedistel, Weißer Gänsefuß, Hederich, Blut-, Borsten- und Hühnerhirse, Hirtentäschel, Ackerhohlzahn, Kamille, Floh- und Vogelknöterich, Kornblume, Melde, Klatschmohn, Einjähriges Rispengras, Ackersenf, Ackerstiefmütterchen, Taubnessel, Vogelmiere u. a. Weniger gut bekämpfbar sind: Ampfer, Windenknöterich, Klettenlabkraut, Schwarzer Nachtschatten und Wurzelunkräuter.

14.26.10 Schwarzer Nachtschatten

Wegen der unzureichenden Wirkung gegen Schwarzen Nachtschatten und mangels ausreichender Alternativen zum Sencor-Einsatz findet man gerade dieses Unkraut in Spargelanlagen sehr häufig. Der Schwarze Nachtschatten ist in der Lage, noch aus 4 bis 5 cm Bodentiefe zu keimen und aufzuwach-

---

[1] Zur Zeit nicht zugelassen, die Wiederzulassung wird erwartet.

sen, so daß häufig eine Spätverunkrautung erfolgt. Um die Blattwirkung von Sencor gegen den Nachtschatten auszunutzen, wird in der Praxis häufig die bereits genannte Zwischenreihenbehandlung etwa 4 bis 6 Wochen nach Ernteende durchgeführt, für die allerdings in dieser Anwendungsform keine offizielle Ausweisung existiert.

14.27 Spinat

Spinat verlangt sowohl für die Frischmarktbelieferung als auch für die industrielle Verarbeitung absolut unkrautfreie Ware und macht daher eine chemische Unkrautbekämpfung unerläßlich.

Ausgewiesen sind zur Zeit:

Vorauflaufverfahren		Wartezeit
Asulox	7,0 l/ha	F
Venzar[1]	1,5 – 2,0 kg/ha	30 Tage

Asulox wird nach der Saat auf feinkrümeligen, unkrautfreien Boden gespritzt. Die Wirkstoffaufnahme erfolgt über die Wurzeln der auflaufenden Unkräuter. Ausreichende Bodenfeuchte fördert die Wirkung. Gut bekämpft werden Ackerhellerkraut, Ackersenf, Hederich, Hirtentäschel und Franzosenkraut. Die Wirkung gegen Kreuzkraut und Einjährige Rispe befriedigt nicht immer; sie ist weniger gut gegen Ackerfuchsschwanz, Kleine Brennessel, Ehrenpreisarten, Kamillearten, Knöticharten, Klettenlabkraut, Melde und Vogelmiere. Die Wirkung von Asulox reicht nicht aus gegen Ackerstiefmütterchen, Erdrauch, Schwar-

zen Nachtschatten, Taubnesselarten, Wolfsmilch und Wurzelunkräuter. Zudem ist der Einsatz in Wasserschutzgebieten verboten. Das Mittel ist daher nur begrenzt einsetzbar.

Da ein umfassender Bekämpfungserfolg bei entsprechender Unkrautflora also nicht erwartet werden kann, ist gebietsweise in der Praxis eine Mischung von Asulox und Venzar[1] mit Erfolg probiert worden. Gemischt wurden 5,0 bis 6,0 l/ha Asulox mit 0,5 bis 0,75 kg/ha Venzar[1]. Venzar[1] ist einsetzbar in Herbst- und Winterspinat. In Frühjahrsspinat kann ein Einsatz mit voller Aufwandmenge nur erfolgen, wenn eine verträgliche Frucht wie z. B. Spinat nachgebaut wird. Die Behandlung erfolgt unmittelbar bis 5 Tage nach der Saat auf feuchten, feinkrümeligen Boden. Die Saattiefe soll bei 3 bis 4 cm liegen. Venzar[1] wirkt gut gegen Erdrauch, Hirtentäschel, Knöticharten, Kreuzkraut, Schwarzen Nachtschatten und Vogelmiere. Gegen Weißen Gänsefuß und Meldearten erscheint die Wirkung in intensiven Anbaugebieten häufig nicht ausreichend, weil aufgrund geringer Fruchtfolgeabstände meist große Samenvorräte im Boden vorhanden sind.

14.26.1 Nachbau beachten!

Die Anbaufrist für den Neubau empfindlicher Kulturen (Getreide) beträgt 5 bis 6 Monate. Erstmals behandelte Herbst- und Winterspinatflächen kön-

---

[1] Zur Zeit nicht zugelassen, die Wiederzulassung wird erwartet.

nen im Frühjahr nach dem Räumen der Spinatkultur mit jeder gewünschten Kultur (Ausnahme Gemüse und Gerste) bestellt werden. Vor der Wiederbestellung muß allerdings tief gepflügt werden.

Nach mehrfacher Anwendung auf einer Kulturfläche dürfen aus Verträglichkeitsgründen Sommergerste und Feldgemüse nicht nachgebaut werden. Nach Sommerspinat, der mit Venzar[1] behandelt wurde, kann nach ordnungsgemäßer Pflugfurche Wintergetreide im gleichen Herbst angebaut werden. Im nächsten Frühjahr können Sommergetreide, Rüben, Kartoffeln oder Feldgemüse angebaut werden.

14.28 Zwiebeln

In dieser Kultur ist zwischen Sä- und Steckzwiebeln zu unterscheiden. Wegen der Empfindlichkeit der Zwiebeln kann die mechanische Unkrautbekämpfung nur bedingt eingesetzt werden.

14.28.1 Säzwiebeln

Da die Samen bei Säzwiebeln oft längere Zeit im Boden liegen, haben Unkräuter Zeit genug zur Entwicklung, um dann den später durchbrechenden Zwiebeln stärkste Konkurrenz zu bieten. Daher ist der Anbau von Zwiebeln ohne Einsatz von Herbiziden kaum denkbar.

Folgende Herbizide können eingesetzt werden:

Vor der Saat		Wartezeit
Kalkstickstoff[1]	3,0 – 4,5 dt/ha	F

Vorauflaufverfahren

Stomp SC	5,0 l/ha	F
Basta	3,0 l/ha	F

Nachauflaufverfahren

Alzodef	40,0 l/ha	7 Tage
Tribunil	2,0 – 2,5 kg/ha	60 Tage

Nach dem Stecken

Kalkstickstoff[1]	3,0 – 4,5 dt/ha	F
Alzodef	40,0 l/ha	7 Tage

Vom Einsatz von Kalkstickstoff[1] etwa 2 bis 3 Wochen vor der Saat kann nur eine Teilwirkung erwartet werden. Zur Wirksamkeit ist es erforderlich, daß der Acker bereits 4 bis 5 Wochen vor der Saat zur Bestellung vorbereitet wird und die an der Bodenoberfläche befindlichen Unkrautsamen quellen bzw. keimen können. Durch die Cyanamidphase des flach eingearbeiteten Kalkstickstoffs wird eine Unkrautwirkung auf einige Unkräuter erzielt.

14.28.2 Vorauflaufanwendung

Eine Anwendung von Herbiziden kann grundsätzlich nur empfohlen werden, wenn die Saat sehr gleichmäßig tief in ein gut abgesetztes Saatbeet abgelegt werden kann, weil ansonsten erhebliche Verträglichkeitsprobleme auftreten können. Im Vorauflaufverfahren stehen derzeit das Präparat Stomp SC und das Präparat Basta zur Verfügung. Stomp SC wirkt über den Boden und

[1] Zur Zeit nicht zugelassen, die Wiederzulassung wird erwartet.

wird von den Wurzeln und Keimlingen der Unkräuter und Ungräser aufgenommen. Da das Präparat mehrere Wochen wirksam bleibt, werden auch später keimende Unkräuter und Ungräser noch erfaßt. Stomp SC soll vor dem Auflaufen der Unkräuter zum Einsatz kommen. Aufgelaufene größere Unkrautstadien werden nicht mehr erfaßt. Im Wirkungsspektrum zeigen sich gute Bekämpfungsmöglichkeiten gegenüber den Ungräsern Ackerfuchsschwanz, Windhalm, Einjährige Rispe und den Unkräutern Ackerhellerkraut, Ackerhohlzahn, Ackersenf, Ackerspörgel, Ackerstiefmütterchen, Ackervergißmeinnicht, Ehrenpreis, Erdrauch, Weißer Gänsefuß, Hederich, Hirtentäschel, Klettenlabkraut, Klatschmohn, Knöterich, Melde, Taubnessel und Vogelmiere. Nicht ausreichend bekämpfbar sind Flughafer, Weidelgras, Franzosenkraut, Kamille, Kornblume, Kreuzkraut, Wicke und Wurzelunkräuter. Auf humusarmen Böden ist eine Senkung der Aufwandmenge auf 3 bis 4 l/ha zweckmäßig. Bei der Spritzung ist sehr sorgfältig zu verfahren, weil bei Überlappungen mit Kulturausfällen zu rechnen ist.

Basta ist ein nichtselektives, teilsystemisches Kontaktherbizid, das ein sehr breites Wirkungsspektrum, aber keine Dauerwirkung über den Boden besitzt. Nicht erfaßt werden lediglich der Kriechende Hahnenfuß und Mauerpfeffer. Bei Trockenstreß der Pflanzen und bei Temperaturen unter 10 °C tritt die Wirkung mit Verzögerung ein. Wegen der fehlenden selektiven Wirkung muß die Anwendung vor dem Auflaufen der Kultur bis zum Durchstoßen des Keimlings durch die Samenhülle erfolgen.

14.28.3 Nachauflaufanwendung

Alzodef ist zur Nachauflaufanwendung in gesäten Zwiebeln ausgewiesen. Die Anwendung erfolgt ab 2 bis 3 cm Wuchshöhe der Kultur, solange sich die Unkräuter im Keimblatt- bis Kleinrosetten-Stadium befinden. Hat ein Teil der Zwiebeln zum notwendigen Spritzzeitpunkt die genannte Größe noch nicht erreicht, muß mit der Ausdünnung der Kultur gerechnet werden. Alzodef hat keine Dauerwirkung. Es kann bei Bedarf im Abstand von 14 Tagen eine zweite Behandlung vorgenommen werden. Es werden zweikeimblättrige Unkräuter erfaßt. Weniger gut ist die Wirkung gegen Klettenlabkraut, nicht ausreichend ist die Wirkung gegen Ackerstiefmütterchen und Erdrauch. Ungräser und Wurzelunkräuter werden nicht bekämpft.

Tribunil kann im Nachauflauf aus Verträglichkeitsgründen in der ausgewiesenen Aufwandmenge frühestens ab dem 2- bis 3-Blattstadium der Zwiebel gespritzt werden. Durch eine Splittinganwendung mit zweimal 1,0 kg/ha kann der erste Anwendungszeitpunkt nach Praxiserfahrungen etwas vorverlegt werden. Die Unkräuter dürfen das 4- bis 6-Blattstadium noch nicht überschritten haben. Wenn einige Unkräuter durch die Vorauflaufanwendung mit Stomp SC und die frühe Nachauflaufbehandlung mit Alzodef durch ungünstige Anwendungsbedingungen nicht erfaßt wurden, sind diese leider meist zu diesem Zeitpunkt schon so groß, daß sie auch nicht mehr ausreichend mit Tribunil bekämpft werden können. Das Wirkungsspektrum vom Tribunil ist allerdings recht breit. Gute Wirksamkeit beteht gegen Ackerhohlzahn, Ackersenf, Kleine Brennessel, Franzosenkraut, Weißer Gänsefuß, Kamille, Kreuzkraut, Schwarzer Nachtschatten, Einjährige Rispe und Vogelmiere. Weniger gut wirkt es gegen Ackerfuchsschwanz, Ehrenpreis, Erdrauch, Knöterricharten und Taubnessel. Nicht ausreichend werden Ackerstiefmütterchen und Klettenlabkraut erfaßt.

Aus der dargestellten Situation resultiert auf vielen Anbauflächen eine Spritzfolge mit Stomp SC im Vorauflauf, Alzodef im frühen und Tribunil im späteren Nachauflauf als Regelanwendung.

14.28.4 Mangelnde Konkurrenzkraft

Wegen der geringen Konkurrenzkraft der Säzwiebel und der geringen Bodenabdeckung im Laufe der Kultur verbleiben trotz der genannten Bekämpfungsmöglichkeiten eine Reihe von ungelösten Problemen. Häufig breiten sich Knöterich, Ackerstiefmütterchen und Klettenlabkraut in der fortgeschrittenen Kulturphase zunehmend

aus. Gelegentlich kann zu diesem Zeitpunkt mit aller Vorsicht eine Maschinenhacke oder aber die Handhacke hilfreich sein. In der Praxis werden auch einige weitere Herbizide versuchsweise eingesetzt, zu denen hier jedoch keine Angaben erfolgen können, weil hinreichend gesicherte Versuchsergebnisse fehlen.

14.28.5 Steckzwiebeln

Steckzwiebeln sind erheblich verträglicher gegenüber Herbiziden als Säzwiebeln. Die Kulturdauer fällt im allgemeinen kürzer aus und die Konkurrenzkraft der Zwiebeln ist durch die günstige Startposition verbessert, so daß die Unkrautbekämpfung insgesamt unproblematischer ist. Kalkstickstoff[1] kann in Steckzwiebeln nicht nur vor dem Stecken, sondern auch 2 bis 3 Wochen danach mit 3,0 bis 3,5 dt/ha zum Einsatz kommen. Alzodef kann in Steckzwiebeln unabhängig vom Kulturpflanzen-Stadium zum günstigen Entwicklungszeitpunkt der Unkräuter gespritzt werden. 1 bis 2 Wiederholungsbehandlungen sind möglich.

---

[1] Zur Zeit nicht zugelassen, die Wiederzulassung wird erwartet.

15 Unkrautregulierung auf dem Dauergrünland

15.1. Allgemeines

Das Ziel rentabler Grünlandbewirtschaftung sind hohe Erträge mit guter Futterqualität. Entscheidende Bedeutung kommt dabei der Regulierung der Pflanzenbestände durch Unkrautbekämpfungsmaßnahmen zu. Sie umfassen ein ganzes Bündel von Einzelmaßnahmen, die sinnvoll miteinander zu kombinieren sind. Bei extensiven Nutzungsformen steht die Erhaltung einer vielfältigen Landschaftsstruktur im Vordergrund. Die Unkrautregulierung spielt hier eine untergeordnete Rolle.

15.1.1 Was ist Unkraut auf dem Dauergrünland?

Im Gegensatz zu den Reinkulturen im Ackerbau liegt beim Grünland eine Pflanzengesellschaft vor, die sich vorwiegend aus Gräsern, Kräutern und Leguminosen zusammensetzt. Der Begriff »Unkraut« ist daher anders zu beurteilen als im Ackerbau. Im Hinblick auf die unmittelbare Verwertung durch das Vieh erhält die Qualität des auf dem Grünland erzeugten Futters vorrangige Bedeutung. Als »absolute« Unkräuter gelten:

– Gifthaltige und schädliche Pflanzen, die schon in geringen Mengen Gesundheit, Leistungsfähigkeit und Wohlbefinden der Tiere stark beeinträchtigen können (Duwock, Herbstzeitlose, Scharfer Hahnenfuß).

– Wertlose und nur mit sehr geringem Futterwert ausgestattete Pflanzen, die als lästige Platz- und Nährstoffräuber infolge ihres Massenwuchses und ihrer Vermehrungspotenz auf wertvolle Arten stark verdrängend wirken und vom Vieh verschmäht werden (z. B. Ampferarten, Rasenschmiele).

Als Unkräuter sind aber auch wertvolle Arten einzustufen, wenn sie einseitig überhandnehmen. Viele Kräuter (z. B. Löwenzahn, Kümmel, Schafgarbe u. a.) fördern bei geringem Massenanteil die Bekömmlichkeit und Schmackhaftigkeit des Futters und sind daher erwünscht, da sie wie das »Salz in der Suppe« wirken. Bei einseitigem Überhandnehmen (über ca. 20 % Anteil) werden sie aber zum Unkraut, wobei in Abhängigkeit von der Nutzungsart fließende Grenzen bestehen (nähere Hinweise siehe Kapitel 15 und Tabelle 13). Bei intensiver Gründlandbewirtschaftung gelten auch Pflanzen mit geringer Leistungsfähigkeit als Unkräuter.

Bei extensiver Grünlandnutzung sind im allgemeinen nur Giftpflanzen und Ampfer als Unkräuter einzustufen, andere Arten können toleriert werden.

15.1.2 Ursachen der Verunkrautung

Die Ursachen der auch bei intensiver Grünlandbewirtschaftung zu beobachtenden Zunahme bestimmter Massenunkräuter sind vorwiegend in Standortmängeln und Bewirtschaftungsfehlern zu suchen.

Hierzu zählen:

– übermäßige Feuchtigkeit,

– einseitige Düngung (Jauche, Gülle, Stallmist),

– einseitige und zu späte Nutzung,

– Verletzung der Grasnarbe (durch Erntegeräte, Wieseneggen, Überdosierung von Gülle und Jauche, Beweiden bei zu feuchtem Boden, Narbenzerstörung durch starken Befall mit tierischen Schädlingen und durch Trockenheit),

– mangelnde Hygiene (Einschleppen von Unkräutern von Feldrainen und über Stallmist und Jauche).

Hinzu kommt, daß eine Reihe von stickstoffliebenden, anpassungsfähigen, massenwüchsigen Unkräutern wie Ampfer, Bärenklau, Wiesenkerbel, Löwenzahn und Quecke durch die hohe Nährstoffzufuhr der intensiven Grünlandbewirtschaftung stark gefördert wird.

15.1.3 Bestandsverbesserung durch integrierte Unkrautbekämpfung

(siehe Kapitel 2.3.1 sowie Tabelle 6, 8)

Ziel jeglicher Unkrautbekämpfung muß eine nachhaltige Bestandsverbesserung sein. Dies kann nur durch Ausschöpfung aller zur Verfügung stehenden direkten und indirekten Abwehrmaßnahmen kulturtechnischer, biologischer und chemischer Art erreicht werden, wobei im Sinne des Integrierten Pflanzenschutzes ein ökologisch sinnvolles Aufeinanderabstimmen und Verzahnen der Einzelmaßnahmen stattfinden muß. Am Anfang aller Maßnahmen zur Ausschaltung unerwünschter Kräuter und Gräser steht die Beseitigung der Standortmängel und Bewirtschaftungsfehler. Durch Regulierung der Wasserverhältnisse, sinnvolle Düngung und Kalkung, gezielte Nutzung (Frühschnitt, Früh- und Mähweide), ordnungsgemäße Weidepflege (Reinigungsschnitt), schonende Behandlung der Grasnarbe (Vermeiden von Narbenverletzungen) und Beachtung hygienischer Maßnahmen (Verhinderung der Einschleppung von Unkräutern) sind im allgemeinen auf lange Sicht nachhaltige Bestandsverbesserungen möglich. Die Anwendung solcher kulturtechnischen Maßnahmen erfordert aber Zielstrebigkeit und Geduld. Auf noch unkrautfreien Flächen sind sie das beste Vorbeugungsmittel, um den Bestand leistungsfähig zu halten. Vielfach stoßen sie aber auf standortbedingte, betriebswirtschaftliche oder biologische Grenzen, so daß zu ihrer Unterstützung und Ergänzung vorübergehend chemische Maßnahmen ergriffen werden müssen.

15.1.4 Grundsätzliches zur Herbizidanwendung

Das Ziel einer echten Bestandsverbesserung durch fachgerechten Herbizideinsatz kann nur erreicht werden, wenn folgende Gesichtspunkte berücksichtigt werden:

– Der Eingriff in die Pflanzengesellschaft muß so selektiv wie möglich sein. Es sollten möglichst nur die unerwünschten Arten erfaßt, die erwünschten aber weitestgehend geschont werden.

– Da die meisten in Frage kommenden Herbizide (Wuchsstoffe) eine breite, tief in das relativ stabile Gefüge der Pflanzengesellschaften eingreifende Wirkung mit starker Beeinträchtigung erwünschter breitblättriger Pflanzen besitzen, sollte bei beginnender oder schwacher Verunkrautung das schonende, nur punktuell wirksame Horst- oder Einzelpflanzenbekämpfungsverfahren (Spritzen oder Streuen) bevorzugt werden.

– Flächenbehandlungen sind nur dann ratsam, wenn die Verunkrautung so groß ist, daß die »kritischen Werte« überschritten werden. Grundlage ist dabei der Massenanteil der Unkräuter an der Grünmasse. »Kritische Pflanzenzahlen je m²« als Maßstab zu wählen, hat sich nur bei horstbildenden Unkräutern wie Ampfer, Binsen u. a. als sinnvoll erwiesen. Selbst bei diesen ist aber mit einer

großen Streubreite der Pflanzenmasse zu rechnen. Wirtschaftliche Schadensschwellen als Pflanzen/m² wie im Ackerbau stehen in Beziehung zu den jeweiligen Bekämpfungskosten eines Präparates und wurden bisher nur bei der Ampferbekämpfung im Flächenspritzverfahren ermittelt (weitere Hinweise siehe Kapitel 3.5 und Tab. 13).

– Als »echte« Grünlandherbizide sind aufgrund ihrer streng selektiven Wirkung mit voller Schonung wertvoller Kräuter nur Asulox und mit Einschränkung MCPA und Harmony einzustufen und daher bevorzugt anzuwenden.

– Nur gezielte Mittelwahl und Einhaltung der angegebenen Aufwandmengen sichert ausreichenden Erfolg. Der willkürliche Einsatz irgendwelcher Präparate kann nicht nur ungenügende, sondern auch nachteilige Wirkungen zur Folge haben.

– Bei Unkräutern mit ausschließlicher und starker Samenvermehrung (z. B. Ampfer) sind zur Sicherung der Dauerwirkung Nachbehandlungen durch Einzelpflanzenbekämpfung notwendig.

– Jede chemische Maßnahme schafft durch das Verschwinden der bekämpften Unkräuter Lücken, die mit Hilfe einer mineralischen Ausgleichsdünnung möglichst schon vor oder zur Behandlung rasch zu schließen sind. Dies ist der beste Schutz gegen Neuverunkrautung durch Unkrautsämlinge. Hat die

Lückigkeit ein bestimmtes Maß überschritten (15 bis 20 %), sind Nachsaaten von Gräsern in Erwägung zu ziehen (siehe Kapitel 15.3). Auf intensiv gedüngten Flächen ist auf die Ausgleichsdüngung zu verzichten.

– Zur Sicherung der vollen Wirkung und zur Vermeidung von Rückstandsgefahren ist sowohl bei Schnitt- als auch bei Weidenutzung grundsätzlich eine Wartezeit von 4 Wochen (Ausnahme: Starane 180, 2 bis 3 Wochen) einzuhalten. Die Beweidung behandelter Flächen sollte möglichst erst zum nachfolgenden Wiederaufwuchs erfolgen, da die Tiere häufig ihre instinkthafte Abneigung gegen schädliche Pflanzen (z. B. Hahnenfuß) verlieren, wenn diese mit Wuchsstoffen behandelt worden sind. Soweit möglich, sollte auf Nutzung des behandelten Aufwuchses verzichtet werden.

– Ist die Verunkrautung so weit fortgeschritten, daß die wertvollen Grünlandpflanzen aufgrund der Massenunkräuter weitgehend verschwunden sind, reicht eine selektive Unkrautbekämpfung in der Regel nicht mehr aus. Hier bietet sich die Zerstörung der gesamten Grasnarbe durch Roundup mit anschließender Neuansaat (= umbruchlose = pfluglose Grünlanderneuerung) an.

– Vor Durchführung chemischer Verfahren wird empfohlen, in Zweifelsfällen die zuständigen Stellen des Pflanzenschutzdienstes zu konsultieren.

15.1.5 Spezielle Bekämpfung der wichtigsten Grünlandunkräuter

Gegen fast alle wichtigen Grünlandunkräuter wurden brauchbare chemische Verfahren entwickelt. Leider liegt aber für eine Reihe wichtiger Anwendungsbereiche keine amtliche Zulassung vor, so daß sie nicht empfohlen werden können. Die wichtigsten Verfahren mit zugelassenen Präparaten wurden in Tabelle 49 (Seite 216) summarisch zusammengestellt, aus der auch Hinweise über ergänzende kulturtechnische Maßnahmen entnommen werden können (siehe Kapitel 2.1.1.9!).

15.1.6 Grünlandflächen nach der Aussaat

Grünlandneuansaaten erfolgen sowohl nach Umstellung von Ackerbau auf Grünland als auch nach Abtöten der Grasnarbe (chemisch oder mechanisch) im Zuge der Grünlanderneuerung. Wichtigster vorbeugender Schutz gegen Verunkrautung ist ein zügiges und vollständiges Auflaufen der Ansaat, um die Konkurrenzkraft zu stärken. Neben standort- und nutzungsgerechter Saatgutwahl kommt es vor allem auf die richtige Ansaattechnik an. Besonders hingewiesen sei auf die Notwendigkeit des Anwalzens, gleich ob eine konventionelle Sämaschine oder ein Spezialgerät (Köckerling- und Vredo-Schlitzsäverfahren, Howard-Rillenfräse) eingesetzt wird. Im allgemeinen genügt zur Niederhaltung der mit der Saat aufgelaufenen Unkräuter ein Schröpfschnitt. Unter bestimmten Voraussetzungen sind aber Herbizide sinnvoll und notwendig. Dies gilt besonders für Flächen, auf denen massenhaft Ampfersämlinge aufgelaufen sind, da eine Unterlassung von Bekämpfungsmaßnahmen den Erfolg der Grünlanderneuerung in Frage stellen kann. Die Bekämpfung sollte möglichst schon zum ersten Aufwuchs gegen die noch jungen und empfindlichen Sämlinge vorgenommen werden. Ab dem 3- bis 5-Blattstadium der Gräser kann Starane 180 (1,0 l/ha) eingesetzt werden, das jedoch auch Kleeansaaten stark schädigt. Durch Roundup nicht erfaßte Altpflanzen des Löwenzahns und neu aufgelaufene Löwenzahnsämlinge werden von Starane 180 ebenfalls bekämpft. Nachsaaten von Weißklee sind nach der ersten Nutzung ohne Schädigungsgefahr möglich.

Das kleeschonende Asulox (3 bis 4 l/ha) darf frühestens zum zweiten Aufwuchs unter Beachtung der Witterungsbedingungen (nicht bei Temperaturen über 25 °C) eingesetzt werden.

Auf nährstoffreichen, gut gedüngten Flächen kann auch die Vogelmiere bei Neuansaaten zum Problem werden.

Muß auf Leguminosen keine Rücksicht genommen werden, kommen ab dem 6-Blattstadium der Gräser zur Bekämpfung von Vogelmiere, Ampfer und Löwenzahn Banvel M (4 bis 6 l/ha) und Starane 180 (1,0 bis 1,5 l/ha) in Frage. Banvel M erfaßt zusätzlich noch das Hirtentäschelkraut. Nur zur Anwendung nach der letzten Nutzung im Herbst ist Duplosan KV (3 l/ha) zugelassen. Im übrigen ist durch N-Düngung und Beweidung (nur nach Direkt-

säverfahren) für eine dichte Narbe zu sorgen, so daß die lichtbedürftige Vogelmiere unterdrückt wird.

15.1.7 Mehrjähriges Grünland

Der Schwerpunkt der Unkrautbekämpfungsmaßnahmen konzentriert sich auf mehrjähriges verunkrautetes Dauergrünland.

15.2 Selektive Bekämpfung

15.2.1 Große Ampferarten

Das verbreitetste und bedeutendste Problem dürfte derzeit die Bekämpfung der großen Ampferarten sein: Stumpfblättriger Ampfer *(Rumex obtusifolius)* und, wenn auch seltener, Krauser Ampfer *(Rumex crispus)*.

Die Ampferarten gehören zur »Jauche- und Gülleflora« und profitieren als N-liebende Unkräuter von der hohen N-Zufuhr der intensiven Grünlandbewirtschaftung. Es handelt sich um völlig wertlose »Platz- und Nährstoffräuber«, die vom Vieh in der Regel gemieden werden (hoher Oxalsäuregehalt). Ihre Verbreitung erfolgt ausschließlich durch Samen, die sehr lange im Boden keimfähig bleiben können.

Wichtigstes Ziel einer vorbeugenden Bekämpfung muß es daher sein, eine Anreicherung keimfähiger Samen in der obersten Bodenschicht zu verhindern:

– auf noch befallsfreien Flächen durch Unterbindung der Sameneinschleppung über Wirtschaftsdünger (Stall-

mist, Jauche, Gülle) und von den Wegrändern, bei Neuansaaten über das Saatgut,
– auf schon verseuchten Flächen durch Verhindern der Samenreife durch rechtzeitige Nutzung und Nachmähen auf Weideflächen.

15.2.2 Einzelpflanzenbekämpfung

Eine direkte Bekämpfung ist nur durch Herausstechen der »Ampferstöcke« (aus arbeitswirtschaftlichen Gründen nur im ökologischen Landbau und wo genügend Arbeitskräfte vorhanden sind, üblich) oder durch Herbizide möglich. Entscheidend ist, daß schon bei Beginn der Verseuchung die wenigen vorhandenen Einzelpflanzen, denen man meist keine Beachtung schenkt, durch gezielte und noch wenig aufwendige Horst- oder Einzelpflanzenbekämpfung rechtzeitig ausgeschaltet werden. Geeignet sind das Spritzverfahren mittels Rückenspritze oder Großgerät mit Schlauchleitungen und Strahlrohr, jeweils versehen mit Momentabstellventil und Reguladüse, und das Streuverfahren mit Streugranulaten. Beim Spritzverfahren (mit Duplosan KV 0,5%ig, Asulox 1%ig, Harmony 1 g/10 l Wasser) werden Herz und Blätter des Ampfers im voll ausgebildeten Rosettenstadium bis zum Beginn der Samentriebbildung mit ca. 30 cm³ Spritzlösung, je nach Ampferstock, behandelt. Zur Schonung des übrigen Pflanzenbestandes wird dabei der Spritzstrahl durch Regulierung der Düse möglichst eng gewählt. Die Behandlung ist während der ganzen Vegetationsperiode möglich und sollte bevorzugt bei wüchsigem Wetter vorgenommen werden. Die entstandenen Lücken schließen sich sehr rasch bei entsprechender Ausgleichsdüngung. Das Streuverfahren (mit Prefix G neu oder Casoron G) erfolgt mit einem handlichen Spezialstreurohr. Um Schäden an der Grasnarbe möglichst gering zu halten, sollte nur punktuell im frühen Rosettenstadium behandelt werden, und zwar nur auf den Wurzelkopf. Anwendung möglichst bei feuchtkühlem Wetter, nicht bei anhaltenden Trockenperioden! Aufwandmengen und sonstige technische Angaben enthält die Tabelle 49 (Seite 216). Darüber hinaus hat das »Dochtstreich- oder Abstreifverfahren« mit Roundup Eingang in die Praxis gefunden. Dabei werden 33%ige Lösungen von Roundup (2 Teile Wasser, 1 Teil Roundup) entweder durch manuelle Ausbringung mit handlichen Streichgeräten (z. B. Zuwa-Stab) auf die Ampferpflanzen gestrichen oder mit Hilfe von herbizidgetränkten Dochtrechen unterschiedlicher Breite, die am Heck des Schleppers montiert werden, über den Grünlandbestand so geführt, daß die höher wachsenden Ampferpflanzen mit der Lösung in Berührung kommen, während der übrige Grasbestand nicht getroffen wird. Letzteres stellt also eine mechanisierte Einzelpflanzenbehandlung dar. Dieses Verfahren konnte sich allerdings in der Praxis nicht durchsetzen. Auch die mit Fahrrädern ausgestatteten, schiebbaren Geräte, die sich auch am Gurt tragen lassen und eine Behandlungsbreite von 2,5 bis 3,0 m aufweisen, haben nur geringe Bedeutung erlangt.

Die Einzelpflanzenbekämpfung von Hand – inzwischen amtlich zugelassen – ist aufgrund der Beweglichkeit des Gerätes hinsichtlich Wirkungssicherheit und Selektivität weitgehend unproblematisch.

Abschließend sei darauf hingewiesen, daß es bei der Einzelpflanzenbehandlung (Spritz- und Streichverfahren) grundsätzlich zweckmäßig ist, die behandelten Pflanzen durch Zugabe eines geeigneten Farbstoffes kenntlich zu machen. Als brauchbar erwies sich vor allem Basazol Rot 71 L, das mit 5 ml je 1 l Spritzbrühe bzw. Gemisch $1/3$ Roundup, $2/3$ Wasser anzuwenden ist.

15.2.3 Flächenspritzung

Die wirtschaftliche Schadensschwelle für die Flächenspritzung liegt für die Präparate Starane 180, Harmony und Asulox bei einer durchschnittlichen Ampferdichte von ca. 0,5 Pflanzen/m². Dies entspricht in der Regel einem Massenanteil von 5 %. Vorrangige Empfehlung verdienen, zumindest in süddeutschen Grünlandgebieten, Präparate, die Nutzkräuter und Leguminosen schonen, die im Hinblick auf N-Einsparung, Mineralstofflieferung und Bekömmlichkeit des Futters einen hohen Stellenwert besitzen. Während Asulox außer den Ampferarten alle anderen Pflanzenarten schont, besitzt Harmony (30 g/ha) eine etwas breitere Nebenwirkung gegen Schafgarbe, Löwenzahn, Hahnenfußarten, Vogelmie-

re, Bärenklau und Wiesenkerbel, die jedoch zeitlich begrenzt ist. Kleearten, insbesondere Weißklee, erleiden vorübergehend leichte Depressionen, werden aber längerfristig ausreichend geschont.

Als nicht kleeschonend sind Starane 180 (2 l/ha) und Banvel M (8 l/ha) einzustufen. Ihr Einsatz soll sich auf Standorte konzentrieren, wo Leguminosen eine untergeordnete Rolle spielen. Für die Mittelwahl spielt aber auch die Nachhaltigkeit der Herbizidwirkung eine Rolle. Mehrjährige Versuche in Bayern (Abb. 12) belegen, daß Harmony und Asulox ein Jahr nach Behandlung die günstigsten Wirkungsgrade zeigen, während Starane 180 deutlich abfällt und einen großen Streubereich der Ergebnisse aufweist.

Wo Hahnenfuß, Löwenzahn, Disteln und Minze bekämpft werden sollen, kommt zur Flächenbehandlung im Rosettenstadium des Ampfers auch das wenig selektive Banvel M (8 l/ha) in Frage, das meist reine Grasbestände hinterläßt.

Als eindeutig günstigster Zeitraum für Flächenbehandlungen hat sich, unabhängig vom Präparat, wegen der meist konstanten Witterungsverhältnisse mit ausgeglichenen Temperaturen und wegen des Wirkstoffeinlagerungsbestrebens des Ampfers der Spätsommer/Frühherbst von Ende August bis etwa Mitte Oktober erwiesen. In Voralpengebieten können auch noch spätere Termine mit Föhnwetter gezielt genutzt werden. Günstige Witterung vorausgesetzt, sind aber auch bei Behandlung des ersten Aufwuchses bzw.

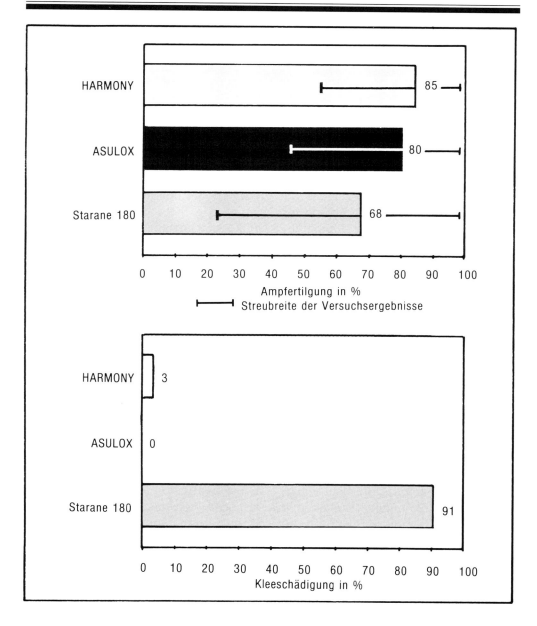

Abbildung 12: Wirkungsgrad und Kleeschädigung von Harmony, Asulox und Starane 180 ein Jahr nach Behandlung (Durchschnitt aus 15 Versuchen, 1985 bis 1990).

nach einem frühen Siloschnitt ausreichende Erfolge zu erwarten. Generell soll der Ampfer das volle Rosettenstadium ausgebildet haben. Wenn mehr als 25 % der Ampferpflanzen den Blütenstand geschoben haben, ist von einer Behandlung Abstand zu nehmen.

15.2.4 Hahnenfußarten

Weit verbreitet treten besonders auf frischen bis feuchten Standorten Scharfer und Kriechender Hahnenfuß so stark auf, daß sie zu den beherrschenden Pflanzen eines Bestandes werden können. Sie besitzen praktisch keinen Futterwert. Scharfer Hahnenfuß ist in grünem Zustand für das Vieh giftig (Protoanemonin). Bei Massenauftreten kann es zur Leistungsminderung, zu schweren Gesundheitsstörungen und sogar zum Tod der Tiere kommen. Beim Trocknen geht der Giftgehalt zurück. Durch Silieren wird keine vollständige Entgiftung erzielt.

Bei einem Massenanteil des Scharfen Hahnenfußes von mehr als 5 % bzw. 5 Pflanzen/m² sind Bekämpfungsmaßnahmen angezeigt. Der nicht giftige Kriechende Hahnenfuß kann auch in höheren Anteilen toleriert werden. Auf kulturtechnischem Gebiet kann durch Entwässerung zu feuchter Standorte eine wirksame Reduzierung erzielt werden. Früher Schnitt und Nachmahd bei Weidenutzung zur Verhinderung der Samenreife wirken ebenfalls einer Massenvermehrung entgegen. Schneller kann man durch gezielte Herbizidanwendung zum Ziel gelangen. Geeignet ist das preisgünstige MCPA (2 bis 3

l/ha). MCPA-Mittel schädigen zwar vorübergehend die Kleearten, die sich aber bei entsprechender Ausgleichsdüngung (möglichst Volldünger mit hohem PK-Anteil) sehr rasch wieder erholen. Die Behandlung kann je nach Witterung während der gesamten Vegetationsperiode erfolgen. Die Hahnenfußpflanzen sollten sich im Blattbüschelstadium (etwa 10 bis 15 cm Wuchshöhe) befinden.

15.2.5 Löwenzahn

Er gehört zur Jauche- und Gülleflora und kann besonders in der intensiven Grünlandbewirtschaftung bei lückigen Grasnarben als starker Platzräuber überhandnehmen. Er zählt an sich aufgrund seines hohen Mineralstoff- und Eiweißgehaltes zu den wertvollen Grünlandpflanzen und wird vom Vieh gern gefressen. Auch für die Bienen stellt er eine wertvolle Trachtpflanze dar. Bei einseitigem Überhandnehmen wird er jedoch zum Unkraut, besonders bei der Rauhfutterverwertung, da im getrockneten Zustand mit hohen Bröckelverlusten zu rechnen ist. Als kritische Schwelle, von der ab eine Reduzierung, keine vollständige Tilgung, anzustreben ist, gilt bei überwiegender Grünnutzung ein Massenanteil von 30 %, bei überwiegender Rauhfutternutzung ein Anteil von 20 %.

An vorbeugenden Maßnahmen gegen eine Massenvermehrung sind eine frühe Nutzung zur Verhinderung der Samenreife und alle Maßnahmen anzuführen, welche die Narbendichte fördern und damit das Auskeimen der

Samen im Boden verhindern. Überdosierung durch Jauche und Gülle (Narbenverbrennung!) und unsachgemäßer Einsatz von Ernte- und Pflegegeräten sind tunlichst zu vermeiden!

Zur direkten Bekämpfung kommt bei mäßigem Überhandnehmen das alte Kalkstickstoffverfahren (2 bis 3 dt/ha, gemahlene Form) in Frage. Die Anwendung hat im Frühjahr auf taufeuchten Bestand zu erfolgen, wenn eben die Blütenknospen vollständig erschienen sind. Bei Wiederholung der Maßnahme im darauffolgenden Jahr ist mit einer Reduzierung des Unkrautes um ca. 50 % zu rechnen. Bei massiver Löwenzahnverunkrautung ist die Flächenspritzung von 2,4-D + MCPA (2 bis 3 l/ha) oder MCPA (3 l/ha) wirkungsvoller und sicherer. Um eine schnelle Regeneration geschädigter Kleearten und Leguminosen sicherzustellen, ist eine kräftige PK-Ausgleichsdüngung einzuplanen. Bei extremer Verunkrautung läßt sich manchmal Umbruch (möglichst pfluglos) mit nachfolgender Neuansaat nicht vermeiden.

15.2.6 Bärenklau und Wiesenkerbel

Die beiden Doldenblütler gelten als klassische Vertreter der Jauche- und Gülleflora und sind auf Standorten mit hohem Stickstoffnachlieferungsvermögen weit verbreitet. Waren sie frührer in erster Linie auf hofnahen, mit Jauche überreich versorgten Grünlandflächen bestandsbildend, so ist in den vergangenen Jahren ein Überhandnehmen in zunehmendem Maß auch auf Flächen mit hoher Nährstoffversorgung zu beobachten, wobei andere wertvolle, leistungsfähige Grünlandpflanzen verdrängt und unterdrückt werden. Bei geringem Anteil und im frühen Entwicklungsstadium sind sie durchaus wertvoll und nicht als »Unkraut« einzustufen. Mit fortschreitender Entwicklung verholzen sie aber sehr rasch. Bei der Rauhfutterwerbung ist mit hohen Bröckelverlusten zu rechnen.

Ab einem Massenanteil von 20 % bei Rauhfutternutzung und ab 30 % bei Grünnutzung werden sie zum »Unkraut«. Auf kulturtechnischem Weg ist in erster Linie durch intensive und frühe Beweidung eine Regulierung der Bestände möglich. Die Beweidung im Zuge der Mähweidebewirtschaftung reicht allein meist nicht aus. Einschränkung von Gülle und Jauche sowie eine nutzungsgerechte mineralische Düngung sind zwar ebenfalls wirksame Steuerungsmaßnahmen, können aber im intensiven viehstarken Grünlandbetrieb auf betriebswirtschaftliche Grenzen stoßen. Anzustreben ist jedoch stets die Verhinderung der Samenreife durch zeitige Nutzung. Problematisch ist die chemische Bekämpfung dieser Doldenblütler, da es an ausreichend selektiven, nutzpflanzenschonenden Herbiziden fehlt. Das gegen sie wirksame Duplosan DP (4 l/ha gegen Wiesenkerbel, 5 l/ha gegen Bärenklau) greift tief in die Konkurrenzverhältnisse der Pflanzengesellschaft ein und schädigt nachhaltig wichtige Nutzkräuter und Leguminosen. Es ist auch nicht für diesen Zweck amtlich ausgewiesen. Die Anwendung ist nur zum letzten Aufwuchs im Herbst vertretbar, wenn auf die Nutzung verzichtet wird. Wenn es zu einer weitgehenden Unterdrückung wertvoller Arten gekommen ist, kann eine umbruchlose Grünlanderneuerung (siehe Kapitel 15.4) sinnvoll sein.

15.2.7 Brennesseln und Distelarten

Diese meist nesterweise, vorwiegend auf Weideflächen mit mangelnder Pflege auftretenden Unkräuter lassen sich am besten durch gezielte Horst- bzw. Nesterbehandlung mit Wuchsstoffen in Schach halten.

Distelarten, die besonders im nordwestdeutschen Küstengebiet stark verbreitet sind und nach Feldmausjahren zur Massenvermehrung gelangen können, werden bei einer Pflanzenhöhe von 15 cm bis kurz vor der Blütenknospenbildung mit MCPA oder 2,4-D + MCPA in der für Grünland zugelassenen Aufwandmenge im Spritzverfahren behandelt und 2 bis 3 Wochen später abgemäht. Wirksamer noch ist die Behandlung von Pflanzen im selben Entwicklungsstadium nach vorherigem Abmähen kurz vor der Blüte. Sehr nachhaltig ist auch die punktuelle Einzelpflanzenbehandlung mit den Streugranulaten Prefix G neu und Casoron G mittels Streurohr im Rosettenstadium, die vor allem bei schwachem Streubefall, z. B. auf Almen, zu empfehlen ist, um eine Massenvermehrung durch Samen zu verhindern.

Neuerdings liegen auch positive Erfahrungen mit dem Dochtstreichverfahren mit Roundup 33%ig vor. Günstigster Behandlungstermin ist gegeben, wenn die Disteln voll durchgetrieben haben und kurz vor der Blüte stehen.

Alte Brennesselhorste sind im Hinblick auf eine nachhaltige Bekämpfung zunächst abzumähen. Der Wiederaufwuchs wird mit Brennessel-Granulat Neu Spiess-Urania zum letzten Aufwuchs, unter Nutzungsverzicht im Herbst, bei 15 bis 20 cm Wuchshöhe der Brennesseln behandelt.

15.2.8 Herbstzeitlose

Sie zählt zu den gefährlichsten Giftpflanzen des Grünlandes und sollte daher möglichst vollständig zurückgedrängt werden. Sie tritt am stärksten auf extensiv genutztem Grünland, vor allem auf nassen, zur Überflutung neigenden Flächen auf. Die Bekämpfung mit Wuchsstoffpräparaten hat sich als nicht ausreichend wirksam erwiesen. Andere chemische Verfahren sind nicht zugelassen, so daß unverändert an traditionellen kulturtechnischen Bekämpfungsmaßnahmen festzuhalten ist: Intensivere Nutzung und Düngung führen im Laufe der Zeit zu einer wesentlichen Reduzierung.

Verstärkt wird der Erfolg durch wiederholte Anwendung eines gezielten Frühschnitts zu dem Zeitpunkt, wenn die Samenkapseln möglichst vollständig geschoben haben. Dadurch wird auch die vegetative Vermehrungskraft der Zwiebel entscheidend geschwächt.

15.2.9 Binsen

Binsen, vor allem die Flatterbinse, sind an staunasse Standortbedingungen gebunden. Aufgrund des hohen Kieselsäuregehaltes kann es zu Durchfall und Rückgang der Milchleistung beim Weidevieh kommen. Das Futter wird zäh und kraftlos. Wichtigste Bekämpfungsmaßnahme ist, soweit möglich, die Regulierung der Wasserverhältnisse. Wiederholt tiefer Schnitt und Verhinderung der Samenreife sind ebenfalls wirksame Gegenmaßnahmen. Rascher kann das Ziel einer Zurückdrängung dieser Unkräuter durch Flächenspritzung mit Wuchsstoffmitteln auf Basis von 2,4-D + MCPA 2,5 l/ha erreicht werden. Die Behandlung sollte bei einer Wuchshöhe der Binsen von 10 bis 30 cm bis Blühbeginn durchgeführt werden. Wichtig im Hinblick auf die Dauerwirkung ist, daß der Bestand nach 2 bis 3 Wochen abgemäht wird. Herbizideinsatz allein, ohne Änderung der Standortbedingungen, begrenzt den Erfolg auf nur wenige Jahre. Positive Erfahrungen liegen auch mit Roundup im Dochtstreichverfahren vor, wobei die Behandlung bei voll entwickelten Binsen bis Blühbeginn zu erfolgen hat.

15.2.10 Ungräser

Neben Unkräutern können auch schädliche oder minderwertige Gräser auf dem Dauergrünland zum Unkraut werden. Zu ihnen zählen Rasenschmiele, Quecke, Wolliges Honiggras, Weiche Trespe, Gemeine Rispe u. a. Da derzeit keine selektiven Flächenbehandlungsverfahren mit ausreichender Schonung der Nutzgräser zur Verfügung stehen, muß sich die Bestandsregulierung auf kulturtechnische Maßnahmen und punktuelle bzw. gezielte Horstbekämpfung mit Herbiziden beschränken.

Wie schon bei einigen Unkräutern, liegen auch bei Ungräsern positive Erfahrungen mit Roundup im Dochtstreichverfahren vor. Dabei kommt es darauf an, den Behandlungstermin so zu wählen, daß möglichst große Niveauunterschiede zwischen Ungräsern und zu schonenden Kulturgräsern bestehen. Dies ist in der Regel nach einem Weidegang der Fall, da die Ungräser vom Vieh verschmäht werden. Bei Massenverunkrautung ergibt sich meist die Notwendigkeit, den gesamten Bestand entweder mechanisch (z. B. mit der Lelyfräse) oder chemisch mit Roundup, das auch Wurzelungräser erfaßt, abzutöten und eine Neuansaat folgen zu lassen.

15.2.11 Rasenschmiele

Auf schlecht gepflegten Standweiden überwiegend feuchter bis nasser Standorte ist dieses horstbildende Ungras oft bestandsbildend. Es besitzt nur sehr geringen Futterwert und wird vom Vieh aufgrund der schneidend scharfen Blätter verschmäht. Da aufgrund der »selektiven« Beweidung die Ausbreitung stark gefördert wird, ist regelmäßiges und tiefes Ausmähen der Horste nach Weidegang ein wichtiger Begrenzungsfaktor.

Bei noch schwachem Befall dürfte die Horstbehandlung mit Herbiziden einen arbeitswirtschaftlich vertretbaren und preiswerten Weg der Bekämpfung darstellen. Geeignet ist im Spätherbst geperlter oder gemahlener Kalkstickstoff (70 bis 100 g je Horst). Ab einem Massenanteil von 25 % dürfte ein flächiges Abtöten des gesamten Bestandes mit Roundup (4 l/ha), Fräsen nach Abschluß der Herbizidwirkung und Neuansaat den sinnvollsten Weg darstellen. Die Regulierung der Wasserverhältnisse verbessert den Dauererfolg.

15.2.12 Quecke

Die Quecke hat sich vor allem in Norddeutschland stark ausgebreitet. Wichtigste Gründe sind hohe N-Düngung, zu späte und intensive Nutzung, Lückigkeit der Grasnarben, insbesondere nach trockenen Jahren.

Sie ist im jungen Zustand keineswegs als »Unkraut« einzustufen und kann bis zu einem Massenanteil von 20 % geduldet werden. Auf der Weide wird sie bei größerem Anteil nicht mehr gefressen, so daß Bekämpfungsmaßnahmen angezeigt sind.

Kulturtechnisch ist die Quecke sehr schwer in den Griff zu bekommen, zumal sie in der intensiveren Grünlandbewirtschaftung durch verstärkte N-Gaben gefördert wird. Da keine selektiven Herbizide zur Verfügung stehen, bleibt als einziger Ausweg bei Überschreiten des kritischen Wertes nur Abtötung des gesamten Bestandes und nachfolgende Neuansaat. Das günstigste Verfahren ist dabei die Anwendung von Roundup. Bezüglich der Verfahrenstechnik wird auf die Quekkenbekämpfung im Ackerland verwiesen.

Als günstigster Zeitpunkt für die Roundup-Anwendung hat sich für Gebiete mit ausreichender Frühjahrsfeuchtigkeit der letzte Aufwuchs im Herbst und für Gebiete mit Problemen hinsichtlich des Ansaatrisikos durch Frühjahrstrockenheit die Behandlung zum zweiten Aufwuchs mit nachfolgender Ansaat in den in der Regel feuchteren Monaten Juli/August herausgestellt. Grundsätzlich sollte der Aufwuchs vor der Roundup-Anwendung nicht beweidet, sondern geschnitten werden, um ein gleichmäßiges Aufwachsen der Quecke und damit sichere Wirkung zu gewährleisten.

Abschließend sei noch summarisch auf Bekämpfungsmöglichkeiten einiger Grünlandunkräuter hingewiesen, die nicht im Detail behandelt werden konnten: Wiesenstorchenschnabel *(Geranium pratense)* mit MCPA (3 l/ha), Schafgarbe *(Achillea millefolium)* mit Harmony (30 g/ha), Adlerfarn *(Pteridium aquilinum)* auf Almwiesen mit Asulox (8 bis 10 l/ha) nach voller Wedelentfaltung. Weißer Germer *(Veratrum album)* mit 1%iger Mecoprop-Salzlösung im Horstverfahren, Pestwurz *(Petasites hybridus)* mit 1%iger 2,4-D-Lösung oder Roundup im Streichverfahren.

15.3 Grünlandverbesserung durch Nachsaat

Auf stärker verunkrauteten Flächen verbleiben nach selektiver Unkrautbekämpfung häufig lückige Bestände, bei denen sich die Frage stellt, ob und wie Nachsaaten bzw. Übersaaten erfolgen sollen. Hinzu kommt, daß die Tendenz in der Praxis dahin geht, die umbruchlose Grünlanderneuerung auf stark verunkrauteten Flächen zu unterlassen (hohe Verfahrenskosten, Risiken der Ansaat, fragwürdige Nachhaltigkeit) und statt dessen die selektive Unkrautbekämpfung mit Nachsaat zu bevorzugen.

Das Verfahren der Nachsaat hat daher in letzter Zeit erheblich an Bedeutung gewonnen.

Dabei ist zu unterscheiden zwischen der Übersaat (Saatgutausbringung mit Hilfe von Düngestreuern, Sämaschinen oder per Hand ohne Einbringung des Saatgutes in den Boden) und der Nachsaat mittels Spezialgeräten (z. B. Howard-Rillenfräse, Vredo-Schlitzfräse, Köckerling-Schlitzfräse). Die ursprünglich für die umbruchlose Grünlanderneuerung durch die Maschinenringe angeschafften Spezialgeräte finden ihre Auslastung überwiegend zur Nachsaat.

Relativ häufig auftretende Mißerfolge in der Vergangenheit machen deutlich, daß für das Gelingen des Verfahrens eine Reihe von Punkten beachtet werden muß. Im einzelnen spielen folgende Faktoren eine Rolle: Grad der Lückigkeit, Wahl der Kulturart, der Sorte und des Sätermins. Langjährige Untersuchungen in Baden-Württemberg und Bayern haben gezeigt, daß auf lange Sicht nur das Deutsche Weidelgras und das Knaulgras (auf trockeneren Standorten) für diesen Zweck empfehlenswert sind. Die übrigen Arten, einschließlich Weißklee, blieben nach 5 Versuchsjahren im Massenanteil bedeutungslos. Auf anmoorigen, niederschlagsreichen Standorten hat auch das Lieschgras eine gewisse Bedeutung. Höhere Schnitthäufigkeit und geringe Schnitthöhe fördern die Entwicklung der Jungpflanzen (vor allem beim Knaulgras).

Wenig aussichtsreich erscheinen Nachsaaten bei geringerer Lückigkeit (unter 20 %) und Dominieren konkurrenzkräftiger Gräser, einschließlich Gemeiner Rispe. Hier empfiehlt sich zur Stärkung der Konkurrenzkraft der jungen Gräser die Anwendung geringer Mengen von Roundup (1 l/ha) ca. 10 Tage vor der Einsaat.

Auf intensiv genutzten Weideflächen mit natürlichem Vorkommen von Weidelgräsern (Weidelgrasfähigkeit des Standortes) ist es am zweckmäßigsten, nur Deutsches Weidelgras anzusäen, wobei eine Mischung mehrerer standortgerechter Sorten sinnvoll ist.

Als Nachsaattermin ist meist die erste Vegetationshälfte weniger geeignet als die Zeit nach der zweiten Nutzung bis Anfang September, weil der übrige Pflanzenbestand im Frühjahr am schnellsten wächst und den nachgesäten Gräsern das Licht wegnimmt. Grundsätzlich sollte daher die folgende Nutzung so früh wie möglich erfolgen.

15.4 Umbruchlose Grünlanderneuerung

Im Gegensatz zur Grünlandverbesserung durch Unkrautbekämpfung und Nachsaat unter Schonung der verbliebenen günstigen Bestandsbildner wird bei der umbruchlosen Grünlanderneuerung der gesamte Pflanzenbestand abgetötet und durch eine standort- und nutzungsgerechte Neuansaat ersetzt. Der Boden wird dabei so wenig wie möglich bewegt. Obwohl unter Fachleuten nicht unumstritten, dürfte flaches, ganzflächiges Fräsen und Ansaat mit der Sämaschine ebenfalls dem Verfahren der umbruchlosen Erneuerung zuzurechnen sein, da der grünlandspezifische, oberflächennahe Humus im Gegensatz zum Umbruch durch den Pflug kaum beeinträchtigt wird. Wegen hoher Kosten und des Ansaatrisikos ist eine kritische Entscheidungsfindung angezeigt. Im allgemeinen sollte man sich nur dann für dieses Verfahren entscheiden, wenn die Art der Verunkrautung (Quecke, Doldenblütler, Ampfer) und stark beschädigte Narben dazu zwingen. Das Verfahren läuft in 3 Schritten ab:

– Abtöten der Altnarbe mit Roundup,

– Neuansaat,

– Folgemaßnahmen

15.4.1 Abspritzen der Altnarbe

Standard ist Roundup 4 l/ha, das gegen Quecken und Ampferarten zugelassen ist. Die Terminwahl für die Behandlung richtet sich grundsätzlich

– nach der Zeitspanne, in der ausreichende Herbizidwirkung zu erwarten ist. Diese kann je nach Unkrautart verschieden sein. Näheres ist der Abbildung 13 zu entnehmen;

– nach dem Zeitabschnitt, in dem erfahrungsgemäß auf den einzelnen Standorten mit ausreichend Niederschlägen zu rechnen ist, um die Ansaat nicht nur zum Auflaufen, sondern auch zur Entwicklung bringen zu können. Die Frage ist vor allem für Trockengebiete von entscheidender Bedeutung, wo das Verfahren aus diesem Grunde kritischer zu betrachten ist als in feuchten Lagen. Normalerweise ist hier die zeitige Frühjahrsansaat unter Ausnutzung der Winterfeuchtigkeit angezeigt. Dennoch ist, wie sich in Nordbayern gezeigt hat, eine künstliche Beregnung zur Sicherung der Saatentwicklung empfehlenswert. In sommerfeuchten Lagen wurden bei Behandlung des zweiten oder dritten Aufwuchses und Ansaaten im August in vielen Fällen gute Erfahrungen gesammelt;

– nach den Kosten, die mit dem Futterausfall durch Abspritzen der (überwiegend aus Unkräutern bestehenden) Narbe entstehen, die angesichts der relativ hohen Gesamtkosten des Verfahrens jedoch eine nur untergeordnete Rolle spielen. Selbstverständlich muß aber die Grünlanderneuerung so auf Teilflächen begrenzt werden, daß kein Engpaß in der Futterversorgung entsteht.

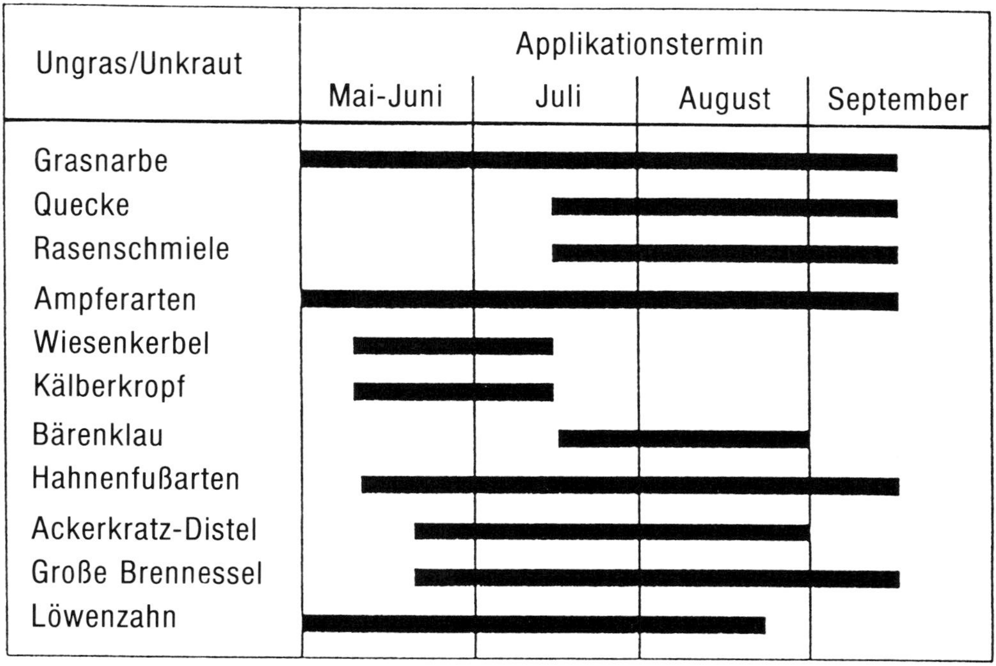

Ungras/Unkraut	Applikationstermin			
	Mai-Juni	Juli	August	September
Grasnarbe	■■■■■■	■■■■■■	■■■■■■	■■■■■■
Quecke		■■■■■■	■■■■■■	■■■■■■
Rasenschmiele		■■■■■■	■■■■■■	■■■■■■
Ampferarten	■■■■■■	■■■■■■	■■■■■■	■■■■■■
Wiesenkerbel	■■■	■■■		
Kälberkropf	■■■	■■■		
Bärenklau		■■■■■■	■■■	
Hahnenfußarten	■■	■■■■■■	■■■■■■	■■■■
Ackerkratz-Distel	■	■■■■■■	■■■■■■	■■
Große Brennessel	■■	■■■■■■	■■■■■■	■■■■
Löwenzahn	■■■■■■	■■■■■■	■■■■	

Abbildung 13: Günstige Zeiträume für die Bekämpfung der wichtigsten Grünlandunkräuter mit Roundup 4 l/ha.

Bei bestimmten Unkräutern, die nur schwer oder unsicher mit Roundup zu bekämpfen sind, z. B. Bärenklau oder Löwenzahn, kann eine Bekämpfung mit Wuchsstoffherbiziden (DP, MCPA, 2,4-D + MCPA) zum letzten Aufwuchs im Herbst zweckmäßig sein, um im Frühjahr die übrige Narbe mit Roundup abzutöten.

15.4.2 Neuansaat

Neben dem herkömmlichen Verfahren mit Ackerfräse und Drillmaschine stehen Spezialgeräte zur Verfügung, wie z. B. Howard-Rillenfräse (Sämavator), Vredo-Schlitzfräse, Köckerling-Durchsämaschine. Bei den beiden letzteren sind die 3 wichtigen Arbeitsgänge: Saatbeetbereitung, Saatgutablage und Anwalzen vereinigt. Bei den übrigen Geräten ist ein nachfolgender Walzengang mit einer Glattwalze unbedingt erforderlich. Unter ungünstigen Keimbedingungen kann es aber auch bei den Spezialgeräten sinnvoll sein, zusätzlich zu walzen.
Vorteil der Ackerfräse ist die unterstützende Unkrautwirkung durch Zerschlagen der Wurzeln, was sich bei der Bekämpfung von Doldenblütlern und Löwenzahn positiv bemerkbar machen kann, und die Schaffung eines gut

Tabelle 49: Die wichtigsten Grünlandunkräuter und ihre Bekämpfung

Stumpfblättriger und Krauser Ampfer *(Rumex obtusifolius u. R. crispus)*
Kritischer Wert: 5 % Anteil an Grünmasse bzw. 0,5 Pflanzen/m².
Kulturtechnische Maßnahmen: – Aussamen verhindern durch termingerichte Nutzung,
                                  – Nachmahd bei Weidegang,
                                  – Vermeidung von Narbenschäden.

1. Maßnahmen zur Einzelpflanzenbekämpfung
Mechanische Verfahren: mindestens 15 cm tiefes Ausstechen der Ampferpflanzen
Chemische Verfahren:

Präparat	Aufwand-menge/ha	Wartezeit Tage	W-Auflage	Anwendungstermin	Bemerkungen
Streichverfahren Roundup	33%ig	14	–	mit Dochtstreichgerät bei wüchsigem Wetter während des ganzen Verfahrens	Zusatz der Markierungsfarbe Basazol-rot ist empfehlenswert
Spritzverfahren Asulox Duplosan KV Harmony Starane 180	1%ig 1%ig 1 g je 10 l Wasser 0,5%ig	28 28 28 14,21	W – (W)	im voll ausgebildeten Rosettenstadium des Ampfers	bei wüchsigem Wetter Wartezeit bei Gras nach Frühjahrsanwendung 14 Tage, nach Sommeranwendung oder Heunutzung 21 Tage
Streuverfahren Casoron G Prefix G neu	0,5 g je Pflanze	28 28	W W	im frühen Jugendstadium des Ampfers	mit spez. Streurohr während feuchtkühler Witterung von Frühjahr bis Herbst

2. Herbizide zur Flächenspritzung gegen Ampfer

Kleeschonend					
Kleeschonend Harmony	30 g	28	–		Nebenwirkung gegen Schafgarbe
Asulox	4,0 l	28	W	1. Spätsommer von Mitte August bis Mitte Oktober	Nicht bei Temperaturen über 25° C wegen Gräserschädigung!
Ohne Kleeschonung Starane 180	2,0 l	14,28	(W)	2. Erster Aufwuchs bzw. nach frühem Siloschnitt bis Ende Mai/Anfang Juni	auch gegen Vogelmiere und Löwenzahn
Banvel M	8,0 l	28	W		auch gegen Vogelmiere, Löwenzahn, Hahnenfuß und Hirtentäschel

3. Ampfersämlingsbekämpfung

Präparat	Aufwand-menge/ha	Wartezeit Tage	W-Auflage	Anwendungstermin	Bemerkungen
Starane 180	1,0 l	14,28	(W)	ab 3- bis 5-Blattsta-dium der Gräser	
Banvel M	4,0 – 6,0 l	28	W		

Scharfer Hahnenfuß *(Ranunculus acer)*
Kritischer Wert: 5 % Anteil an Grünmasse.
Kulturtechnische Maßnahmen: – Nachmahd zur Verhinderung der Samenreife,
– staunasse Standorte verbessern.
Chemische Verfahren:

MCPA	2,0 – 3,0 l	28		ab 15 cm Wuchs-höhe	Ausgleichsdüngung ist besonders wich-tig; gegen Krie-chenden Hahnenfuß die höhere Auf-wandmenge

Löwenzahn *(Taraxacum officinale)*
Kritischer Wert: 30 % Anteil bei Grünnutzung, 20 % bei Heunutzung.
Kulturtechnische Maßnahmen: – Verhinderung der Samenreife durch frühe Nutzung,
– bei stärkerem Besatz nach Möglichkeit Beweidung,
– Lücken im Bestand vermeiden.
Chemische Verfahren:

MCPA	3,0 l	28		Auf voll entwickelte Blätter bis Blühbe-ginn, Frühjahr bis Herbst	MCPA schont Rotklee voll. Vorübergehende Kleeschädigung, auch gegen Schar-fen Hahnenfuß
2,4-D + MCPA	2,0 – 3,0 l	28	W		
Kalkstickstoff gemahlen geperlt	3,0 dt 4,0 dt	– –	– –	Im Frühjahr beim Knospenschieben des Löwenzahns	Kalkstickstoff 2 Jah-re hintereinander anwenden, nur ca. 50- bis 70%ige Re-duzierung möglich

Vogelmiere *(Stellaria media)*
Kritischer Wert: 5 % Anteil an Grünmasse
Chemische Verfahren:

Duplosan KV	3,0 l	28		Im Herbst verbun-den mit Nutzungs-Verzicht	

Ackerkratzdistel *(Cirsium arvense)*
Kritischer Wert: 10 % Anteil an Grünmasse.
Kulturtechnische Maßnahmen: – Aussamen verhindern durch Nachmahd bei Weidegang.
Chemische Verfahren:

2,4-D + MCPA	2,0 – 3,0 l bzw. 1%ig	28	W	Zum ersten Auf-wuchs bei 20 bis 30 cm Wuchshöhe der Disteln	Nesterbehandlung ist meist ausrei-chend

Bärkenklau *(Heracleum sphondylium)* und
Wiesenkerbel *(Anthriscus sylvestris)*
Kritischer Wert: 30 % Anteil bei Grünnutzung, 20 % Anteil bei Heunutzung.
Kulturtechnische Maßnahmen: – intensive und frühe Beweidung ist günstig,
                      – Jauche und Gülle einschränken,
                      – nutzungsgerechte mineralische Ausgleichsdüngung,
                      – Samenreife durch zeitige Nutzung verhindern.

Chemische Verfahren:

Präparat	Aufwand-menge/ha	Wartezeit Tage	W-Auflage	Anwendungstermin	Bemerkungen
Duplosan DP	4,0 – 5,0 l	28		Vom Spätsommer bis zum Frühherbst bei 15 bis 20 cm Wuchshöhe	Bärenklau 5,0 l, Wiesenkerbel 4,0 l, Verzicht auf Nutzung des behandelten Aufwuchses, Indikation ist nicht spezifisch ausgewiesen, jedoch positive Erfahrungen des Pflanzenschutzdienstes, Wirkung auch gegen Kälberkropf

Wiesenkümmel *(Carum carvi)*
Kritischer Wert: 25 % Anteil an Grünmasse.
Kulturtechnische Maßnahmen: – Verhinderung der Samenreife durch vorgezogene Schnittnutzung zum
                              zweiten bzw. dritten Aufwuchs.

Chemische Verfahren:

MCPA	3,0 l	28		Zum ersten Aufwuchs bei 20 bis 25 cm Wuchshöhe	

Brennessel *(Urtica dioica)*
Kritischer Wert: 5 % Anteil an Grünmasse (Nesterbefall).
Kulturtechnische Maßnahmen: – Verhinderung der Samenreife durch Nachmahd bei Weidegang.

Chemische Verfahren:

Brennessel-Granulat-Spiess-Urania	20 g/m²	28		Letzter Aufwuchs im Herbst bei mindestens 15 bis 20 cm Wuchshöhe	Möglichst auf taufeuchte Pflanzen streuen

Fadenehrenpreis *(Veronica filiformis)*
Kritischer Wert: 5 % Anteil an Grünmasse.
Kulturtechnische Maßnahmen: – Einsatz ätzender Düngemittel.

Chemische Verfahren:

Kalkstickstoff gem. + 40er Kalisalz	2,0 dt 1,0 dt	– –	– –	Frühjahr bis Herbst bei niedriger Wuchshöhe (10 bis 15 cm)	Dünger unmittelbar nach der Mischung ausbringen, Leguminosen und Klee werden geschont

Quecke *(Agropyron repens)*
Kritischer Wert: 20 % Anteil an Grünmasse
Kulturtechnische Maßnahmen: – zu tiefen Schnitt vermeiden,
– hohe Schnitthäufigkeit bevorzugen
Chemische Verfahren:

Roundup	4,0 l	F	–	Bei 15 bis 20 cm Bestandshöhe im Spätsommer	Nach dreiwöchiger Einwirkungszeit Neuansaat (siehe Umbruchlose Grünlanderneuerung), Wasseraufwandmenge 200 bis 300 l/ha

Binsen *(Juncus sp.)*
Kritischer Wert: 5 % Anteil an Grünmasse (Nesterbefall).
Kulturtechnische Maßnahmen: – Regelung der Wasserverhältnisse,
– wiederholt tiefer Schnitt,
– Samenreife verhindern.
Chemische Verfahren:

2,4-D + MCPA	2,5 l	28	W	Ab 20 bis 30 cm Wuchshöhe bis Blühbeginn	2 bis 3 Wochen einwirken lassen, dann abmähen; häufig ist nur Nesterbehandlung notwendig

Rasenschmiele *(Deschampsia caespitosa)*
Kritischer Wert: 5 % Anteil an Grünmasse (Nesterbefall).
Kulturtechnische Maßnahmen: – Regelung der Wasserverhältnisse,
– tiefes Ausmähen der Horste nach Weidegang,
– ordnungsgemäße Weidepflege.
Chemische Verfahren:

Kalkstickstoff gep.	75 g je Horst	–	–	Bei 5 bis 10 cm Wuchshöhe im Spätherbst	6 bis 8 Tage vor Behandlung abmähen

Die »Kritischen Werte« (Mengenanteil an Grünmasse) entstammen den Angaben von A. STÄHLIN, »Maßnahmen zur Bekämpfung von Grünlandunkräutern«, »Das Wirtschaftseigene Futter«, Band 15, Heft 4; sie wurden teilweise nach eigenen Erfahrungen modifiziert.

durchwurzelbaren Saatbettes. Oberflächlich keimende Gräser (Einjährige und Gemeine Rispe) waren nach bisheriger Erfahrung in geringerem Anteil anzutreffen als nach Anwendung des Schlitzsäverfahrens. Abgesehen davon, daß die Fräse auf steinigen, flachgründigen Standorten auf technische Grenzen stößt, sind als Nachteile zu erwähnen:

– erhöhter Auflauf von Unkrautsämlingen,

– Schwierigkeiten bei der Herstellung eines feinkrümeligen Saatbettes ohne Grassoden bei Anwendung während der Vegetationsperiode,

– die zunächst fehlende Trittfestigkeit der Narbe im Hinblick auf möglichst frühes Beweiden.

Bei Herbstapplikation von Roundup und Fräsen bei Vegetationsbeginn ist über den Winter ein gares Saatbeet entstanden, so daß einmaliges flaches Fräsen genügt. Im Weser-Ems-Gebiet hat sich die Fräsdrillmethode als günstiger herausgestellt, weil die Ertragsleistung höher und die Wiederbesiedelung mit Poa-Arten deutlich geringer waren als nach dem Direktsaatverfahren mit dem Vredo-Gerät. Letzteres wird daher nur dort empfohlen, wo nicht gepflügt oder gefräst werden kann (Marsch, Moor).

Das Overseed-Verfahren (Oberflächensaat) kommt nur für Gebiete mit höheren Niederschlägen (alpiner Bereich) in Frage, wobei das Saatgut entweder von Hand oder mit Hilfe eines Kreisel-Düngerstreuers (Pendelstreuer) in der Regel mit Volldünger oder Sand gemischt, ausgebracht und später angewalzt wird. Aber auch Aussaat mit der Drillmaschine mit abgelassenen »Pfeifen« ist möglich. Bei der Saatgutwahl muß man sich bewußt sein, daß die Chance besteht, auch im Dauergrünland den züchterischen

Tabelle 50: Zusammenstellung der auf dem Grünland verwendeten Wirkstoffe und Handelspräparate

Wirkstoffe	Handelspräparate	Auflagen[1]			
Asulam	Asulox	W,	B4,	630	–
Calciumcyanadamid	Kalkstickstoff	–	B4	–	–
2,4-D	z. B. U-46-D-Fluid	W,	B4,	630,	Xn
2,4-D + MCPA	Eigenmischung	W,	B4,	630,	Xn
Dichlobenil	Casoron G, Prefix neu	W,	B4,	630,	–
Dicamba + MCPA	Banvel M	W,	B4,	630,	Xn
Dichlorprop	Duplosan DP		B4,	630,	Xn
Fluroxypyr	Starame 180	(W)	B4,	630,	Xi
Glyphosate	Roundup	–	B4,	630,	Xi
MCPA	z. B. U-46-M-Fluid		B4,	630,	Xn
Mecoprop	Duplosan KV		B4,	630,	Xn
Mecoprop + MCPA	Brennessel-Granulat Spiess-Urania		B4,	630,	Xn
Thifensulfuron	Harmony	–	B4	–	–

[1]: Siehe Tabelle 14, Seite 56.

Fortschritt auf dem Futterpflanzensektor zum Tragen zu bringen. Der Qualitätsgedanke steht daher im Vordergrund. Standort- und nutzungsgerechte Arten und Sorten, über die örtliche Fachberatung zu erfragen, garantieren für entsprechende Ausdauer. Mißerfolge in den letzten Jahren waren oft auf Ansaat von Weidelgräsern auf nicht weidelgrasfähigen Standorten zurückzuführen.

15.5 Folgemaßnahmen

Die durch Behandlung abgetötete Pflanzensubstanz sollte vor der Ansaat abgeräumt werden, wenn die Bestandshöhe mehr als 10 bis 15 cm beträgt. Bei Herbstanwendung erübrigt sich diese Maßnahme. Um raschen Bestandesschluß zu erzielen, ist zur Saat und nach dem Schröpfschnitt, der bei einer Pflanzenhöhe von 10 bis 15 cm erfolgen sollte, eine mineralische Stickstoffdüngung von 40 bis 50 kg/ha zu verabreichen. Gülleanwendung sollte im Jahr der Ansaat unterbleiben.

Wo Ampfer-, Vogelmiere- und andere Unkrautsämlinge in großer Zahl aufgelaufen sind, genügt ein Schröpfschnitt alleine nicht. Hier empfehlen sich gezielte Herbizidanwendungen schon im ersten Aufwuchs. Hinweise zur Mittelwahl sind dem Kapitel 15.2 zu entnehmen.

15.6 Zusätzliche Bemerkungen

Allgemein ist Roundup im voll ausgebildeten Rosettenstadium der Unkräuter anzuwenden. Größere Entwicklungsstadien sind zwar ebenfalls noch gegen das Mittel sensibel, jedoch muß bei zunehmender Wuchshöhe mit Abschirmung unterständiger Unkräuter gerechnet werden. Dies ist besonders bei Löwenzahn zu beachten, gegen den oft mangelnde Wirkung beklagt wird. Der Aufwuchs vor dem Spritzen sollte möglichst nicht beweidet, sondern geschnitten werden, um gleichmäßigen Unkrautaufwuchs zu erhalten. Dies gilt besonders für die Quekkenbekämpfung. Unbedingt zu unterlassen ist die Ausbringung von Gülle kurz vor der Roundup-Spritzung, da die Mittelaufnahme behindert werden kann. Mangelnde Wirkung gegen alte Löwenzahnpflanzen ließen sich auf diesen Umstand zurückführen.

Tankmischungen mit Wuchsstoffherbiziden sind bei optimaler Terminwahl nicht erforderlich und können sogar die Wirkstoffaufnahme verschlechtern.

Anhang 1: **Entwicklungsstadien des Getreides nach BBCH-Code,** (abgeändert nach Tottmann)[1]

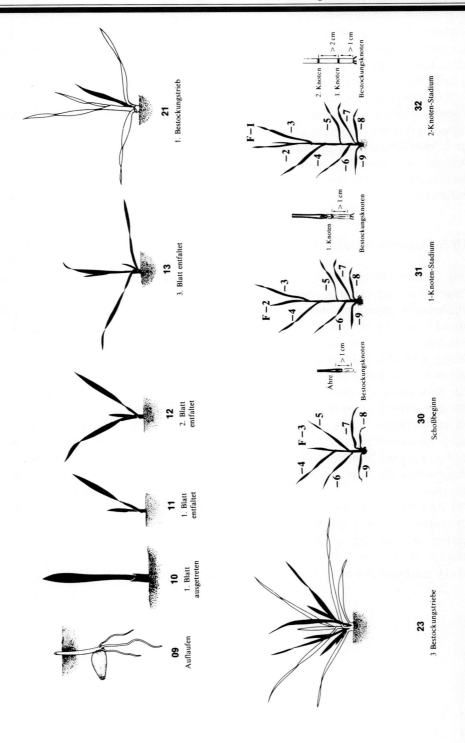

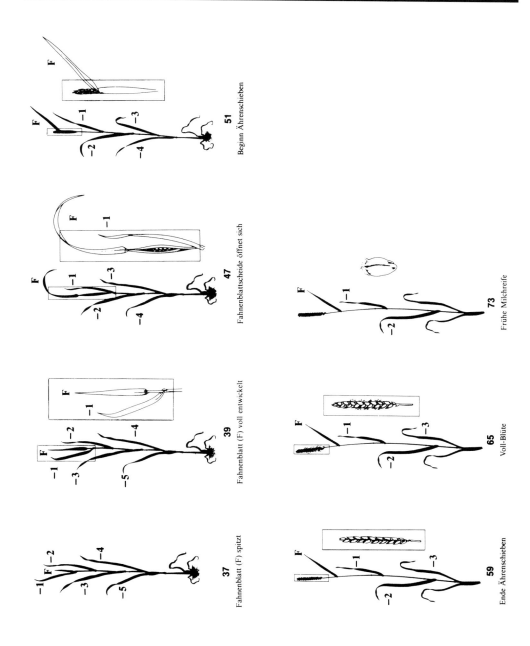

51 Beginn Ährenschieben

47 Fahnenblattscheide öffnet sich

73 Frühe Milchreife

39 Fahnenblatt (F) voll entwickelt

65 Voll-Blüte

37 Fahnenblatt (F) spitzt

59 Ende Ährenschieben

Anhang 1:

Entwicklungsstadien des Getreides nach BBCH-Code

(abgeändert nach Tottmann)[1]

BBA*	BBCH**	Definition
	0	**Keimung**
00	00	Trockener Samen
–	01	Beginn der Samenquellung
–	03	Ende der Samenquellung
05	05	Keimwurzel aus dem Samen ausgetreten
07	07	Keimscheide (Koleoptile) aus dem Samen ausgetreten
10	09	Auflaufen: Keimscheide durchbricht Bodenoberfläche, Blatt an der Spitze der Koleoptile gerade sichtbar
	1	**Blattentwicklung**
–	10	Erstes Blatt aus der Koleoptile ausgetreten
11	11	1-Blatt-Stadium: 1. Laubblatt entfaltet, Spitze des 2. Blattes sichtbar
12	12	2-Blatt-Stadium: 2. Laubblatt entfaltet, Spitze des 3. Blattes sichtbar
(13)	13	3-Blatt-Stadium: 3. Laubblatt entfaltet, Spitze des 4. Blattes sichtbar Stadien fortlaufend bis . . .
–	19	9 und mehr Laubblätter entfaltet Bestockung kann erfolgen ab Stad. 13; in diesem Fall ist auf Stad. 21 überzugehen!
	2	**Bestockung**
21	21	1. Bestockungstrieb sichtbar: Beginn der Bestockung
–	22	2 Bestockungstriebe sichtbar
–	23	3 Bestockungstriebe sichtbar Stadien fortlaufend bis . . .
(29)	29	9 und mehr Bestockungstriebe sichtbar Das Schossen kann schon früher einsetzen; in diesem Fall ist auf Stadium 30 überzugehen!

BBA*	BBCH**	Definition
	3	**Schossen (Haupttrieb)**
30	30	Beginn des Schossens: Haupttrieb und Bestockungstriebe stark aufgerichtet, beginnen sich zu strecken. Ähre mindestens 1 cm vom Bestockungsknoten entfernt
31	31	1-Knoten-Stadium: 1. Knoten dicht über der Bodenoberfläche wahrnehmbar, mindestens 1 cm vom Bestockungsknoten entfernt
32	32	2-Knoten-Stadium: 2. Knoten wahrnehmbar, mindestens 2 cm vom 1. Knoten entfernt
–	33	3-Knoten-Stadium: 3. Knoten mindestens 2 cm vom 2. Knoten entfernt
–	34	4-Knoten-Stadium: 4. Knoten mindestens 2 cm vom 3. Knoten entfernt
37	37	Erscheinen des letzten Blattes (Fahnenblatt); letztes Blatt noch eingerollt
39	39	Ligula (Blatthäutchen)-Stadium: Blatthäutchen des Fahnenblattes gerade sichtbar, Fahnenblatt voll entwickelt
	4	**Ähren-/Rispenschwellen**
–	41	Blattscheide des Fahnenblattes verlängert sich
37	43	Ähre/Rispe ist im Halm aufwärts geschoben. Blattscheide des Fahnenblattes beginnt anzuschwellen
39	45	Blattscheide des Fahnenblattes geschwollen
49	47	Blattscheide des Fahnenblattes öffnet sich
49	49	Grannenspitzen: Grannen werden über der Ligula des Fahnenblattes sichtbar

BBA*	BBCH**	Definition
	5	**Ähren-/Rispenschieben**
51	51	Beginn des Ähren-/Rispenschiebens: Die Spitze der Ähre/Rispe tritt heraus oder drängt seitlich aus der Blattscheide
55	55	Mitte des Ähren-/Rispenschiebens: Basis noch in der Blattscheide
59	59	Ende des Ähren-/Rispenschiebens: Ähre/Rispe vollständig sichtbar
	6	**Blüte**
61	61	Beginn der Blüte: Erste Staubbeutel werden sichtbar
65	65	Mitte der Blüte: 50 % reife Staubbeutel
69	69	Ende der Blüte
	7	**Fruchtbildung**
71	71	Erste Körner haben die Hälfte ihrer endgültigen Größe erreicht. Korninhalt wäßrig
–	73	Frühe Milchreife
75	75	Mitte Milchreife: Alle Körner haben ihre endgültige Größe erreicht. Korninhalt milchig. Körner noch grün
–	77	Späte Milchreife

BBA*	BBCH**	Definition
	8	**Samenreife**
–	83	Frühe Teigreife
85	85	Teigreife: Korninhalt noch weich, aber trocken, Fingernageleindruck reversibel
87	87	Gelbreife: Fingernageleindruck irreversibel
91	89	Vollreife: Korn ist hart, kann nur schwer mit dem Daumennagel gebrochen werden
	9	**Absterben**
92	92	Totreife: Korn kann nicht mehr mit dem Daumennagel eingedrückt bzw. nicht mehr gebrochen werden
–	93	Körner lockern sich tagsüber
91	97	Pflanze völlig abgestorben, Halme brechen zusammen
–	99	Erntegut (Stadium zur Kennzeichnung von Nacherntebehandlungen, z. B. Vorratsschutz, außer Saatgutbehandlung = 00)

* Biologische Bundesanstalt für Land- und Forstwirtschaft, Braunschweig, Merkblatt Nr. 27/1, 1979.

** Gemeinschaftsarbeit der Firmen BASF AG, BAYER AG, CIBA GEIGY AG und HOECHST AG.

[1] Tottman, D. R., 1987: The decimal Code for the growth stages of cereals, with illustrations. Ann. appl. Biol. 110, 441–454, aus: GESUNDE PFLANZEN (Sonderdruck), 41. Jahrg., Heft 11, 1989.

Anhang 2: **Entwicklungsstadien der Mais-Pflanze nach BBCH-Code[1]**

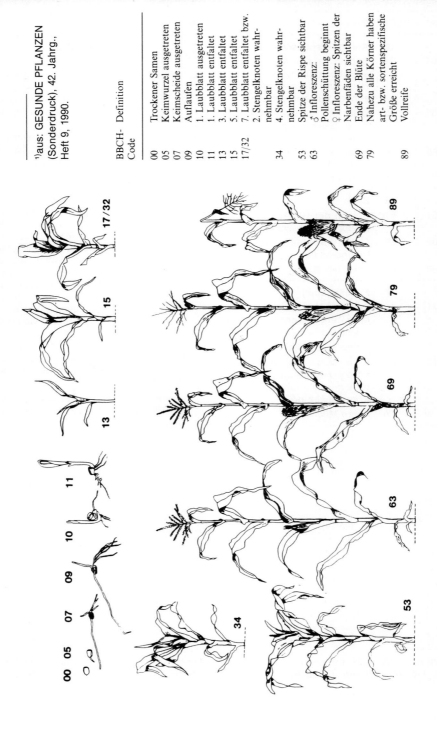

[1] aus: GESUNDE PFLANZEN (Sonderdruck), 42. Jahrg., Heft 9, 1990.

BBCH-Code	Definition
00	Trockener Samen
05	Keimwurzel ausgetreten
07	Keimscheide ausgetreten
09	Auflaufen
10	1. Laubblatt ausgetreten
11	1. Laubblatt entfaltet
13	3. Laubblatt entfaltet
15	5. Laubblatt entfaltet
17/32	7. Laubblatt entfaltet bzw. 2. Stengelknoten wahrnehmbar
34	4. Stengelknoten wahrnehmbar
53	Spitze der Rispe sichtbar
63	♂ Infloreszenz: Pollenschüttung beginnt ♀ Infloreszenz: Spitzen der Narbenfäden sichtbar
69	Ende der Blüte
79	Nahezu alle Körner haben art- bzw. sortenspezifische Größe erreicht
89	Vollreife

Anhang 3: Entwicklungsstadien der Raps-Pflanze nach BBCH-Code[1]

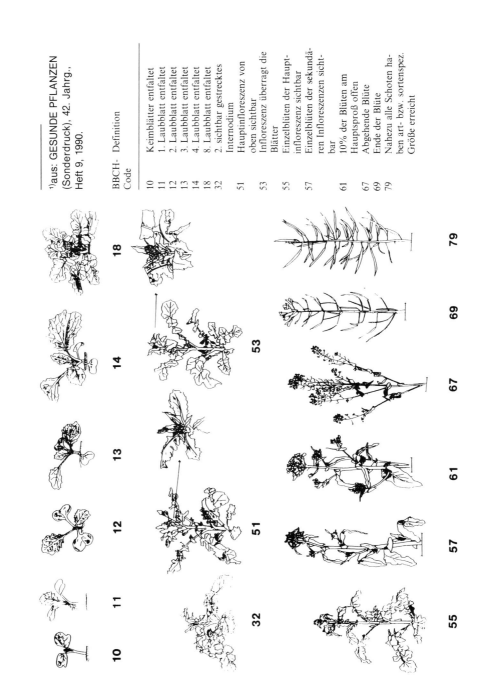

[1]aus: GESUNDE PFLANZEN (Sonderdruck), 42. Jahrg., Heft 9, 1990.

BBCH-Code	Definition
10	Keimblätter entfaltet
11	1. Laubblatt entfaltet
12	2. Laubblatt entfaltet
13	3. Laubblatt entfaltet
14	4. Laubblatt entfaltet
18	8. Laubblatt entfaltet
32	2. sichtbar gestrecktes Internodium
51	Hauptinfloreszenz von oben sichtbar
53	Infloreszenz überragt die Blätter
55	Einzelblüten der Hauptinfloreszenz sichtbar
57	Einzelblüten der sekundären Infloreszenzen sichtbar
61	10% der Blüten am Hauptsproß offen
67	Abgehende Blüte
69	Ende der Blüte
79	Nahezu alle Schoten haben art- bzw. sortenspez. Größe erreicht

Anhang 4:
Entwicklungsstadien der Sonnenblumen-Pflanze nach BBCH-Code[1]

[1]aus: GESUNDE PFLANZEN (Sonderdruck), 42. Jahrg., Heft 9, 1990.

BBCH-Code	Definition
00	Trockener Samen
10	Keimblätter voll entfaltet
12	2 Laubblätter entfaltet
14	4 Laubblätter entfaltet
18/32	8 Laubblätter entfaltet bzw. 2. sichtbar gestrecktes Internodium
53	Infloreszenz trennt sich von der Blattkrone
57	Infloreszenz deutlich von den Blättern abgesetzt
59	Zungenblüten zwischen den Deckblättern sichtbar
61	Beginn der Blüte
65	Vollblüte
79	Nahezu alle Früchte haben art- bzw. sortenspez. Größe erreicht
89	Vollreife
92	Totreife

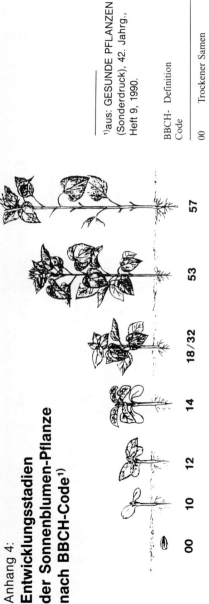
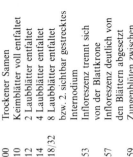
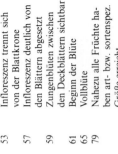
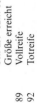

00	10	12	14	18/32	53	57

59	61	65	79	89	92

17 Weiterführende Literatur

AMMON, H. U. STALDER, L., NIGGLI, U. (1985): Pflanzenschutz im Feldbau; Huber & Co. AG, Presseverlag, CH-8500 Frauenfeld.

BACHTHALER, G. und R. DIERCKS (1968): Chemische Unkrautbekämpfung auf Acker- und Grünland; 2. erweiterte Auflage, BLV-Verlag (191 Seiten).

BEHREND, S. und M. HANF (1979): Ungräser des Ackerlandes; herausgegeben von der Badischen Anilin- & Sodafabrik AG, 6700 Ludwigshafen.

Biologische Bundesanstalt für Land- und Forstwirtschaft (1991): Pflanzenschutzmittelverzeichnis, Teil 1 »Ackerbau – Wiesen und Weiden« (160 Seiten) und Teil 2 »Gemüseanbau« (160 Seiten), Saphir-Verlag, 3171 Ribbesbüttel

CREMER et al. (1991): Acker- und Gartenwildkräuter; Dt. Landwirtschaftsverlag, Berlin, 88 Farbtafeln, 154 S/W-Zeichnungen (288 Seiten).

DIERCKS, R. und R. HEITEFUSS, Hrsg. (1990): Integrierter Landbau; BLV-Verlag, München (420 Seiten).

DLG-Merkblatt 232 (1988): Pflanzenschutzmaßnahmen im Gras-Samenbau (8 Seiten).

HANF, M. (1990): Ackerkräuter Europas mit ihren Keimlingen und Samen; Verlagsunion Agrar (496 Seiten, zahlreiche Abbildungen).

HANF, M. (1990): Farbatlas Feldflora, Wildkräuter und Unkräuter, Ulmer Verlag, 207 Farbfotos, 23 Tabellen, 254 Seiten.

KOCH, W. (1970): Unkrautbekämpfung; Verlag Eugen Ulmer, Stuttgart (374 Seiten, 42 Abbildungen).

KOCH, W. und K. HURLE (1978): Grundlagen der Unkrautbekämpfung; Verlag Eugen Ulmer GmbH u. Co., Stuttgart (207 Seiten, 50 Abbildungen).

MAAS, G. und W. PESTEMER (1975): Nebenwirkungen chemischer Unkrautbekämpfungsmittel; Eugen-Rentsch-Verlag, Erlenbach Zürich, Reihe »Wir und die Umwelt« (71 Seiten).

MEINERT, G. und A. MITTNACHT (1992): Integrierter Pflanzenschutz Unkräuter, Krankheiten und Schädlinge im Ackerbau, Ulmer Verlag, Stuttgart (335 Seiten).

RIPKE, F.-O. (1991): Gute fachliche Praxis – Einsatz von Feldspritzgeräten –; DLG-Verlag.

Unkräuter, Ungräser – eine Bestimmungshilfe (1978): Herausgegeben vom Pflanzenschutzdienst Baden-Württemberg (134 Seiten).

Unkrautfibel '78 Schering (1977): Herausgegeben von der Schering AG Berlin/Bergkamen (400 Seiten).

RAUH, W.: Unkräuter, Winters naturwissenschaftliche Taschenbücher, Verlag Gebr. Bornträger, Berlin – Stuttgart, 5. neubearbeitete Auflage (182 Seiten).

VAN DORD, D. C. und F. ZONDERWIJK (1978): Keimpflanzentafel der Ackerunkräuter, Verlagsunion Agrar.

18 Die Autoren

Dr. Hans Kees: Nach dem Studium der Agrarwissenschaften Referendarausbildung und Promotion; 1962 bis 1970 Spezialberater für Pflanzenschutz an der Regierung von Oberbayern. Seit 1970 Referent für Unkrautbekämpfung in allen Kulturen an der Bayerischen Landesanstalt für Bodenkultur und Pflanzenbau, Abteilung Pflanzenschutz. Schwerpunkte seines Aufgabengebietes: Spezielle Unkrautprobleme auf Acker- und Grünland, Resistenzerscheinungen bei Unkräutern gegen Triazinherbizide, Überprüfung wirtschaftlicher Schadensschwellen bei Getreide und Raps, sortenspezifische Herbizidempfindlichkeit bei Getreide.
Bearbeiter der Kapitel »Unkräuter und ihre Bedeutung« (1), »Grassamenbau« (10) und »Unkrautregulierung auf dem Dauergrünland« (15).
Anschrift: Bayerische Landesanstalt für Bodenkultur und Pflanzenbau, Abteilung Pflanzenschutz, Menzinger Str. 54, 8000 München 19.

Dr. Eckard Beer: Nach vierjähriger landwirtschaftlicher Praxis, Studium an einer Ingenieurschule für Landbau, anschließend zwei Jahre als Berater bei der chemischen Industrie tätig. Danach Studium der Agrarwissenschaften, Promotion und als wissenschaftlicher Angestellter beschäftigt. Seit 1980 Leiter des Referates Pflanzenkrankheiten und Unkräuter in landwirtschaftlichen Kulturen und im Forst am Pflanzenschutzamt der Landwirtschaftskammer Weser-Ems in Oldenburg. Seit 1989 stellvertretender Leiter des Pflanzenschutzamtes.
Bearbeiter der Kapitel »Maßnahmen und Verfahren der Unkrautbekämpfung« (2) und »Wirtschaftliche Schadensschwellen« (3).
Anschrift: Pflanzenschutzamt der Landwirtschaftskammer Weser-Ems, Sedanstraße 4, 2900 Oldenburg.

Dr. Horst Bötger: Nach Landwirtschaftslehre und praktischer Tätigkeit Studium der Agrarwissenschaften und Promotion. 1976 Eintritt in das Pflanzenschutzamt der Landwirtschaftskammer Hannover, seit 1980 Leiter des Referates Unkrautbekämpfung und Versuchswesen einschließlich EDV. Seit 1984 stellvertretender Leiter des Pflanzenschutzamtes.
Bearbeiter der Kapitel »Vorschriften zur Herbizidanwendung« (4), »Unkrautbekämpfung in Kartoffeln« (8) und »Winterraps« (9.1).
Anschrift: Pflanzenschutzamt der Landwirtschaftskammer Hannover, Wunstorfer Landstraße 9, 3000 Hannover 91.

Dr. Werner Garburg: Nach Landwirtschaftslehre und praktischer Tätigkeit Studium der Agrarwissenschaften, Referendarausbildung und Promotion. Seit 1970 am Pflanzenschutzamt Hannover tätig. Leiter des Fachbereichs Pflanzenschutz an der Bezirksstelle Braunschweig. Schwerpunkte seines Aufgabengebietes: Bearbeitung von speziellen Herbizidproblemen in Zuckerrüben, Feldgemüse und Getreide, wirtschaftlichen Schadensschwellen für Unkräuter in Getreide und Zuckerrüben.
Bearbeiter der Kapitel »Unkrautbekämpfung im Getreide« (5), »Futter- und Zuckerrüben« (7), »Queckenbekämpfung« (13).
Anschrift: Bez.-Stelle des Pflanzenschutzamtes Hannover, Hochstraße 17/18, 3300 Braunschweig.

Dr. Georg Meinert: Nach landwirtschaftlicher Lehre Studium der Agrarwissenschaften, Referendarausbildung und Promotion. 1972 bis 1978 Leiter des Pflanzenschutzsachgebiets im Regierungspräsidium Stuttgart. 1979 bis 1981 Referent für Pflanzenschutz im Ernährungsministerium Baden-Württemberg. Von 1981 bis 1984 Leiter des Referats »Angewandter Pflanzenschutz, Mittelprüfung, Anwendungstechnik« in der Landesanstalt für Pflanzenschutz, seit 1984 Direktor der Landesanstalt für Pflanzenschutz. Zu den Schwerpunkten des Aufgabengebietes gehören auch Fragen der Unkrautbekämpfung in ackerbaulichen Kulturen.

Bearbeiter der Kapitel »Unkrautbekämpfung in Mais« (6), »Sonnenblumen« (9.2), »Sojabohnen« (9.3), »Lein« (9.4), »Ackerbohnen« (9.5), »Futtererbsen« (9.6), »Feldfutterpflanzen« (11), »Zwischenfrüchte« (12).
Anschrift: Landesanstalt für Pflanzenschutz, Reinsburgstraße 107, 7000 Stuttgart 1.

Dr. Ehler Meyer: Nach einjährigem Praktikum in einem Gartenbaubetrieb, Studium des Gartenbaus an der Technischen Universität Hannover und Promotion an der Technischen Universität in Weihenstephan, seit 1976 Referent für Pflanzenschutz im Gemüsebau am Institut für Pflanzenschutz, Saatgutuntersuchung und Bienenkunde der Landwirtschaftskammer Westfalen-Lippe tätig. Aufgabenschwerpunkte: Beratung in allen Fragen des Pflanzenschutzes im Gemüsebau, amtliche Pflanzenschutzmittelprüfung, Warndienst, Versuchswesen, GLP.
Bearbeiter des Kapitels »Unkrautbekämpfung im Feldgemüsebau« (14).
Anschrift: Landwirtschaftskammer Westfalen-Lippe, Institut für Pflanzenschutz, Saatgutuntersuchung und Bienenkunde, Nevinghoff 40, 4400 Münster.

Kostet wenig – bringt viel

- wirtschaftlich und schonend
- idealer Mischungspartner
- breit wirksam gegen die typischen Frühjahrsunkräuter
- W-Auflage: keine

Duplosan®

Der entscheidende Baustein

Landwirtschaft

BASF

APD 1916 FB

R. Heitefuss/K. König/A. Obst/M. Reschke

Pflanzenkrankheiten und Schädlinge im Ackerbau

3., überarbeitete und erweiterte Auflage 1993. 152 Seiten, 231 Farbfotos; fest gebunden

»Pflanzenkrankheiten und Schädlinge im Ackerbau« ist ein durch Text und Bild hervorragend gestaltetes Standardwerk, das

– in einer dem neuesten Kenntnisstand entsprechend überarbeiteten und erweiterten Auflage die Krankheiten und Schädlinge von Getreide, Zuckerrüben, Raps, Kartoffeln, Ackerbohnen, Erbsen sowie Mais beschreibt,
– in kurzer und kompetenter Form über die Themen: Wirtschaftliche Bedeutung, Schadbilder, Biologie und Bekämpfungsmöglichkeiten von Krankheitserregern und Schädlingen im Ackerbau informiert,
– in einer durchgehend farbigen Bebilderung die typischen Symptome verschiedener Stadien der Erkrankung oder des Befalls übersichtlich darstellt.

Ein Buch für Praxis, Beratung und Ausbildung.

DLG-Verlag Frankfurt (Main)
BLV Verlagsgesellschaft München
Landwirtschaftsverlag Münster-Hiltrup
Österreichischer Agrarverlag Wien
Bugra Suisse Wabern-Bern

WACHSTUM

Als die Experten für Pflanzenschutz zählen für uns nicht nur Umsatz und Ertrag, sondern vor allem auch neue Ideen.

BRAUCHT

Innovative Forschung, Produktqualität und kompetente Beratung sichern ein ertragreiches Wachstum und optimale Erntequalität.

IDEEN

Moderne Pflanzenschutzprodukte von Schering gegen Unkraut, Krankheiten und Schädlinge sind wichtige Bausteine im Integrierten Pflanzenbau.
Das bringt uns allen mehr!

SCHERING
Pflanzenschutz

Zum Schutz der Pflanzen
darf uns nicht jedes Mittel recht sein.

Die Maßnahmen zur Ertragssicherung müssen heute den gleichen hohen Anforderungen genügen wie die Methoden im Pflanzenbau selbst. Und hier gilt mehr denn je der Grundsatz von der Verhältnismäßigkeit der Mittel. Maß und Ziel ist ein neues Umweltbewußtsein.

Vorbild
ist der integrierte
Pflanzenbau

Kennzeichnend für den integrierten Pflanzenbau ist die Berücksichtigung mehrerer Faktoren:

Standort, Fruchtfolge, Sortenwahl, Anbautechnik, Pflanzenernährung und Pflanzenschutz. Pflanzenschutz wird dabei nach dem Prinzip eingesetzt: so wenig wie möglich, so viel wie nötig.

Durch Forschung
zu neuen Lösungen

Hoechst hat schon früh ein entsprechendes Forschungsprogramm aufgelegt. Es nutzt die jeweils modernsten Technologien der Chemie. Gesucht werden innovative Lösungen, die eine verantwortungsvolle Ertragssicherung gewährleisten. Dafür steht Hoechst High Chem.

Pflanzenschutzmittel der neueren Generation wirken im Sinne des integrierten Pflanzenbaus bei häufig deutlich verringerten Aufwandmengen sehr gezielt – wie z. B. die neuen Gräserherbizide ®Ralon und ®Depon Super. Andere funktionieren nach dem Vorbild der Natur – wie die ®Biotrap Pheromonfallen mit Sexual-Lockstoffen. Beispiele für unser Bemühen, Ökonomie und Ökologie immer besser in Einklang zu bringen. Zu unser aller Nutzen.

C90079a

Hoechst 🔷